강원도
**산골 출신**
30대 **월급쟁이**의
**아크로리버파크**
**구입기**

강원도 산골 출신
30대 월급쟁이의
아크로리버파크 구입기

2019년 3월 6일 초판 1쇄 인쇄
2019년 3월 13일 초판 1쇄 발행

지은이 | 훈민아빠
펴낸이 | 이종춘
펴낸곳 | (주)첨단

주소 | 서울시 마포구 양화로 127 (서교동) 첨단빌딩 5층
전화 | 02-338-9151
팩스 | 02-338-9155
인터넷 홈페이지 | www.goldenowl.co.kr
출판등록 | 2000년 2월 15일 제2000-000035호

본부장 | 홍종훈
편집 | 전용준, 홍종훈
디자인 | agentcat
전략마케팅 | 구본철, 차정욱, 나진호, 이동후, 강호묵
제작 | 김유석

ISBN 978-89-6030-520-5  13320

• BM 황금부엉이는 (주)첨단의 단행본 출판 브랜드입니다.

황금부엉이에서 출간하고 싶은 원고가 있으신가요? 생각해보신 책의 제목(가제), 내용에 대한 소개, 간단한 자기소개, 연락처를 book@goldenowl.co.kr 메일로 보내주세요. 집필하신 원고가 있다면 원고의 일부 또는 전체를 함께 보내주시면 더욱 좋습니다. 책의 집필이 아닌 기획안을 제안해주셔도 좋습니다. 보내주신 분이 저 자신이라는 마음으로 정성을 다해 검토하겠습니다.

# 강원도 산골 출신 30대 월급쟁이의 아크로리버파크 구입기

| 훈민아빠 지음 |

BM 황금부엉이

# 경제적 자유를 위해 재테크를 해야 한다

지인인 여의도 증권맨이나 공무원들은 필자를 '최경환 키즈'라고 칭한다. 박근혜 정부 시절 최경환 전 경제부총리 겸 기획재정부 장관이 대출 규제를 풀어준 덕에 필자 같은 시골 출신 소시민이 강남에 입성할 수 있었기 때문이다. 2008년 글로벌 금융위기 당시의 서브프라임 모기지 부실을 다룬 영화 〈빅 쇼트(The Big Short)〉에는 집주인이 강아지 명의로 대출을 받는 장면이 나온다. 우리나라는 그 정도까지는 아니었지만, 그래도 2012~2015년에는 빚에 대해 너무 관대했다.

반면 2019년 1월 현재는 대출이 꽉 막혀 있다. 이제는 필자를 따라 할 수가 없다. 사실 대부분의 재테크 서적이 그렇다. 따라 할 수 있는 것이 별로 없고 일부 책은 자기 자랑 일색이다. 부동산 대세 상승기였던 2013년에 아파트 수백 채를 매수해 큰돈을 벌었다는 부동산 서적이 서점에 한가득하다. 독자들은 그런 책에선 얻을 내용이 전혀 없다.

이 책도 그렇게 끝날지도 모를 일이다. 2019년 1월 현재는 대출을 받아 부동산 투자를 한다는 것이 도저히 불가능한 일이니까. 독자들이 이 책을 보고 '그래, 그때는 그랬지. 하지만 지금은 안 그래' 라고 생각할 수도 있다. 이런 이유들 때문에 책을 낼지 말지를 오랜 기간 고민했다. 하지만 필자가 과거 개인 블로그에 남겼던 글을 우연한 기회에 다시 접하고는 마음을 고쳤다.

필자는 11년 전인 2008년 1월쯤 부자가 되고 싶었다. 그때는 아내와 결혼을 결심한 시점이었다. 당시 필자가 가진 돈은 4,000여만 원 뿐으로 변변한 신혼집을 구할 수 없었다. 아내 손을 잡고 집을 보러 다녔는데 화장실 하나 제대로 갖춰져 있지 않은 정말 허름한 곳뿐이었다. 집을 보고 나오는 길에 아내는 눈물을 흘렸다. 결혼을 꿈속의 무언가처럼 막연하게 인식하다가 갑자기 현실로 와닿았을 것이다. 아내는 미안하다고 하면서도 울었다. 그날 필자는 블로그에 일기를 썼다.

'부자가 되고 싶다. 하지만 사업을 하지 않는 이상 부자가 될 수 있는 기회는 없다. 기회는 선배세대가 모두 가져갔다. 차라리 50년 전에 태어났으면…. 집값이 너무 비싸다.'

결과론적으로 말하면 필자는 기회를 얻었고, 잡아냈다. 아마 이번에도 똑같을 것이다. 영원히 기회가 오지 않을 것 같지만 기회는 온

6

다. 집값은 언젠가는 떨어질 것이며 정부는 경기 부양차원에서 다시 한 번 부동산 부양책을 내놓을 것이다. 그리고 대출 규제도 싹 풀어줄지 모른다. 어쩌면 금융위기가 또 올 수도 있다. 중국이 무너지거나 홍콩 부동산 버블이 꺼지거나 어쩌면 또 다시 미국이 진원지가 될 수도 있다.

세상사가 원래 그렇다. 기회가 언제 올지는 모르지만 준비는 하고 있어야 한다. 상대가 때리는 것을 알고 준비하면 맞받아칠 수 있지만, 가만히 서 있다가 맞으면 쓰러지고 만다. 독자들도 준비하라는 의미에서 이 책을 쓰기로 했다.

월급만으로는 풍요로운 삶을 살 수 없다. 지금 당장이야 안정적으로 꼬박꼬박 들어오는 월급 덕분에 큰 위기감을 느끼지 않는다고 해도 50대만 되면 자리 걱정을 해야 하는 시절이다. 게다가 평균 수명은 잔뜩 늘어나 장수가 짐이 되는 사회다. 독자들이 내 집을 갖고 50대 이후가 되어도 안정적인 현금 흐름이 발생하도록 돕고 싶다.

이 책에서 강조하고 싶은 것은 크게 4가지다. 일단 부동산 폭락론에 너무 빠져들지 마라, 이것을 강조한다.

사회초년생인 20대나 30대 초반은 태생적으로 기존 기성세대가 쌓아놓은 경제구조가 마음에 들지 않을 수밖에 없다. 그런데 이것 때문에 종교 믿듯이 부동산 폭락론에 심취하는 경향이 있다. 심지어는 전쟁이 나서 다 망했으면 좋겠다는 식의 극단적 입장을 표출하는 사회초년생도 많이 봤다. 하지만 이는 잘못됐다. 설령 망한다고 해도 그때에는 현금 부자들이 쓸어 가지, 사회초년생에게 기회가 오지는 않는다. 극단적 거부감 속에 부동산 폭락론에 취해 시간을 낭비하지 않았으면 한다. 필자만 해도 약 7년의 시간을 허비했다.

다만 필자는 부동산 급등론자가 아니다. 2014년에는 아크로리버파크가 평당 1억 원을 갈 것이라고 나름 확신을 했다. 하지만 꽤 오른 지금은 섣불리 추천하기 힘들다. 수급상으로는 더 오르는 것이 가능해 보이는데 투자 측면에서 이 가격대는 메리트가 전혀 없다. 그래도 중장기적으로 아파트 투자에 관심을 가져두라고 말하고 싶다. '사는 공간'은 계속 필요한 법이니까.

그다음, 재테크는 재미없다는 점을 분명히 짚어두고 싶다. 가끔 배당주 투자는 재미없다는 식으로 말하는 사람이 있다. 테마주나 급등주 따라 하기를 하고 싶다는 것이다. 그런데 재테크가 재미까지 있을 수는 없다. 그건 도박이지, 재테크가 아니다. 공부와 마찬가지로 재테크도 뚝심으로 하는 것이다. 재테크를 하면서 재미까지 누리고 싶다고 하면 도둑놈 심보라는 말을 꼭 해주고 싶다.

또 하나, 재테크는 습관이다. '시간 한번 내서 증권사 지점을 가야지'라는 생각으로는 절대 재테크로 성공할 수 없다. 그냥 숨 쉬듯 자산 관리를 고민해야 한다. 직장, 육아 등 현실에 치여 어렵다는 점이야 잘 알고 있다. 하지만 재테크란 버릇이 몸에 배지 않으면 궁극적으로는 성공하기 어렵다. 온몸을 다 던지겠다는 각오로 심취해야 한다. 집을 사겠다고 고민하면서도 직장생활이 바빠 계속 후회하는 워킹맘이 필자 주변에 한 트럭 넘게 있다. 재테크를 어렵게 생각할 필요도 없다. 이 책에서는 신입사원 첫 월급 중 100만 원으로 투자하는 것에서부터 시작하고자 한다. 그러면서 점점 부동산으로 넓혀야 한다.

　마지막으로 부동산 포트폴리오가 절대적으로 많은 사람이라고 해도 증시를 꼭 챙겨봐야 한다는 점을 강조하고 싶다. 돈에 이름표가 붙어 있는 것은 아니라서 금융 상품과 부동산을 동일선상에 올려놓고 봐야 한다. 기본적으로 경제신문을 챙겨보면서 거시지표 등까지 챙겨야 한다. 부동산과 금융 상품을 따로 구분하는 사람이 많은데 그렇게 이분법으로 바라보는 것은 바르지 않다.

　지금 아크로리버파크의 스카이라운지에서 한강 전경을 바라보며 이 글을 쓰고 있다. 지금 필자가 누리는 환경에 감사하는 마음이다. 이 책을 쓰면서 필자 스스로도 다시 한 번 의지를 다잡고 새로운 목표를 설정하는 계기로 삼았다. 꼬박꼬박 월급을 지급해주는 회사와 아내, 민이, 훈이 등 세 사람과 지방에 계시는 양가 부모님께도 감사의 인사를 올린다.

| 차례 |

# 3장 강남에 가고 싶다면 주식 투자부터 시작하라

# 4장 부자들이 은행 대신 택하는 알짜 상품

# 7장 월급쟁이에게 지금 필요한 부동산 인사이트

## 월급쟁이에게 필요한 투자의 기술

# 1장
# 월급쟁이,
# 강남 아파트를 구입하다

필자가 서울 서초구 반포동 아크로리버파크에 산다는 소문이 난 이후로 자산 관리나 재테크 방법, 유망 부동산 투자처 등을 묻는 사람을 많이 만난다.

재테크에 뾰족한 왕도는 없다. 열심히 공부하고 자기만의 원칙을 제대로 확립하는 것이 중요하다. 그렇게 준비하다 보면 어느 순간 기회가 잡힌다. 프로야구 선수들은 열심히 연습하다 보면 어느 순간 갑자기 공이 수박만 하게 보이는 때가 온다고 말한다. 그럴 때 강하게 때리면 공은 담장을 넘는다. 재테크 또한 준비하다 보면 어느 순간 기회가 온다.

필자가 현재의 위치에 오르는 데 있어 운이 많이 따랐다. 하지만 운은 준비하는 사람에게만 온다. 준비하지 않고 요행으로 돈을 벌어봐야 봄철의 눈처럼 지저분하게 금방 녹아버린다는 것을 기자생활을 하면서 많이 확인했다. 필자가 강남에 들어오게 된 과정과 재테크에 관심을 갖게 된 계기, 재테크에 꼭 필요한 원칙 등을 이번 장에서 소개한다.

# 01

# 지하철도 제대로 타지 못했었는데

필자가 태어나고 자란 곳은 강원도의 어느 시골 마을이다. 살던 집은 아주 구석진 곳에 있지 않았지만 그래도 콜라 한 캔이라도 사려면 30분은 걸어야 했다. 부모님은 아직 그곳에서 살고 계신다.

2010년까지만 해도 본가에 내려가면 휴대전화가 잘 터지지 않았다. 2008년 글로벌 금융위기가 발생할 당시 우리나라는 추석 명절이었다. 리먼브라더스가 파산한 지도 모르고 송편만 집어 먹고 있었다. 그러다가 잠시 마트에 가려고 집 밖으로 나왔는데, 수십 개의 문자 메시지가 줄줄이 쏟아지듯 들어왔다. '왜 이렇게 통화가 안 돼? 전화 좀'이라는 선배의 메시지였다. 그 정도로 전화가 안 터지는 곳이다. 2019년 현재도 구석방에 들어가면 인터넷이 잘 잡히지 않는다.

그런 곳에서 나고 자랐으니 서울이 얼마나 낯설었을까…. 서울

새침데기들 사이에서 억지로 어울리며 먹고 마시느라 배탈이 날 뻔했던 기억도 떠오른다.

처음에는 지하철 타는 것도 힘들어하던 촌놈 중의 촌놈이었다. 지금이야 교통카드를 주로 쓰지만 당시만 해도 지하철 표를 사서 자동개찰기에 집어넣어야 했다. 그런데 왼손으로 왼쪽에 있는 자동개찰기에 표를 집어넣고 들어가려다가 수평형태의 가로대에 몸을 세게 부딪쳤던 기억이 난다. 갑자기 얻어맞은 꼴이었기 때문에 꽤 많이 아팠는데 양옆의 친구들이 너무 신나게 웃는 바람에 창피해서 제대로 배를 문지르지도 못했다.

이건 정말 대학교 1학년 때부터 친했던 친구들만 알고 있는데, 롯데리아나 맥도날드 햄버거, 피자도 대학에 입학해서 처음 먹어봤다. 대학교 동기들과 서울랜드에 놀러 갔을 때 가위바위보를 해서 햄버거를 사 오는 내기를 했다가 필자가 걸리는 바람에 등짝에 식은땀이 꽤나 흘렀던 기억도 있다. 그때 자진해서 필자와 같이 가줬던 친구는 지금도 제일 친한 친구다. 스스로는 기억도 못 하는 일화겠지만 말이다.

그랬던 '슈퍼 촌놈'이기 때문에 그때는 물론이고 사회에 나온 이후로도 집은 관심사가 아니었다. 도저히 넘볼 수 없는 것이라는 이미지가 강했다고나 할까? 2006년쯤인가 회사에서 단체 산행을 했다. 선배들은 북한산 중턱에 걸터앉아 "저렇게 아파트가 많은데, 내 집은 하나도 없다"라고 읊조렸다. 하지만 필자는 집을 욕심내본 적이 없어서인지 대충 흘려들었고 관심도 없었다.

물론 의식하지를 못했을 뿐, 집은 필자에게도 상당한 스트레스였다. 군대 제대 후 복학하고 나서는 부모님 도움 없이 학교를 다녔는데 가까스로 내 몸을 누일 수 있는 창문도 없는 고시원비가 월 17만 원이었다(지금은 아마 30만 원~40만 원은 하지 않나 싶다). 그 17만 원이 니무 아끼웠고 고시원 주인 할머니한테 돈을 건넬 때마다 아까워서 덜덜 떨었던 기억이 난다. 17만 원이면 당시 1,800원이던 학생식당 밥을 무려 94번이나 사먹을 수 있는 돈이었으니까 말이다. 그 시절에 필자가 얼마나 궁상이었느냐면, 라면을 하나 사면 수프를 반만 넣고 나머지 반은 밥에 비벼 먹었다. 이건 하도 버릇이 들어서 지금도 라면을 먹을 때는 수프를 아꼈다가 라면 사리를 사서 따로 또 끓여 먹는다. 가끔 너구리나 짜파게티 같은 굵은 면의 라면을 먹을 때도 이렇게 했다가 와이프가 질색을 한 적도 여러 번이다. 이 이야기를 식음료 취재 기자 시절 때 농심 홍보담당자에게 말했더니 "그렇게까지 라면 값을 아끼는 사람 얘기는 처음 듣는다. 다들 그렇게 했다간 우리 다 망한다"라며 칭찬(?)을 해줬다.

졸업 직전부터는 한 고시원에서 야간 보초를 서며 숙식을 해결했다. 저녁 6시부터 새벽까지 자리를 지키면 월급을 주고 방도 하나 내주고 가끔 밥을 챙겨주는 곳이었다. 회사에 입사하고도 한동안은 짬짬이 일을 했을 정도로 조건이 좋았는데 지금 와서 생각해보면 그만큼 돈을 내지 않는 보금자리인 것에 만족했던 것 같다. 이렇듯 의식하지는 못하지만 임대료는 누구에게나 아까운 것이다.

필자에게 집 욕심이 생기게 한 사람은 당연히 와이프다. 아마도 대부분 가정이 마찬가지일 것이다. 와이프는 항상 집 욕심을 내비

쳤지만 필자는 내내 무시해왔고 결국 와이프가 혼자 집을 보러 다니는 지경에 이르렀다.

와이프는 혼자 모델하우스를 갔다 오고 강남의 아파트로 놀러 다니면서 투지를 불태웠다. 그때 필자는 와이프가 욕망의 화신 같았다. 와이프가 자주 염탐했던 아파트 중 하나가 강남에 있는 청담자이다. 이 아파트는 2011년 10월에 입주를 했는데 2012년 겨울 필자를 데리고 보러 갔다. 도살장에 끌려가는 소의 심정이었던 필자는 너무나 무관심한 태도로 빈정댔다. 그때 전용면적 49제곱미터인 집을 봤는데 아마 시세가 7억 원 정도였을 것이다. 와이프는 마이너스 통장을 뚫고 전세를 끼고라도 사두자고 필자에게 거의 사정하다시피 했지만 필자는 시종일관 '안 들려요'로 일관했다. 2019년 1월 현재 이 아파트 가격은 17억 원~18억 원대다.

그러다가 와이프가 갑자기 폭발했다. 배 속에 둘째가 있을 때였다. 더 이상 참지 못하겠다고 하더니 2013년 말, 필자 손을 이끌고 공인중개사사무소에 갔다. 사실 필자는 이혼당할까 봐 무서워서 집을 샀다. 물론 집을 사기 직전, 공부를 시작하기는 했다. 명색이 경제 기자인데 잘 알지도 못하는 것에 수억 원의 목돈을 넣을 수는 없는 법이니 말이다. 그런데 공부하다 보니 의외의 지표들이 눈에 들어왔다. 즉, 공부하면서 '부동산 폭락론'이 얼마나 허망한 것인지를 깨달은 셈이다. 물론 집을 사게 된 여러 가지 결정적 계기는 있었다. 필자 안에도 집이 없다는 것과 관련한 고통이 침잠(沈潛)해 있었던 것이다.

# 02

# 집을 사는 계기가 된 세탁기 고장

부동산 관련 온라인 카페를 보면, 집주인은 흔히 '진상 세입자 경험담'을 얘기하지만 사실 '진상 집주인' 또한 많다. 그리고 상당수의 세입자가 진상 집주인에게 시달리다가 마지못해 부동산 시장의 매수자로 가담한다. 집주인들은 마치 "너희도 집을 사야 우리 집값이 오르지"라고 짜기라도 한 듯이 세입자들을 괴롭혀댄다.

그때에는 참 힘들었지만, 2013년 당시 살던 집주인 할머니 덕분에 우리 부부는 집을 살 수 있었다. 괴롭힘을 당했기 때문에 집을 사겠다는 마음을 먹은 것이라서 지금은 오히려 고마운 마음이 들 정도다.

한 주상복합아파트로 이사했는데 세탁기가 고장이 났다. 이 세탁기는 빌트인(내장형)으로 사실 우리는 이 세탁기를 몇 번 돌려보지도 않았던 시점이다. 그런데도 집주인 할머니는 "세탁기는 세입자가 고치는 거다"라며 한발도 물러서지 않았다. 억울했지만 어제 신은 양말을 오늘 또 신을 수는 없으니 우리 돈으로 고칠 수밖에 없었다. 이때 보일러도 고장이 났다. 한겨울이고 어린아이가 있었다. 밤중에 냉방으로 잘 수는 없었기 때문에 얼른 보일러 기사를 불러 수리했다. 나중에 집주인에게 알리면서 수리비를 달라고 했더니 언성이 높아졌다. "우리 아들이 보일러 전문가인데, 쓸데없이 돈을 쓰느냐? 왜 허락도 구하지 않고 보일러를 고치고는 돈을 달라고 하느냐?"라고 말했다. 절대로 돈을 줄 수 없다는 말이었다. 혹시나 독자들이 오해할까 싶어 첨언하면, '아들이 보일러 전문가'라는 것은 실제로 보일러 전문가라는 것이 아니라 민간인인데 보일러도 무척 잘 다룬다는 얘기였다.

필자는 진상에는 얼마든지 진상으로 대할 수 있는 스타일이다. 바득바득 싸웠다. 하지만 끝내 보일러 수리비는 돌려받지 못했고, 대신 전세 만기를 늘리기로 합의했다. 결과적으로 얘기하면 이 때문에 새 아파트(아크로리버파크) 입주일에 맞춰 전세 만기를 설정할 수 있었다. 끝만 보면 해피 엔드인 셈이다. 전세 날짜를 맞추지 못하면 복비 등 재계약 관련 부동산 비용이 추가로 들었을 텐데 이보다는 보일러 수리비가 저렴했기 때문이다. 끝이 좋기는 했지만, 피곤했다. 매사 이런 식으로 살려면 너무 힘들 것 같았다. 매번 집주인과 통화할 때마다 한 살씩 늙는 것 같다는 생각이 들었을 때 사냥감을 노리듯 필자를 바라보던 와이프가 말했다.

"그러지 말고 우리 그냥 집을 사자."

기억을 되짚어보면 집주인과 싸운 기억은 많다. 첫 신혼집의 집주인도 마찬가지였다. 지금 생각해보면 이 집주인이 제일 심했다. 한번은 동사무소(현 주민센터)에서 전화가 왔다.

"집주인이 동사무소에 오셨는데 세입자분들이 이사 나가셨고 연락이 안 된다고 하셔서요. 확정일자(전세금을 보장받기 위해 하는 것)를 말소해달라고 오셔서 확인 차 전화를 드렸어요."

무슨 뜬금없는 소린가 싶었는데, 사정이 이랬다. 이 집주인은 집을 담보로 추가 대출을 받고 싶은데 전세로 우리 부부가 살고 있어서 대출을 받을 수 없으니 우리 부부가 살고 있다는 증거를 없애버리려고 했던 것이다. 어안이 벙벙해졌다가 분노가 치솟았다. 집주인한테 한바탕 퍼부었는데 집주인이 다시 한 번 말했다.

"그러지 마시고… 정말 급한 게 있어서요. 저 믿고 그냥 확정일자 지워주시면 안 돼요? 전세금은 꼭 챙겨드릴게요."

기억을 떠올리면 떠올릴수록 집주인들과 힘들게 싸웠던 기억만 떠올랐다. 사회초년생 때 처음 구한 원룸의 주인 할머니는 필자가 출근하면 몰래 들어와서 쌀을 퍼가곤 했다. 명절 선물도 빼돌리기 일쑤였다. 이사 나가려고 짐을 옮길 때도 은근슬쩍 이런저런 것들을 챙기려고 들었다. "버리고 가는 건 줄 알았다"라면서 회사에서 지급한 노트북마저 슬쩍 감추려고 했던 그 할머니는 명색이 홍대 근처에 5층짜리 원룸 건물을 갖고 있는 '건물주'였다.

물론 좋은 집주인도 있다. 한 집주인은 첫아이가 태어났을 때 "내

집에서 좋은 일이 있어 나도 기분이 좋다"라면서 케이크 쿠폰을 보내주기도 했다. 하지만 안 좋은 기억이 더 깊게 각인되는 법이다.

처음 상경한 이후 이사를 11번이나 다녔다. 중랑구 이모님 댁에서 시작해 성북구, 강북구, 마포구, 강동구 등으로 여러 번 옮겼다. 이제는 정말 안착이라는 것을 해보고 싶었다. 아이는 크고 있고, 곧 둘째도 태어난다. 첫째를 어린이집에 보내면서 저출산이라고 난리인데 왜 아이가 갈 어린이집이나 유치원은 없는지 신기할 정도였다. 갑자기 퓨즈가 나간 듯한 상태에서 와이프한테 "그래, 까짓거 집을 사자"라고 말했다.

그리고 또 하나 중요한 것이 있다. 집을 한 채 갖고 있는 것은 주식으로 따지면 아무 포지션이 없는 것과 같다는 사실이다. 한 채도 없는 것은 부동산에 공매도를 친 것과 똑같다. 전세로 사는 것은 집값 하락에 베팅한 것과 다를 바 없다. 그리고 두 채 이상 있어야만 오르는 데 베팅하는 롱 포지션을 구축한 것과 같다. 어차피 세상을 떠나는 그날까지는 몸을 누일 공간이 필요한데 계속 공매도 포지션을 유지하고 있을 수는 없는 노릇이다. 이런저런 생각들이 머릿속에서 꼬이고 꼬이면서 집을 사야겠다는 생각으로 이어졌다. 그 단초는 언급한 대로 집주인의 횡포였지만.

비슷한 경험을 한 독자가 많을 것이다. 훨씬 더 심한 집주인을 경험한 독자도 많을 것이다. 사실 우리는 집을 놓고 너무나 많은 갈등을 겪는다. 집주인과의 관계뿐만 아니라 아랫집 혹은 윗집과 층간 소음으로 싸우기도 하고 담배 냄새나 반려동물 소음으로도 갈등을 겪는다. 그러다가 덜컥 집을 사는 경우도 많이 봤다. 한 가지 하고 싶은 말이 있다. 급작스럽게 결정하지 말고 항상 준비하자는 것이다. 예를 들어, 아파트 문화가 싫다며 덜컥 집을 지었다가 후회하는 신배를 많이 봤다. 곧 아이기 테어난다면 아랫집 사람들의 예민함이 어느 정도인지 미리 파악하고, 아니다 싶을 경우 1층으로 이사 계획을 미리 세워두면 갑작스럽게 닥치는 스트레스를 피할 수 있다. 전셋집에 처음 입주할 때도 보일러 등 내장 제품들의 상태를 확인하는 것이 필요하다. 상당히 많은 문제가 아무 생각 없이 멍하니 있을 때 발생한다.

# 03

# 월급만으로 살 수 없잖아

ACRO RIVER PARK

자, 집 이야기는 잠시 뒤에서 다시 하기로 하고 필자의 사회초년생 시절로 돌아가자. 사회생활을 시작한 2006년부터 2013년까지는 부동산에 별다른 관심이 없었다. 하지만 어떻게 하다 보니 재테크에는 관심을 두게 됐다. 아무래도 경제지 증권부에서 기자생활을 처음 시작한 영향이 크지 않았나 싶다. 여의도 증권가는 탐욕스러운 이가 가장 많이 모여 있는 곳이다. 그리고 강제로 경제신문을 계속 읽어야 하다 보니 돈의 흐름이라던가 하는 것들을 수박 겉핥기식으로나마 관찰할 수 있었다.

사회생활을 시작한 2006년부터 결혼한 2008년까지는 돈 버는 이야기가 남의 이야기였다. 돈 많은 사람을 부러워한 기억도 전혀 없다. 기자가 되고 나서 다섯 번째쯤에 만난 사람이 한 코스닥 기업 최대 주주이자 대표이사였다. 지분율과 시가총액을 계산해봤더니 1,000억 원 정도의 부자였다.

한 호텔 일식집에서 만났는데, 동석한 다른 기자는 "부를 이루셔서 부럽다"라는 말을 반복했으나 필자는 추임새는 넣으면서도 속으로는 전혀 부럽지 않았다. 필자와는 태초부터 다른 사람이라는 생각이 너무 깊었다고나 할까? 심지어 이 최대 주주는 진짜로 부자 같지도 않았다. 그는 "주식이 많아서 부자라고 할 수 있겠지만 돈은 없다. 학원비 걱정하고 하는 것은 다른 월급쟁이랑 똑같다"라고 했다. 실제로 똑같지는 않겠지만 그래도 꽤 진심인 것만 같은 대답이었다. 나중에 알고 보니 그는 주식 담보 대출을 많이 받고 있었다. 주가 하락으로 기관 투자자들이 괴롭혀서 주식 담보 대출을 받아 장내 매수를 계속 하고 있다고 했다. 안팎으로 꽤 시달리는 듯한 느낌이었다. 실제로 어마어마한 부자는 아니라고 할 수도 있는 셈이다.

개인적인 재테크는 2008년 5월 결혼과 동시에 시작했다. 앞에서 말한 사연처럼, 부자가 되겠다는 생각을 처음 가졌던 게 결혼을 결심한 그 시점이기 때문이다. 그동안 모은 4,000여만 원에 부모님에게 빌린 5,000만 원 등으로 전셋집을 구했다. 전세 계약을 하고 나니 남은 돈이 130만 원쯤인가 그랬던 것 같다. 그때 구세주처럼 왔던 돈이 축의금과 혼수비였다. 처가에서 혼수비로 준 돈은 재테크 종잣돈으로 쓰기로 합의했다. "TV 없이 시작해도 되잖아?"라고 와이프에게 말했고 와이프도 수긍했다. 처음에는 침대도 사지 않았고 본가에서 가져온 이불에서 잤다. 양복을 지어 입으라고 받은 돈도,

어른들이 신혼여행에서 쓰라고 준 돈도 모두 쓰지 않았다. 신혼여행을 하와이로 갔는데 정작 하와이에서는 돈을 아끼느라고 아무것도 하지 않고 무전여행 하듯이 하고 돌아왔다.

그때에는 금융 상품이고 뭐고 아무것도 몰랐기 때문에 주식을 시작했다. 그리고 모두가 아는 사태가 터졌다. 바로 2008년 글로벌 금융위기였다. 어찌 보면 위기가 터진 시점이 필자에게는 다행이었다. 아직 돈도 없었던 시절이었고 금융위기 이후 수많은 좋은 상품이 쏟아지듯 나왔으니까(이때 했던 투자들은 모두 뒤에서 소개하겠다).

재테크에 대한 욕심이 더 강해진 시기는 2011년 첫 아이가 태어났을 때다. 누구나 그렇듯이 아이가 태어나면 뭐든 더 절박해진다. 아이가 태어나니 필자가 겪었던 고통이나 고민은 조금도 물려주고 싶지 않았다. 그리고 또 하나 고민했던 것이 필자가 건강에 자신이 없다는 점이었다. 필자는 태어났을 때 한 집안 어른으로부터 "오래 못 살 것 같다"라는 얘기를 들었을 정도였다. 지금은 그렇지 않은데 사회생활을 시작한 직후에는 자주 아프기도 했다. 그래서 어떻게든 필자가 없더라도 아이가 건강하게 클 수 있는 환경을 만들어주고 싶었다.

결정적인 계기가 됐던 소설이 있다. 독일 소프트웨어 개발자 출신의 소설가 안드레아스 에쉬바흐가 쓴 《1조 달러》였다. 소설의 내용을 간략히 소개하면 다음과 같다.

피렌체의 상인 지아코모 폰타넬리는 1495년 4월 23일, 하나

님을 만나는 꿈을 꾼다. 그리고 그 꿈에서 미래의 모습을 본다. 그가 본 미래에서는 사람들이 힘겹게 허덕이고 미래를 잃고 허둥대는 삶을 살고 있었다. 그는 자신의 모든 자산을 후세에 물려주기로 결심한다. 1,000만 달러 정도의 돈을 1995년 4월 23일을 기준으로 가장 어린 자신의 후손에게 물려주기로 결심한 것이다.

당시 1,000만 달러 정도였던 화폐는 1995년을 기준으로 1조 달러가 된다. 이는 500년이란 시간 동안 연이율 4%로 운영됐을 때의 금액이다. 지아코모 폰타넬리와 이 자산의 관리를 맡은 변호사 바치 가문은 돈을 보호하기 위해 피렌체시와 계약을 맺었고 추후 이 계약은 그대로 승계돼 상속자에게 상속세를 물지 않는 대신 부를 반출하지 않게 하는 계약으로 이어진다. 1조 달러를 관리하기 위해 2만 5,000개의 계좌가 동원된다. 빌 게이츠의 자산보다 20배 많은 자산을 거머쥐는 행운은 피자 배달부 일을 했던 존 폰타넬리에게 주어진다.


특히 이 소설에서 반복적으로 나오는 '내가 자는 동안에도 내 돈은 일을 한다'라는 문구가 가슴을 뛰게 했다. 자산이 1조 달러면 1초에 늘어나는 이자가 7달러쯤 된다. 숨만 쉬어도 자산이 쑥쑥 늘어나는 폰타넬리를 보면서 필자도 우리 가족을 위해 일하는 가상의 존재가 있었으면 하고 바라게 됐다. 와이프는 필자의 이야기를 듣더니 "동수를 만들자는 거네?"라고 말했다. 동수가 누구냐고 묻자 "한 개그

프로그램(웃찾사)에 나오는 투명인간 있어. 사람이 없는데 '동수야'라고 부르면 실제로 옆에 있는 것처럼 얘기하거든"이라고 답했다. 그래서 그날 이후로 우리 가족을 위해 일하는 재테크 상품들을 '동수'라고 부르기로 했다.

동수가 필자보다 더 많이 벌어오는 것, 그것이 최대 목표였다. 월급은 베이스캠프일 뿐이다. 월급은 돌격대로 가장 먼저 전장을 누비지만 승전하려면 병사(동수)들이 힘을 내야 했다. 병사들이 힘을 낼 수 있도록 뒤에서 시의적절하게 잘 진두지휘하는 것이 지휘관인 필자 역할이었다.

# 04

# 통장을 쪼개라

필자는 월급통장과 주거래 입출금통장, 대출금 나가는 통장 등을 따로 관리한다. 계좌번호를 외우고 다니는 통장만 10개 정도다. 이런저런 이유로 한 달에 한 건 이상 이체하는 '활성 계좌'만 은행과 증권사를 합해 20여 개 정도 되는 것 같다. 독자들도 통장을 최소한 3개 정도 쓰는 것을 추천한다.

일단 주력 계좌로는 증권사 CMA 통장을 권한다. CMA 통장은 매일 이자를 지급하는 통장이다. CMA는 'Cash Management Account(자산관리계좌)'의 줄임말인데, 증권사는 이 안에 들어있는 자금을 국공채나 기업어음(CP), 머니마켓펀드(MMF), 환매조건부채권(RP) 등에 투자한다. 2019년 1월 기준으로 증권사 CMA 계좌는 약 1.4~1.7%(연이율)의 이자를 지급한다. 초대형 IB 사업자 인가를 받은 한국투자증권, NH투자증권은 발행어음을 굴려 연 2%의 이자를 지급하는 CMA도 내놓았다. 1% 가지고 뭘 하느냐는 사람이 있을 수 있는데, 사실 틀린 얘기는 아니다. 어마어마한 목돈을 넣어놓지 않는 이상 큰 의미가 없다. 그렇다고 목돈을 고작 1% 수익을 보고 투자할 수도 없다. 게다가 이는 세전으로, 15.4%의 세금을 떼고 나면 실제 수익률은 1% 안팎으로 더 떨어진다. 하지만 앞에서도 언급했듯이 재테크는 버릇이다. 그리고 버릇의 시작을 CMA로 하라고 권하고 싶을 뿐이다. 하나부터 시작해야 하고, 푼돈이라도 아끼는 버릇을 들여야 한다.

여러 증권사 중 KB증권 CMA를 가장 추천한다. KB증권 CMA는 5건의 자동 이체를 등록해놓으면 500만 원 한도까지 약 3%의 이자를 지급한다. 이는 언제든지 갑자기 종료될 수 있는 이벤트이기는 하지만 필자 기억에 이 이벤트가 2014년쯤 시작해 2019년 초까지 이어지고 있으니 어지간해서는 사라지지 않을 것으로 보인다. KB증권을 추천하는 또 다른 이유는 자동 이체나 송금 등이 편하기 때문이다. KB증권 CMA는 다른 증권사들 이상으로 송금이 편리하다. 고액이 아닌 이상 비밀번호를 넣고 지문 인증만 하면 송금되는 구조다. 미래에셋대우 CMA도 지문 인증으로 송금이 가능하지만 보안카드 비밀번호를 입력해야 하고, 다른 증권사 CMA도 정도의 차이는 있는데 KB증권보다는 조금씩 더 불편하다. KB증권이나 미래에셋대우는 다른 은행 ATM을 수수료 없이 이용할 수 있는 것도 장점이다. 다만 이는 해당 증권사에서 펀드를 하나 이상 가입해야 하는 등의 조건이 충족돼야 한다. 이런 조건은 회사 정책에 따라 그때그때 바뀔 수 있으니 가입 직전 확인해보라고 권하고 싶다. 사실 상당수 증권사 CMA 통장이 ATM 수수료 무료 혜택을 지급하고 있으니 확인해본 뒤 가입하면 된다.

은행 계좌도 주거래로 살려둬야 한다. 이유는 바로 대출 때문이다. 대출 때문에라도 은행과 아예 담을 쌓고 지낼 수는 없다. 뒤에서 다시 얘기하겠지만 필자는 대출을 활용하는 것을 추천한다. 대출에 거부감을 가진 사람이 많은 것은 알지만 결국 지렛대 효과를 내기 위해서는 대출을 시의적절하게 활용해야 한다. 4% 이자를 지급하고 돈을 빌려서 10% 수익을 노리면 되는 것이다.

과거에는 대출 금리를 낮게 받아내는 요령이 많았다. 예를 들어, 본사 직원과 친해지라거나 처음 신설된 지점을 찾으라거나 하는 등이다. 하지만 이는 점점 무의미해지고 있다. 과거에는 통했을지 몰라도 2019년 현재 이런 방법으로 쏠쏠히 재미를 봤다고 말하는 사례는 들어보지 못했다. 오히려 능력 있고 성실한 대출 중개사(상담사)를 평상시에 알아두고 관리하는 방법을 추천하고 싶다. 주변에도 보면 사회에서 잘 나가는 전문직인데 대출 중개사를 통해 대출을 받는 경우를 자주 봤다.

요즘은 은행에서 대출을 해줄 때 이런저런 것을 권한다. 신용카드를 만들어야 하고 적금을 들거나 아파트 관리비를 자동 이체하거나 청약통장에 가입해야 하는 식이다. 이는 은행 대출 통장을 주거래 통장으로 전환하기 위해서다. 매월 1일, 10일, 15일, 20일 등 다른 날짜에 목돈이 빠져나간다면 매번 일일이 이체하기란 현실적으로 어렵다. 이렇다 보니 어쩔 수 없이 대출 통장이 주거래 은행이 되곤 한다. 은행은 이런 주거래 통장에 고스란히 쌓여 있는 돈을 굴려 돈을 번다. 주거래 통장은 대부분 연이율이 0.1% 정도인 보통예금 통장이니 은행 입장에서는 사활을 걸고 많이 유치하려고 한다.

필자의 경우 주거래 증권사의 CMA 통장에서 대출금이 빠져나가는 날에 그만큼의 자금이 대출 통장으로 자동 이체되도록 설정해놓고 있다. 10일 오후에 100만 원이 빠져나간다면 미리 10일 오전에 100만 원이 대출 통장에 들어가도록 설정해두는 식이다. 독자들도 이렇게 하는 것을 추천하지만, 주변 지인들에게 권해본 결과 이 정도까지의 불편함을 감수하는 이는 많지 않았다. 정 힘들다면 차라리 대출 통장을 주거래 은행으로 활용하라고 조언하고 싶다. 이런 경우라도 ATM 수수료가 붙지 않는 증권사 CMA 통장은 하나 만들어둬야 한다. 은행은 보통 다른 은행 ATM에서 돈을 출금하면 무조건 1,000원 이상의 수수료를 받는다. 독자 여러분도 예기치 않은 순간에 현금을 출금해야 하는 경우를 많이 겪었을 것이다. 수수료가 붙지 않는 증권사 통장을 미리 만들어둔다면 급하게 돈을 출금할 때도 모바일 뱅킹을 통해 '은행 통장→증권사 통장'으로 돈을 옮긴 뒤, 다른 은행 ATM에서 자금을 출금할 수 있다. 다른 건 몰라도 ATM 수수료만큼은 내지 않겠다는 자세를 갖추라고 말하고 싶다. 사실 이는 모든 금융 서비스를 통틀어 가장 아까운 돈이다.

# 05

# 위기도 기회였다

필자의 인생에서 부동산을 제외하고 금융 상품 등으로 큰돈을 벌수 있었던 시기를 꼽는다면 2008년 글로벌 금융위기, 2011년 저축은행 사태, 2012~2015년 부실 대기업 구조조정, 2016년 부동산 호황에 따른 P2P 대출 급성장 등을 지목할 수 있다. 이 가운데 부동산 P2P 대출 호황을 제외하면, 나머지는 어떻게 보면 자산 시장에 있어 큰 위기가 될 수 있었던 시절이다. 하지만 언제나 그렇듯이 위기의 또 다른 얼굴은 기회다. 필자는 운이 많이 따르고 남들보다 리스크에 적극적으로 대응한 덕분에 자산 시장 불황기에 한 단계 점프할 수 있었다. 이 중에서 2011년 저축은행 사태 때부터 얘기해볼까 한다.

2011년, 무수히 많은 저축은행이 한꺼번에 쓰러지는 사건이 발생했다. 2011년 1월 4일 삼화상호저축은행을 시작으로 2월에는 부산저축은행과 부산2저축은행, 중앙부산저축은행, 보해상호저축은행, 대전상호저축은행 등 2011년에만 20개 안팎의 저축은행이 영업 정지를 받고 쓰러졌다. 저축은행 줄도산은 2012년까지 이어졌는데 그중에서도 솔로몬저축은행, 부산저축은행, 미래저축은행, 토마토저축은행 등 덩치가 큰 저축은행의 경우 예금자들이 금융감독원 앞에서 노숙 투쟁을 할 정도로 서민 살림에 큰 악영향을 미쳤다. 피해자 중 상당수는 5,000만 원 이상으로 예금을 불입하거나 저축은행 후순위채권에 투자했다. 참고로 예금은 원리금 5,000만 원까지는 정부(예금보험공사)가 보호한다. 5,000만 원 초과분에 대해서만 개인이 손실을 떠안게 된다. 저축은행 후순위채의 경우 해당 저축은행에서 '은행'이라는 점만 강조하면서 대거 팔아치우는 바람에 적지 않은 투자자가 피눈물을 흘려야 했다.

저축은행 부실화의 배경은 크게 2가지다. 일단 너무 많은 자금을 부동산에 쏟아 부었고, 금융회사답지 않게 경영 투명성이 떨어졌다. 금융회사답지 않은 수준이 아니라 이후 검찰 수사를 통해 드러난 바에 따르면, 회삿돈을 빼돌려 골프장을 사거나 차명으로 주식을 사는 등 파렴치한 불법을 저질렀다. 당시 미래저축은행 회장의 횡령 자금이 미래저축은행 자본금의 4배에 이르는 5,000억 원에 달했다는 보도도 나왔다.

당시에 부실해신 저축은행의 투자처는 딱 하나였다. 바로 (불법적인 요소가 많은) 부동산 사업장. 고객들에게 고금리를 지급하고 돈을 끌어와 불법 부동산 프로젝트 파이낸싱(PF) 사업을 벌였다. 부동산 경기가 계속 좋았거나 금세 회복했다면 어쩌면 들키지 않고 넘어갈 수 있었겠지만 생각보다 오랜 기간 불황이 지속되면서 그들의 만행이 수면 위로 떠올랐다. 심지어 지자체 허가를 이미 받고 사업을 시작한 사업장이 아니라 땅을 매입하는 단계의 사업자에게 돈을 빌려주기도 했다. 이를 '브릿지 론'이라고 하는데, 저축은행들은 브릿지 론 비중이 너무 높았다.

이 책의 목적이 금융회사의 부도덕성을 지탄하기 위한 것이 아닌 만큼 저축은행 부실화와 관련한 설명은 이 정도로 마치자. 그보다 당시 수많은 사람이 저축은행 예금을 빼는 '뱅크 런'이 발생했고 그 와중에 일부 공격적 성향의 투자자들은 도리어 돈을 맡겼다는 점이 더 중요하다.

당시 기억을 되짚어보면, 저축은행에 돈을 맡긴 사람들은 저축은행이 부실화되고 있다는 보도가 잇따르자 버선발로 은행을 찾아 돈을 빼갔다. 예금은 만기가 되지 않으면 약속된 금리를 지급하지 않고 거의 원금만을 돌려주는데도 투자자들은 잔뜩 겁에 질려 돈을 회수했다. 이러다 보니 비교적 멀쩡한 저축은행도 돈을 돌려주느라 바빠 엉겁결에 동반 부실에 빠지곤 했다. 참고로 은행은 자기자본 비율(BIS 비율)을 충족해야 하는데 보통 8% 이상을 합격권으로 보고 있다. 100억 원을 굴린다고 하면 그중 8억 원~10억 원만 자기 돈일 때가 많다. 그만큼 아무리 우량한 은행이라고 해도 고객이 한꺼번에 돈을 찾으면 망할 수밖에 없는 구조다.

뱅크 런이 어느 정도였냐고 하면, 2011년 9월 김석동 당시 금융위원장이 명동의 한 저축은행에 2,000만 원을 예금으로 맡기기까지 했다. 금융당국 수장인 자신도 저축은행에 돈을 맡긴 만큼, 일반 고객 여러분들도 안심하시라는 메시지였다. 하지만 당시 그가 예금자 보호 대상이 되는 금액으로 딱 맞춰 맡겼다고 알려지면서 "금융위원장도 사실은 못 믿는 것 아니냐?"라는 반격을 받아야 했다. 참고로 2,000만 원은 금융회사가 망해도 그 즉시 지급되는 금액이다. 5,000만 원까지 보전받기는 하나 5,000만 원을 받으려면 예금보험공사가 부실 채권을 넘겨받고 정리하는 과정을 거쳐야만 한다. 내 돈을 돌려받는 데 대략 1년 안팎의 시간이 소요될 수도 있다.

2011년 중순쯤 필자는 신문을 보다가 한 충청권 저축은행이 예금 금리 11%로 자금을 조달하고 있다는 기사를 봤다. 이 저축은행은 뱅크 런이 발생하면서 예금 금리가 6~7%까지 치솟았는데도 돈이 들어오지 않아 최종적으로는 연 11%까지 올렸지만 이 같은 조건에도 불구하고 투자자들이 잘 몰리지 않는다는 내용이었다.

필자는 이 기사를 보고 무릎을 쳤다. 설령 저축은행이 망한다고 해도 예금보험공사가 기존 조건을 그대로 승계할 가능성이 아주 높은 만큼, 어쩌면 정부 보증으로 연 11% 상품에 가입하는 효과를 얻을 수 있으리라고 봤기 때문이다. 당시에는 '왜 이런 기막힌 재테크 방법이 소문나지 않았지?'라고 생각했는데 지금 돌이켜 보면 정부의 뒤통수를 치는 방법이라 언론에서 기사를 쓰지 않은 것 같다는 생각이 들었다.

필자 입장에서 충청도에 있는 저축은행은 거리상 너무 멀어 어려웠다. 그래서 서울에 있으면서 망할 것 같은 저축은행을 찾는 일과를 시작했다. 당시 필자가 꼽은 저축은행은 A저축은행과 B저축은행, 그리고 서울에 있으면서 자본금이 작은 소형 저축은행들이었다.

대부분 저축은행이 높은 금리를 제시하면 만기가 짧다. 일단 급전이 필요한 상황이다 보니 굳이 만기를 길게 제시해 많은 이자를 지급할 필요는 없기 때문이다. 이 때문에 만기가 길면서 높은 이자율을 찾는 것은 말만큼 쉽지는 않았다. 한 작은 저축은행과 B저축은행에서 만기 3년으로 금리 6~8%를 제시하는 상품을 찾았다. 이 상품을 들겠다고 하자 은행원이 "되게 좋은 생각이십니다"라고 말했던 기억이 난다.

그때 필자는 대출도 받아 저축은행에 맡겼다. 저축은행 이자율이 8%, 대출 금리가 4%라고 가정해보자. 이자에서는 15.4%의 세금을 떼는데, 이를 고려하면 실질 이자율은 6.768%다. 대출 금리를 고려하면 약 2.768%를 리스크 없이 가져갈 수 있는 셈이다. 1억 원을 맡긴다고 하면 277만 원을 리스크 없이 수령할 수 있다. 물론 천만 단위, 억 단위 투자 수익을 노리는 사람 입장에서는 푼돈이겠지만 이런 투자법은 목돈으로 할 경우 의미 있는 수준으로 수익 창출이 가능해진다.

종국에는 필자에게 큰 실패를 안긴 사례였지만 2012~2015년 대기업 구조조정 때도 마찬가지였다. 대기업 구조조정은 산업은행, 우리은행 등 은행 주도로 이뤄지는 자율협약을 말한다. 자율협약은 기업이 안 좋아져서 대출금을 제때 상환하지 못하게 됐을 때, 그렇다고 해도 당장 법정관리(회생절차)를 개시하거나 워크아웃(기업 재무구조 개선작업)에 들어갈 단계는 아닌 기업을 대상으로 실시한다. 이런 기업들은 재무구조가 악화돼 있어 채권 부도 가능성에 대한 우려가 커짐에 따라 채권 금리가 10% 안팎으로까지 오르지만 결국 원금과 이자를 되갚아주는 경우가 절대적으로 많다. 필자는 대한전선, 두산건설, 동부팜한농, 현대상선, 한진해운 회사채 등에 투자해 재미를 봤다. 뒤에서 다시 소개하겠지만 한진해운과 현대상선, 그리고 대우조선해양 등은 큰 실패 또한 안겨줬다. 예상과 달리 개인 투자자에게도 고통 분담을 요구하는 것이 트렌드가 됐기 때문인데 이는 전적으로 필자의 실수라고 할 수 있다. 세상이 바뀌는 흐름을 잘 잡지 못한 여파였다.

글로벌 금융위기는 미국은 물론 자본주의 자체가 근본적으로 위협받은 케이스였다. 많은 사람이 피눈물을 흘린 시기지만, 이 또한 기회로 살린 사람이 많다. 필자 또한 당시에는 어리다는 점 때문에 기회로 잘 활용했던 것 같다. 우리나라가 아예 망가지지 않는 이상 충분히 극복 가능한 이슈라고 판단해 단계적으로 롱 포지션(오르는 데 투자하는 것) 상품을 매수했다. 당시 코스피 지수는 2,000포인트에서 800포인트대까지 추락했는데 1,400포인트가 무너졌을 때부터 단계적으로 매수했다. 물론 낙폭의 골이 깊어질 때마다 불안했고 걱정스러웠지만 단계적으로 투자하는 상황이었고 언젠가는 반등할 것이라는 믿음이 컸다.

코스피 지수가 900선을 내줄 때는 홍콩에 있을 때였다. 그때는 신기(神氣)가 들린 것인지, 아니면 마(魔)가 낀 것인지 그중 가장 많은 목돈을 투자했다. 그것도 지수를 1배로 추종하는 상품이나 주식 현물이 아니라 상승하면 상승 폭의 5~10배를 먹을 수 있는 파생 상품에 돈을 넣었다. 어쩌면 한국에 있지 않다 보니 폭락장 때마다 스산하게 느껴지는 불안감이 그때는 들지 않았던 것인지도 모른다. 화려한 홍콩 거리에서는 증시 폭락의 기운이 하나도 느껴지지 않았다. 계속 흘러나오는 홍콩 노래들은 '지금 벌어지는 이 사태는 금융 시장(혹은 부동산)의 문제이지, 경제 자체를 망가뜨리진 않을 것이다'라는 확신이 들게 했다.

다시 말하지만 자산 시장이 폭락할 때는 그 자산의 가치가 0으로 수렴할 것이라는 생각이 강하게 들지 않는 이상 기회다. 여러 번에 걸쳐 투자자들의 마음을 아프게 했던 주식 또한 마찬가지다. 주식도 잘만 고른다면 충분히 좋은 재테크 수단이 될 수 있다.

# 06

# 사회초년생은 '종잣돈+마통'으로 시작하라

우리는 재테크를 너무 낯설게 생각하는 경향이 있다. 이는 사회초년생일수록 유독 더 심하다. 경제나 재테크에 대해 배운 적이 없고 돈을 추구하는 것을 다소 부정적으로 바라보는 유교적 문화 아래 있어서다. 사실 유교문화라고 해서 사익 추구를 경멸한다거나 하지는 않는데 우리는 그렇게 잘못 인식하고 있다. 사회초년생들과 이야기하다 보면 "아직 돈이 없어서요. 일단 돈이 좀 모이면 그때부터 재테크를 해보려고 해요"라고 말하곤 한다. 아주 틀린 말은 아니지만, 그래도 그것보다는 '내가 무슨 재테크?'라고 인식하는 경향 탓이 크다.

그러나 앞서 말했듯이 재테크가 필수인 시대다. 되도록 빨리, 서둘러 시작하라고 권하고 싶다. 2017년부터 2018년 초까지 불어 닥친 '가상화폐 열풍'만 해도 재테크에 대한 관심을 불러일으켰다는 점에서 의미가 있었던 소동이라고 생각한다. 물론 그 끝이 젊은 투자자들에게 암울한 모습으로 진행되고 있기는 하지만 말이다.

30대 초반에 결혼한다는 전제하에 돈이 가장 많이 들어가는 시기는 30대 중후반이다. 아이가 클수록 사교육부터 시작해 돈 쓸 곳이 많아진다. 차라리 사회생활을 처음 시작해서 결혼하기 직전까지가 재테크를 공격적으로 하기에 가장 적기일 수 있다. 젊을 때는 원금을 모두 날려도 타격이 덜하다. 시작은 제일 공격적으로 하고, 점점 더 보수적으로 돌아설 필요가 있다.

2018년 한 해만 놓고 보면 '무주식이 상팔자'라는 말이 나올 정도로 개인 투자자에게 힘든 시기였다. 그런데도 20~30대에게 주식 투자를 하라고 권하는 이유는 그때가 주식으로 실패해도 다시 일어설 수 있는 유일한 시기이기 때문이다. 다만, 주식은 위험성 또한 높다는 것이 분명한 사실이니 주식 투자에 대한 이야기는 3장에서만 다루고 지금은 더 이상은 언급하지 않을까 한다.

사회생활을 시작한 뒤 받은 첫 월급 중 100만 원으로 시작하라고 하고 싶다. 추천 상품은 직접 주식 투자 아니면 리츠(REITs), 주가연계증권(ELS)이다. 리츠는 'Real Estate Investment Trusts'의 약자로, 부동산 투자를 전문으로 하는 뮤추얼펀드를 말한다. 더 쉽게 얘기하면 증시에서 모집된 자금으로 건물을 매입한 뒤, 임대료를 수령해 배당으로 나눠 갖는 것이다. 뒤에서 다시 소개하겠지만 공실 발생 및 건물 가격 급락 리스크가 없는 상품이라면 사회초년생이 투자하기에 아주 적합하다. 멀쩡히 잘 운용된다면 가격이 급락할 가능성이 거의 없기 때문에 상대적으로 쉽게 흔들리는 사회초년생이 접근하기에 적합하다.

ELS도 뒤에서 다시 설명할 텐데 코스피 지수(정확히는 코스피200) 같은 증시 지수가 반토막 나지 않으면 약 6~10%의 이자를 지급하는 상품이다. 금융위기나 IMF 위기 같은 것이 터지면 지수가 반토막 나는 일이 발생하기는 하는데, 그래도 장기적으로 보면 흔한 일은 아니다. 이 때문에 적립식으로 투자한다면 상대적으로 위험을 낮추면서 투자할 수 있다. 리츠는 상장 주식과 같아 투자금 제한이 없고, ELS는 100만 원부터 투자할 수 있기 때문에 목돈을 넣어야 한다는 부담도 없다. 모두 괜찮은 상품이라고 생각한다(추천 투자처에 대한 이야기는 뒤에서 좀 더 자세히 다루도록 하겠다).

또 하나 강조하고 싶은 것은 '대출'이다. 아무래도 사회초년생은 자금 여력이 약하기 때문에 되도록 빨리 자산을 증식하려면 레버리지를 활용할 수밖에 없다. 대출이 위험하지 않다고 생각하는 것은 아니다. 2018년 10월 급락장 때만 해도 수많은 개인 투자자가 신용융자로 주식을 매수했다가 반대 매매(주가가 급락하면 증권사가 담보물로 가지고 있는 주식을 임의 처분하는 것) 당해 쪽박을 찼다. 하지만 그럼에도 빚(대출)을 내라고 말하지 않을 수가 없다. 월급을 받아 쓰고 남은 것을 열심히 모아봐야 대체로 자산 가격 상승의 속도를 못 쫓아갈 때가 많기 때문이다. 특히 대세 상승장일 때는 빚을 내느냐, 안 내느냐에 따라 결과물이 현저하게 차이 나곤 한다. 지키는 것도 중요하지만 사회초년생은 지킬 것도 많지 않다.

대출 중에서 추천하고 싶은 것은 '마이너스 통장(이하 '마통')'이다. 주거래 계좌와 붙어 있기 때문에 관리가 용이하고 대부분 최대한노가 연봉 수준이기에 도저히 감당되지 않는 수준으로 빚을 내지 않도록 기준선이 되어준다. 다니는 회사와 제휴되어 있는 은행에 마통이 있는지 확인하고, 없다면 주거래 은행에서 한번 확인해보길 권한다. 그리고 또 추천하는 곳이 있는데, 바로 카카오뱅크와 케이뱅크다.

카카오뱅크와 케이뱅크는 2017년 정부의 인터넷전문은행(핀테크) 활성화방침에 따라 새로 인가를 받은 은행이다. 각각 카카오와 KT 주도로 설립했다. 두 은행은 1992년 평화은행 이후 23년 만의 첫 신규 은행 인가이면서 산업자본의 주도로 설립되어 출범 전부터 큰 관심을 모았다.

두 은행은 후발주자이다 보니 상대적으로 낮은 금리로 대출자들의 관심을 불러일으켰다. 필자는 두 은행이 문을 열자마자 마통을 개설해봤는데, 2017년 기준 금리가 낮았던 영향도 있어서 그런지 마통 금리가 연 3.0~3.1%밖에 되지 않았다. 기존에 갖고 있는 대형 은행 2곳의 마통과 비교해봐도 카카오뱅크, 케이뱅크의 금리가 확실히 저렴한 편이다. 2019년 1월 현재는 마통을 실제로 쓰지 않고 있다. 그래도 '3대가 덕을 쌓아야 대출을 받는다'라고 할 정도로 대출이 꽉 막혀 있는 상황이라 계속 유지는 해놓고 있다.

그렇다고 대출을 최대한으로 받으라고 권장하는 것은 아니다. 거듭 강조하지만 대출은 레버리지 효과 극대화를 위해 분명히 필요하나 당연히 안전한 투자처 중심으로 운용해야 한다. 필자의 경우 이건 반드시 된다 싶을 때만 마통을 활용한다. 좋은 투자처는 갑자기 나타나기 때문에 일단 마통을 만들어놓으라고 권한다. 당연한 얘기지만 마통은 꺼내 쓰지 않는 이상은 이자를 물지 않는다.

또 하나, 마통을 주거래 은행에서 만들되 주거래 계좌와 붙여 놓지는 말라고 하고 싶다. 주거래 계좌에 마통을 붙여 놓으면, 계좌에 잔액이 하나도 없더라도 출금 가능 금액은 천만 원 단위(마통 한도)로 뜬다. 자칫 잘못하면 충동 거래를 할 수 있고 실수로 돈이 빠져나가게 되는 경우가 있으니 계좌를 따로 두라고 조언하고 싶다.

필자는 아직도 한도를 꽉 채워 대출을 받는다. 대출은 필자의 용병들이므로 최대한 많이 구해놓는 것이 유리하다는 판단 때문이다. 필자는 대출이 하나였을 때만 해도 코리아크레딧뷰로(KCB) 기준 신용 등급 점수가 1,000점으로 만점을 유지했었다. 하지만 마통 4개와 주택담보대출 2개를 받고 있는 2019년 1월 현재는 942점으로 훅 떨어졌다. 그래도 1등급은 유지되고 있으니 다행이라고 해야 할까?

필자가 대출을 너무 많이 받고 있다고 확인한 사례가 있다. 바로 신용카드 발급이다. 2018년 초, 한 카드사에서 카드 발급을 추진했는데 대출이 너무 많다면서 거절됐다. 나중에 해당 신용카드사에 다니는 지인에게 항의했더니 "야, 우리 회사는 류현진(LA 다저스) 선수한테도 카드 발급을 거절한 회사야"라는 답이 돌아왔다(당시에는 류현진 선수가 한화 이글스에서 LA 다저스로 이적을 준비하던 중이라서 일시적 무직 상태였는데 직업과 일정한 소득이 없다는 이유로 카드가 발급되지 않았다).

# 07

# 카드 관리의 기술

또 하나 강조하고 싶은 것이 바로 신용카드다. '신용카드, 바르게 쓰시다'라는 신용카드 광고를 말하려는 것이 아니다. 물론 카드는 안 쓰면 안 쓸수록 자산 관리 측면에서는 좋겠으나 한번 살고 마는 인생인데 마냥 아끼기만 할 수는 없다. 또 부자가 되고 싶으면 쓰지 말라고 마구 강조할 수도 없는 노릇이다. 그 정도의 자기 관리는 본인이 스스로 해야 한다. 그보다는 카드 사용에도 재테크의 영역이 숨겨져 있다는 것을 강조하고 싶다.

카드도 잘 쓰면 최대 5%에 가까운 이익을 챙길 수 있다. 필자가 지금 사용하고 있는 NH농협카드의 NH올원 시럽카드는 월 사용액의 5%에 해당하는 모바일 쿠폰을 돌려받는 상품이다. 예를 들어, 월 200만 원을 사용하면 10만 원짜리 홈플러스 상품권이나 GS칼

텍스, SK엔크린, 에쓰 오일의 주유 쿠폰을 챙길 수 있는 식이다. 이 외에도 교통비 할인과 해외 직구 금액 할인이 별도로 적용된다. 이 카드를 추천하면 깔끔하게 넘어갈 수 있는데 안타깝게도 이 카드는 출시 직후 단종됐다. NH농협은행의 제휴사였던 SK플래닛의 손실이 너무 커지자 아예 카드 발급을 중단했기 때문이다. 이 카드는 2017년 4월 출시됐는데 5월까지 SK플래닛이 입은 손해액만 89억 원에 이른다고 했다. 양측은 손실을 누가 짊어질지를 두고 소송전까지 벌였고 결국 출시 6개월 만에 단종되는 운명을 피할 수 없었다.

사실 카드는 잘 챙겨 쓰기가 힘든 상품이다. 매월 30만 원 안팎을 사용해야 하는 실적 조건을 충족해야 하고, 카드에 따라서는 교묘히 쓰기 어렵게 꼬아놓는 경우도 많다. 하지만 본인의 카드 소비 성향을 잘 파악하면 앞에서 말했듯이 소비액의 5%가량을 챙길 수 있다. 매월 100만 원을 쓴다고 했을 경우, 연으로 따지면 되돌려 받는 수익이 60만 원에 이른다. 결코 적다고 할 수 없다.

필자는 와이프가 주로 사용하는 카드의 한도(실적 충족치)가 다 찼다 싶으면 와이프의 지갑에서 카드를 꺼내 다른 카드로 바꿔놓는다. 통상 카드 실적은 30만 원, 50만 원, 100만 원 단위다. 아파트 관리비 할인카드의 실적 충족 기준이 100만 원이라고 한다면, 사용 금액이 100만 원을 넘자마자 다른 카드로 교체해놓는 식이다. 실적 기준이 100만 원인 카드는 150만 원을 쓰든, 200만 원을 쓰든 혜택은 똑같은 경우가 많다. 이럴 때는 100만 원을 넘자마자 다른 카드를 사용해주는 것이 소비자에게 유리한 법이다.

필자의 가족은 필자 명의의 카드를 주로 사용하는데 와이프한테는 실물 카드를 주고, 필자는 삼성페이를 사용한다. 이렇게 하면 하나의 카드를 두 명이 사용하는 효과를 낼 수 있다. 두 명이 동시에 사용해서 카드 실적을 채우면 바로 다음 카드를 와이프한테 건네 사용하도록 한다. 이렇게 순차적으로 카드 실적을 채우면 그다음 달에 곧바로 혜택이 돌아온다.

한번은 와이프가 학부모 모임을 끝내고 결제하는 일이 있었다고 한다. 와이프는 무심코 "어라? 카드가 또 바뀌었네"라고 말했다. 전날 밤 카드 실적을 채운 것을 확인한 필자가 그동안 와이프가 별로 볼일이 없었던 카드를 넣어놨었다. 와이프의 혼잣말을 들은 다른 학부모들은 그게 무슨 소리냐고 되물었다. 와이프는 "남편이 카드 실적을 채우면 다른 카드로 바꿔 놓는다"라고 솔직하게 답했다. 다른 학부모들은 "그렇게 알뜰한 남편이 있느냐?"라고 했다는데, 솔직히 말하자면 강남에도 이처럼 꼼꼼하게 소비를 관리하는 사람이 분명 있을 것이라고 생각한다. 어쩌면 겉으로는 티를 내지 않으면서 카드 실적을 관리하는 학부모가 그 자리에 있었을지도 모른다. 사실 우리나라 문화는 속내로는 몰라도, 겉으로는 너무 짠 내 나게 관리하는 것을 호의적으로 바라보지 않는 측면이 있다.

카드 사용과 관련한 앱 중에 뱅크샐러드가 있다. 카드 결제 내역이 뱅크샐러드에 전송되도록 설정만 해놓으면 자신의 소비성향에 맞춰 어떤 카드를 쓰는 것이 나은지 앱이 계산해준다. 두세 달 실험을 통해 자신에게 꼭 맞는 카드를 찾는다면 굳이 어떤 카드가 나은지 일

일이 뒤적여볼 필요가 없다. 물론 뱅크샐러드가 국내 모든 카드를 평가하지는 않으므로 완전하다고 말할 수 없다.

뽐뿌(www.ppomppu.co.kr)의 '재테크포럼'도 참고할 만하다. 재테크포럼은 가드 혜택과 관련한 정보가 모두 올라오는 사이트다. 매일 방문해 정보를 업데이트하기는 어렵겠지만 처음 카드를 만들 때는 참고해볼 수 있다.

카드사는 고객을 많이 확보하는 것이 중요하기 때문에 소비자에게 유리한 카드는 끝없이 나온다. 그러다가 한번 헛발질을 하면 시럽카드처럼 금방 단종되면서 소비자에게 유리한 카드가 나오기도 한다.

실적을 챙기는 것이 정 불편하다면 차라리 통신사 할인 카드나 제휴처 구분 없이 일괄로 카드 결제액의 1~2%를 할인해주는 카드를 주 카드로 쓰라고 추천하고 싶다.

너무 아끼는 것만 고민하다 보면 투자와 관련해서는 소심해지기 십상이다. 아무 카드나 막 쓰지는 말되 카드 캐시백에 너무 많은 시간을 투자하지는 않기를 권한다.

**08**

# 확신이 있다면 목돈을 태워라

2008년 초, 4,000만 원이었던 자산이 2013년 말에는 3억 5,000 여만 원으로 늘었다. 6년간 3억 원 가까이 늘어난 셈이다. 연 129% 증가한 셈인데 당연히 투자 수익 때문이라고만은 할 수 없다. 도리 어 월급 수익이 훨씬 더 많았다. 결혼 이후 맞벌이를 계속했기 때문 이다. 여름 휴가 때 해외여행을 다니기는 했지만 전반적으로 우리 부부는 돈을 아껴 쓰는 스타일이다. 둘째 아이가 태어나기 전까지 는 여름철에 에어컨 한 번 틀지 않고 지냈다. 외식도 한 달에 한 번 할까, 말까였다. 우리 부부는 지금도 맥주는 1캔에 830원 하는 저가 발포주인 필라이트를 마신다. 커피도 스타벅스 같이 비싼 곳에는 잘 가지 않는다.

어쩌면 "그것밖에 못 모았어?"라고 하는 독자도 있을 수 있겠다.

'6년간 3억 원'이면 많이 모은 것이지만 요즘 강남 아파트의 가격 상승과 대비해보면 아주 눈에 띄는 성적이라고는 볼 수 없어서다. 하지만 현실적으로 사회초년생이 이렇게 모으기란 쉽지 않다. 그리고 여러 재테크 전문가가 강조하듯이 돈은 눈덩이처럼 오래 구를수록 많이 늘어난다. 시드 머니가 적은 사회초년생 때에는 마음만 바쁠 뿐, 속도는 느릴 수밖에 없다.

앞에서 이야기한 것처럼 집주인과의 갈등, 그리고 부동산이 저점을 찍은 것 같다는 확신으로 2013년 말에 분양권을 구입했다. 당시 구입한 분양권이 현재 살고 있는 아크로리버파크로, 전체 분양가의 10% 금액을 주고 매수했다. 1억 원대 자금으로 강남 진입에 성공한 것이다.

2019년 현재는 서울 지역 내의 분양권이 매매가 되지 않아 분양권 매매에 대해 잘 모르는 독자가 많은데 분양권은 통상 전체 분양가의 10%인 계약금에다 웃돈(프리미엄)을 붙여 거래된다. 보통 분양권 대금 납입은 계약금 10%, 중도금 60%, 다 짓고 나면 내는 잔금 30%로 진행된다. 중도금과 잔금은 대출로 승계하고 계약금만 준비하면 분양권을 매수할 수 있다. 요즘 같은 때에 생각해보면 "아파트를 사는 것이 그렇게나 쉽다고?"라는 생각이 들 법도 한데 당시에는 그랬다.

그 당시 우리 가족은 마포구 오피스텔에 살고 있었는데, 강동구의 한 주상복합아파트로 옮기고 나머지 돈으로 분양권을 샀다. 주상복합아파트는 전세금이 2억 원이었는데 전 재산을 분양권과 전세금에 투자한 것과 마찬가지였다.

당시 기억을 되짚어보면, 아크로리버파크 분양권을 살 때만 해도 아주 강한 확신까지는 없었다. 더 이상 떨어지지는 않을 것 같다는 '느낌'만 있었지 대세 폭등까지는 예상하지 못했다. 확신이 생긴 때는 오히려 2014년 중순쯤이었다. 당시 실세 친박(친박근혜)이었던 최경환 의원이 경제부총리에 내정되면서 '아파트값이 급등할 것이다'라는 확신이 생겼다. 최 부총리가 취임 이후 처음 한 일이 대출 규제를 한 단계 더 푼 것이었다. 임종룡 당시 금융위원장을 만나 LTV와 DTI를 풀라고 지시했다. LTV(Loan To Value ratio, 주택담보대출비율)는 아파트값과 대출 규모 간을 비교해 아파트값의 일정 수준 이상으로는 대출을 내지 않는 규제를 말하고, DTI(Debt to Income, 총부채상환비율)는 개인의 소득과 비교해 대출금을 갚는 데 쓰는 금액이 일정 수준 이상 되지 않도록 하는 규제다.

LTV와 DTI는 2014년 8월 최경환 부총리 취임 이후 각각 기존 50~60%와 50%에서 70%와 60%로 완화됐다. 이는 아파트값이 10억 원이면 자기 돈은 3억 원만 있으면 되고, 전체 버는 돈의 60%를 대출금 상환에 쓸 수 있다는 의미다. 그 자체로도 부동산 시장에는 호재였는데 사실 심리적인 안정감도 있었다. '정부는 반드시 부동산을 살릴 계획이다'라는 마음이 느껴졌다고나 할까.

그 당시 미국을 비롯한 글로벌 부동산 시장은 3년째 10% 이상 오르는 중이었다. 그리고 많은 사람이 인정하지 않겠지만 당시 우리나라 경기는 상당히 살아날 듯한 조짐을 보이고 있었다. 경기가 좋고 글로벌 부동산 시장도 좋고 대출 규제마저 싹 푸는데 부동산이 안 오를 것이라고 보기는 힘들었다. 이 당시에 집을 사겠다고 하면 "인구가 줄어드는데 부동산 투자가 웬 말이냐?"라는 반응이 많았다. 해외 부동신 시장이 오른다고 설명해도 "우리나라는 다르다. 우리나라가 선진국이냐?"라고 답했다. 그런데 사실 우리나라는 글로벌 경제의 축소판 같은 역할을 하는 면이 분명히 있다. 우리나라는 우리 생각만큼 약한 나라가 아니다.

이참에 부동산을 하나 더 갖기로 결심했다. 고민은 '돈을 어떻게 마련하느냐?', 그리고 '어디에 투자하느냐?', 2가지였다.

투자처와 투자 자금 조달은 동시에 고민했다. 일단 투자처를 찾아 나가기 시작했다. 처음 눈에 띈 것이 고덕이었다. 고덕은 당시 살고 있던 강동구 천호동 주상복합아파트와 지근거리여서 더 눈에 띄었다. 첫째 아이 학원 때문에 고덕을 처음 방문했는데 잔뜩 쌓인 은행나무 잎과 붉게 물든 단풍이 맞아줬다. 그날은 미세먼지가 무척 극심한 날이었는데 그 와중에도 아름답고 평안해 보일 정도였다. 학군이 형성되어 있고 2만 가구 이상 아파트촌이기 때문에 서로 비슷한 환경에서 아이를 키울 수 있다는 점도 긍정적인 포인트였다.

고민거리는 2개였다. 일단 교통이 너무 불편했다. 한 재건축 아파트를 출발점으로 시험 삼아 여의도 산업은행까지 가보았는데 1시간 20분 정도가 걸렸다. 교통이 무척 불편한 신도시에 사는 것과 같았다. 매일 이렇게 살다가는 금세 지칠 것만 같았다. 다행히 당시에도 지하철 9호선이 추진 중이었다. 지하철이 반드시 진행돼야 들어갈 수 있겠다는 판단을 했다.

또 하나, 너무 한꺼번에 재건축을 추진하고 있었다. 고덕래미안힐스테이트(고덕시영). 고덕숲아이파크(고덕 4단지)를 시작으로 고덕그라시움(고덕 2단지), 고덕롯데캐슬베네루체(고덕 7단지), 고덕센트럴아이파크(고덕 5단지), 고덕아르테온(고덕 3단지), 고덕자이(고덕 6단지) 등이 비슷한 시기에 삽을 뜨기 시작해 2019~2021년에 입주를 한다. 하지만 돌려 말하면 이 때문에 저평가를 받고 있다는 것이 확실해 보였다. '사도 괜찮겠다'라는 생각까지는 들었다. 다만 '우리가 너무 좁게 생각하는 것 아니야? 강동에 산다고 해서 너무 고민 없이 고덕에 투자하는 건 아니겠지?'라는 생각이 들어 최종 판단을 보류했다.

그리고 또 하나 찍었던 곳이 흑석동이다. 흑석동은 이미 9호선 흑석역이 있어서 반포, 신논현 또는 여의도를 쉽게 갈 수 있다. 더구나 두 역만 지나면 노량진역이 나오는데 노량진역에서 환승하면 시청, 광화문 등 도심권에 접근하는 것도 수월하다.

당시에는 노후화된 주거 밀집지역이라는 단점이 보였지만 9개의 정비지구(재개발)가 비슷한 속도로 추진되고 있어 충분히 극복 가능한 단점이라고 판단했다. 이미 5개 지구가 완료됐고 2개 지역도 곧 마무리될 예정이다. 당시에 흑석동과 비교한 지역이 마포구 신축 아파트들이었다. 이 아파트들과 비교해보면 최소 20% 이상 저평가됐다고 판단했다. 학군이 약한 지역이라고 하지만 마포 또한 학군이 약한 것은 마찬가지니까 말이다. 게다가 마포는 강남 접근성이 좋지 않지만 흑석동은 강남을 쉽게 갈 수 있었다.

그러나 최종적으로는 또다시 반포를 택했다. 아무리 둘러봐도 반포가 원탑(One Top)이 될 것이 확실해 보였기 때문이다. 와이프는 "기왕 하는 것, 대장에 투자해야 한다"라고 했다. 반포는 생활 편의성과 학군 등을 모두 갖춘 몇 안 되는 지역이다.

반포에 2개를 투자했다고 하면 모두들 되묻는다. "안 무서웠느냐?"라고. 그럴 때마다 이렇게 답한다.

"확신이 있으면 돈을 태워야지."

과거 페이스북에서 본 한 투자자문사 대표이사의 이야기를 옮겨볼까 한다. 읽은 지 오래되어 누구의 글인지 정확히는 기억나지 않아 인용하겠다는 허락을 구하지 못했고 이 때문에 다소 두루뭉술하게 소개할까 한다.

나는 어제 이모님을 만났다. 이모님은 투자의 달인이시다. 이모님을 만나 최근에 어떤 종목을 1,000만 원어치 샀다가 200%의 수익 남긴 일을 말씀드렸다.

이모님은 "잘했다"라고 하지 않으셨다. 이모님은 물으셨다. "확신이 들었니?"라고. "확신이 들었다"라고 답하자 이모님은 "그럼 더 많이 샀어야지. 고작 그것만 산 이유가 있니?"라고 다시 물으셨다.

실제로 이모님은 확신이 들 때 하는 투자와 확신이 들지 않을 때 하는 투자를 구분하신다. 확신이 들어서 최근에 강남 재건축 아파트를 여러 채 구입하시고 큰돈을 버셨다.

확신이 들면 목돈을 태워야 한다. 필자는 2014년 가을에 부동산이 오를 것이란 확신이 들었다. 그래서 그냥 투자했을 뿐이다.

문제는 돈이었다. 다행히 집값이 많이 올랐어도 분양권은 10%와 웃돈만 내면 됐기 때문에 전세금을 뺀다면 접근할 수 있었다. 전세금을 빼고 월세살이를 시작했다. 이 이야기는 부모님도 모른다. 알면 걱정하실 것이 뻔했다. 실제로 나중에 집을 한 채 더 샀다고 하자 첫 집을 샀을 때는 축하만 해줬던 부모님도 "왜 그러느냐? 감당할 수 있느냐?"라면서 많이 걱정하셨다. 주변에서는 생각 없이 부동산 투기를 하는 사람으로 인식하기도 했다. '투기꾼'이라는 식의 이야기를 들을 때마다 "당신은 돈 벌 기회가 확실하게 보일 때도 안 하시느냐?"라고 응수했다. 두 번째로 산 반포 분양권은 추후에 다시 팔았다. 이 이야기는 뒤에서 다시 하도록 하겠다.

여기서 강조하고 싶은 것은 딱 하나다.

"확신이 든다면 태워라!"

"나도 살 뻔 했는데…", "나도 사고 싶었는데…"는 하나 마나 한 옹알이와 다름없다.

## 09

# 개인 재무제표를 작성하라

통장이 여러 개이고 투자처도 복잡해지면 자칫 잘못했다가는 자신이 어느 정도로 버는 상황인지 모를 수 있다. ELS만 해도 언제 상환될지 상환 직전에야 알 수 있다. 이자가 얼마인지를 계산하는 것이 복잡하다 보니 자칫 잘못하면 정확한 자금 사정을 모르고 지낼 수 있다.

더 심각한 것은 통장 자금 관리다. 대출 이자를 제때 내지 못하는 불상사는 맞벌이 등 바쁘게 지내는 부부들의 경우에 생각보다 자주 일어난다. 예를 들어, 대출 이자는 해당 월의 일수에 따라 조금씩 차이가 난다. 명절이 끼거나 하면 출금일이 바뀔 수도 있다. 자금의 출금 일정은 속속들이 알고 있어야 한다.

우선 필자는 가계부 쓰기를 권한다. "가계부라니? 그런 것은 아줌마나 쓰는 것 아니야?"라고 반응하지 말고 정확한 자금 상황과 소비 성향을 파악하라고 강하게 권고한다. 사실 이는 모든 기업이 하는 일이고 기업의 최고재무책임자(CFO)가 이 일을 잘 못하면 감옥에 갈 정도로 프로페셔널한 업무다.

기왕이면 가계부(현금 흐름표) 외에도 자산 상황(대차대조표)을 만들라고 하고 싶다. 가계부는 가계의 정확한 현금 흐름을 파악해야 하므로 중요하고, 자산 상황은 우리 가족이 어느 정도까지 왔는지를 파악하게 해준다는 점에서 작성의 의미가 있다. 나날이 불어가는 자산을 더하다 보면 다시 한 번 의욕이 불타오를 수 있다. 필자는 목표치를 달성한 날에는 와인 한 병을 사서 들고 가 와이프와 조촐하게 파티를 열고는 했다. 피곤하거나 힘들 때면 항상 자산을 다 더해보고 늘어난 숫자를 보면서 뿌듯해 했다.

가계부의 수입항목은 월급과 임대 수익, 금융 상품의 이자 수익 등으로 분류하고, 지출항목은 식비와 교육비, 주거비 등으로 일목요연하게 정리하면 좋지만, 현실적으로 이 작업은 몹시 귀찮다. 필자가 여러 사람에게 조언해봤지만 이렇게 하는 사람을 거의 보지 못했다. 정 힘들다면 차라리 카드 지출액과 현금 지출액 정도만이라도 작성해서 정확한 지출 상황을 파악했으면 한다. 카드 지출액이야 앱에 접속해서 확인만 하면 되니 아주 간단하다. 더구나 요즘에는 신용카드 외에 현금은 잘 쓰지 않으니 말이다. 정확한 소비 금액만이라도 알아두기를 권고한다.

수입도 마찬가지다. 월급을 적고, 월급 외에도 간헐적으로 회사에서 들어오는 돈이 있다면 따로 표기해두면 좋다. 그리고 임대 수익이나 금융 상품의 이자 수익을 그때그때 잘 계산해두면 가계의 정확한 자금 상황을 알 수 있다.

자산 상황(대치대조표)은 월말, 혹은 분기 말을 기준으로 각 계좌별 또는 투자처별로 적어두면 좋다. 필자의 경우 은행, 증권사의 금융 상품 자산과 부동산을 항목별, 계좌별로 정리해두는데 매월 말 계산해서 와이프에게 보고한다.

이게 은근히 복잡하고 힘들고 귀찮은 일이다. 한번은 한 증권사 계좌에 1,000만 원을 넣어놓고 아예 잊고 지낸 적이 있었다. 처음 투자할 때 제대로 적어 넣지 않았고 하필 이 증권사에서 만기 때 문자도 보내지 않았던 것이다. 아마도 처음 계좌를 만들 때 SMS 통보를 받지 않겠다는 칸에 체크했던 것 같다. 보통은 이런 일이 벌어져도 어느 순간 불현듯 기억이 떠오르는데 이 돈은 어찌된 영문인지 아예 기억에서도 지워져 있었다. 우연한 기회로 2년여 만에 돈을 확인했는데 공돈이 생긴 기분이라기보다는 필자 자신이 너무 한심하게 느껴졌다. 이날은 자신에게 벌을 주는 의미로 저녁을 굶고 집까지 7킬로미터 정도를 걸어서 갔다. 되도록 그때그때 정리하고 정 안 되면 카카오톡의 나에게 메시지 보내기 등으로 중요 사항을 기록해두는 버릇을 들이라고 거듭 강조하고 싶다.

현재 다니고 있는 직장이 너무 바쁘거나 본인이 스스로 생각하기에 꼼꼼하지 않은 스타일이라면 계좌를 너무 장황하게 펼치는 것은 독이 될 수 있다는 점도 말해두고 싶다. 필자의 경우 20~30대

때만 해도 수십 개의 계좌를 차질 없이 관리했는데 마흔을 목전에 둔 지금은 툭하면 잊어버리고 놓치고는 한다. 과거에는 만기 때 돈을 돌려받으면 그날 당일에 바로 재투자했는데 지금은 게을러지고 일이 많아져서 며칠 있다가 하곤 한다. 이러면 며칠 치 수익은 그냥 날리는 것과 다를 게 없다.

예전에는 수익률이 조금 높으면 다른 증권사로 갈아타는 식으로 10여 개의 증권사 계좌에서 주식과 채권, ELS를 투자했는데 자신에 대한 믿음이 약해져서 지금부터는 1~2개 계좌로 모아놓으려고 하고 있다. 이 때문에 수익률을 최대치로 높이기 위해서라도 가계부를 잘 작성하는 것이 중요하다.

# 10

# 55~65세, 괜찮으세요?

　2018년 말, 한 업계 종사자 수만 명이 모여 동반 파업을 일으켰다. 스타트업으로 시작해 대기업이 된 한 기업의 앱이 계기였다. 파업에 참여한 자들의 절박함은 이해하지만 디지털 혁신과 공유 경제 시대에 당연히 맞닥뜨릴 수밖에 없는 위기였다. 이 대기업이 설령 사업을 포기한다고 해도 금세 다른 기업이 그 자리를 노릴 것이 뻔했다. 국내 대기업이 모두 참여하지 않는다면 외국계 기업이 들어올 것이다. 이들의 총파업에 대한 국민들의 반응 또한 냉담했다.

　여기서 하나 강조하고 싶은 것이 있다. 그들만 그렇고, 우리는 안 그럴까? 당신이 전문직으로 일하고 있는 업종에 어느 날 갑자기 로봇이 경쟁자로 등장한다고 해보자. 그 로봇이 치료, 요리, 결정, 뒷정리를 완벽하게 해낸다고 가정해보자. 심지어 로봇은 연봉을 높여주지 않는다고 투덜대지 않는다. 피곤해하지도 않는다. 만약 이 로봇들이 우리의 근무지를 장악하면 우리는 "사람은 이제 필요 없어졌으니 다른 일을 알아보겠다"라고 공동 성명이라도 발표할까? 먹고 사는 문제이고 생존권이 걸려 있다. 우리가 하는 일 또한 로봇 때문에 사양산업이 될 수 있다. 특히 50대 이상일 때 이런 혁신의 파도가 밀려온다면 거부감은 더 커질 것이다. 경제생활을 할 수 없고 월급이 갑자기 끊길 수도 있다.

미국은 상대적으로 이익집단의 반발이 덜하다. 왜 그럴까? 여러 가지 원인이 있다고 하는데 그중에서 우리나라와 가장 다른 점은 고용 안정성이 어차피 낮고 고용 시장이 유연한 영향이다. 자신의 사업을 하다가 잘 안 되면 다른 데 취업하면 된다. 결국 문제는 우리나라 고용 시장이 너무 딱딱하며 투박하다는 점에서 시작한다. 필자와 생각이 다른 독자가 많을 수도 있겠으나 최소한 조직 보호 측면만 놓고 보면 우리나라의 이익집단은 너무 강하다. 기존 세력 때문에 새로운 시장이 잘 열리지 않고 새 시장이 잘 열리지 않다 보니 어쩌다가 한 번 새 시장이 열리면 "왜 우리한테만 그래"라고 하면서 기존 조직은 극단적인 적대감을 드러내며 지키려고 든다.

서론이 너무 길었다. 하고 싶은 이야기는 우리나라 고용 시장 이야기다. 우리나라는 아이 키우느라 회사를 그만두고 나서 재취업하기 어려운 나라다.

필자는 한 방송국 PD 출신의 경단녀(직장 경력이 단절된 여성)를 알고 있다. 지금은 한 작은 기업에서 홍보 업무를 하고 있다. 중소기업 홍보 업무가 PD보다 나쁜 직업이라고 하는 것이 아니라 그만큼 경력을 살려 유사 업종으로 취업하기가 어렵다는 말을 하는 것이다. 그나마 재취업한 것이 다행인지도 모른다. 상당수 재취업 희망자가 자리를 구하지 못해 일용직 시장으로 떠밀리곤 한다. 부동산을 보러 다니다가 공인중개사사무소의 중년인 여성 실장님이 스마트하게 느껴져서 무슨 일을 하셨었느냐고 물으면 대부분 좋은 직장을 다니다 아이 때문에 그만뒀다가 다 키운 후에 공인중개사 시험을 본 케이스다. 백이면 백, 다 이렇다.

어쨌든 우리나라 고용 시장은 너무 폐쇄적이다. 대부분 월급쟁이는 회사를 그만두면 재취업할 곳이 마땅치 않다. 이 때문에 첫 번째, 직장을 함부로 그만두면 안 된다. 2017년에 증시는 좋았다. 이 때문에 상당수 펀드매니저가 회사를 때려치우고 전업 투자자로 돌아섰다. "회사에 가져다주는 돈이 너무 아깝다. 내가 1억 원으로 1억 원만 벌면 나 혼자 먹고 살 것은 충분하지 않느냐?"라면서 연말 성과급만 챙기고 회사를 그만둔 사람을 필자만 3~4명 안다. 하지만 2018년 증시가 폭락하면서 이들은 다시 친정의 문을 두드리고 있다. 그러나 대부분 회사가 집 나갔던 직원들을 받아주지 않았다.

두 번째, 임원이 되지 못해 중도에 퇴진하면 그때 갑작스레 현금 흐름이 끊기는 사람이 많다는 것을 강조하고 싶다. 55세부터 국민연금이 나오는 65세까지는 '월급 절벽'이 발생할 가능성이 상당히 크다. 대부분 직장인은 '그때가 되면 어떻게든 되겠지'라고 생각하지만 어쩌다가 어떻게 되는 경우는 거의 없다. 살다 보면 주변의 지인들 때문에라도 노후 대비용 보험 상품 몇 개는 가입하게 된다. 그리고 국민연금이 있다. 이 때문에 대부분 65세부터는 어느 정도 일정 소득이 발생한다. 물론 이 또한 충분하지 않을 때가 많은데 그렇기는 해도 65세 이후보다 더 문제인 시기가 55~65세 때다. 이때부터는 아이들 등록금으로 시작해 취업 준비, 결혼까지 어마어마한 자금을 자녀들에게 쏟아 부어야 한다.

지금 당장 들어놓은 연금보험, 연금저축, 연금펀드를 정비해보라. 100세까지 산다고 가정하고 50대는 어떨지, 60대는 어떨지, 그 이후로는 어떨지 시계열로 그려보라. 55~65세가 뻥 뚫려 있다면 이 시기를 대비하는 틈새 상품 성격의 연금저축에 가입하고, 65세부터 받는 연금이 너무 적다면 차라리 국민연금 납부액을 늘리는 방식으로 대비하라. 필자는 노후 대비용으로는 월세를 받는 오피스텔이나 빌라, 상가보다 금융 상품이 낫다고 보지만 그래도 부동산에 더 관심이 있다면 월세를 받는 부동산에 투자하는 것도 나쁘지 않다. 안 하는 것보다는 무엇이라도 하는 것이 낫다. 그 외에 리츠, 인프라 펀드 등 정기적으로 배당 수익이 발생하는 금융 상품을 투자 검토 대상이 올려두라고 조언한다.

무엇을 하든 나한테 맞고 재미있는 것을 찾아서 전문가가 되어야 한다. 잘 모르는 채로 분산 투자를 한다면서 이것저것 다 하는 것은 추천하지 않는다. 분산 투자를 한답시고 이것저것 하다 보면 한 상품을 전문가 수준으로 파고들기가 어렵고 관리의 불편함만 커진다.

'어', '어' 하고 살다 보면 금세 절벽 앞으로 다가간다. 열심히 산

죄밖에 없는데 노후에 고생하기 싫다면 미리 설계를 잘 해둬야 한다. 회사생활만 열심히 하지 말고 우리 가정도 잘 경영해야 한다. 60세 이후로 소득이 끊긴다는 것은 우리 가정이 몇 년 이상 굴러가지 않는 사양산업의 기업이리는 뜻이다. 새로운 먹거리를 발굴하는 작업을 절대 게을리해서는 안 된다.

# 2장
# 강남 아파트를 사면서 확인한 '그들의 세계'

스스로 부를 이룬 사람은 뭐가 다르든 분명 다르다. 일단 자신만만하다. 자신의 실패에 관대하지만 실패의 원인을 분석하는 데는 까다롭다.

보통 사람은 주식 투자로 큰 실패를 보면 폭음을 하면서 마음을 달래지만 강남 부자는 속은 쓰릴지언정 자신을 망가뜨리지 않는다. 그 대신 실패의 원인을 처절할 정도로 분석한다. 반면 보통 사람은 손실이 난 계좌는 꼴도 보기 싫어한다. 보통 사람은 도전을 할 때 실패할 가능성이 높은 100개의 이유를 펼쳐놓고 조금 공부하다가 이내 포기한다. 하지만 강남 부자는 긍정적인 기대감을 갖고 일단 도전한다. 끝내 실패해도 그 원인을 분석해 한 단계 더 도약할 수 있는 자양분으로 삼는다.

부자들은 또 어떤 것이 다를까? 필자는 경제 기자로 일하면서 많은 부자를 만나 봤고 아파트 지인들을 통해서도 배우고 있다. 필자가 배운 것들을 이번 장에서 펼쳐본다.

# 01

# 재테크는 숨 쉬는 것과 같다

재테크는 습관이다. 한번 하겠다고 마음을 먹는 것이 아니라 그냥 자연스러운 일상 중의 하나여야 한다. 점심을 먹고 돌아오는 길에 자연스레 증권사 지점을 들르고, 기사를 찾아보거나 수익률을 점검해야 한다. 자산가들은 대체로 다 이렇다.

아무리 스마트한 투자자라도 습관이 들어 있지 않으면 일상에 치여 기회를 잡을 수 없다. 사람의 머리에는 한계가 있어서 따로 비워두지 않으면 금세 다른 고민이 차지한다.

한 워킹맘 변호사는 2014년부터 약 2년간 틈틈이 래미안대치팰리스(옛 청실아파트)를 사겠다는 의지를 드러냈다. 공인중개사사무소에 자주 전화를 걸어와 혹시 지금 매수 시점은 아닌지, 최근 나온 정부 정책의 영향이 어떨지를 문의했다. 통화 막바지에는 항상 "곧 아이 아빠랑 가서 사자고 해야지"였다. 하지만 '다음에 가야지', '다음에 가야지' 하면서 계속 미뤘다. 그사이 집값은 2배 가까이 뛰었고 언제가부터 '내가 처음 알아볼 때 가격이 얼마였는데, 지금 가격에는 도저히 못 사'라는 입장으로 돌아섰다.

주변에 보면 와이프가 전업주부가 된 뒤 오히려 부동산에 대한 관심이 높아져서 집을 샀고 이로 인해 톡톡히 재미를 본 사례가 많은데, 이것도 사실 시간적 여유가 생겨서 나타나는 현상이다. 또 전업주부이다 보면 지금 살고 있는 곳이 살 만한지, 다른 곳은 어떤지 등이 눈에 들어오게 된다. 머리카락에서 물이 뚝뚝 떨어지는 채로 지하철에서 졸고 주말마다 밀린 집안일을 하느라 바쁜 워킹맘들은 '재테크를 해야 한다'라는 의지를 뼈에다 새겨놓지 않는 이상 계속 기회를 놓칠 수밖에 없다. 물론 '전업주부는 널널하다'라는 말은 아니니 오해 없기를 바란다. 아이가 어린이집이나 유치원에 있을 때 잠깐씩 부동산을 알아보고 매수하는 전업주부들의 사례가 주변에서도 좀 있었을 뿐이다.

주식도 마찬가지다. 실컷 공부해서 무슨 종목을 사야지 했다가 놓치는 경우가 태반이다. 인기 있다는 금융 상품을 우연히 듣게 되어도 실제로 지점을 방문해 상품을 사는 사람은 극소수 중의 극소수다. 항상 은행이든, 증권사든 지점을 방문해 프라이빗 뱅커(PB)와 수다 떠는 것을 추천한다. 은행 PB는 비교적 문턱이 높으니 증권사 PB를 추천한다. 그것도 여러 증권사의 여러 명과 면담해야 한다. PB도 다 월급쟁이라서 진짜 잘하는 사람을 고르고 골라내야 한다. 잘하는 PB를 2명 정도 확보하고 크로스 체크를 거쳐 상품을 선택하면 대체로 들어맞는다. 가끔 "PB나 애널리스트를 어떻게 믿어요?"라고 하는 사람이 있는데 PB나 애널리스트 대부분은 전문가다. 우리가 항상 살 못 맞혔을 때만 기억해서 그렇지, 그래도 하루 온종일 경제 공부만 하는 사람들이니 일반인보다야 훨씬 낫다.

신문은 꾸준히 읽되 재테크 정보를 얻는 창구로 활용하지는 말라고 말하고 싶다. 신문 기사는 대부분 이미 성공했거나 자금이 많이 몰렸을 때 나온다. 즉, 이미 한바탕 잔치가 끝난 뒤일 경우가 많다는 뜻이다. 이는 신문 기자가 잘못해서가 아니라 태생적으로 그런 구조다. 독자 중 적지 않은 이가 기자를 불신할 텐데 사실 오해하는 측면이 많다. 일단 기자들은 대부분 확인된 것을 쓰고 싶어 한다. 일부러 오보를 하려고 작정하는 기자는 없다. 재테크 또한 마찬가지인데 정확히 쓰려다 보니 기사를 쓸 때 '성적이 확실히 확인된 상품'을 주로 취급한다. 그러다 보니 실제로 지면을 읽는 독자는 한참 오른 가격의 뒷북 정보만 접할 수밖에 없다. 경제 기자 중 한 명으로서 때로는 출시 초기인 데도 '이건 반드시 될 만한 상품'이라는 느낌이 '꽉' 올 때가 있다. 하지만 그럴 때조차 대체로 마음속에만 담아둔다. 자칫 잘못했다가는 돈 받고 기사 썼다는 오해를 받을 수 있어서다. 설령 흥행에 실패하고 나면 쥐구멍에 숨고 싶은 마음이 든다.

기분 탓인지는 몰라도 신문에서 대서특필된 금융 상품은 재미를 본 일이 이상할 정도로 없었던 것 같다. 2012년 전 언론이 이구동성으로 소개했던 물가채가 갑자기 기억에서 떠오른다. 이 상품은 정부의 세제 개편으로 절세 혜택이 생기고 당시 역대 최저를 기록했던 물가가 바닥을 찍은 것 아니겠냐는 분석이 잇따르면서 큰 인기를 끌었다. 2012년 8월, 800억 원 규모의 입찰에는 자산가들이 대거 몰리면서 제도 도입 이후 처음으로 사흘 만에 조기 완판이 되기도 했다. 하지만 아시다시피 물가는 기대 이하의 저물가가 2018년까지 계속되고 있고 채권은 사실상 원금 수준에 머물고 있다.

2018년 한 해 동안 큰 인기를 끌었고 언론에서 자주 소개했던 해외 주식 직구도 마찬가지다. 국내 증권사들은 개인의 주식 시장 이탈 현상이 본격화되자 대체 투자처로 미국 증시 등 해외 시장을 제안했다. 그런데 공교롭게도 개인이 대거 몰려들자마자 그동안 천정부지로 치솟기만 하던 미국 증시도 고꾸라지기 시작했다. 국내 투자자는 FAANG[페이스북(Facebook), 아마존(Amazon), 애플(Apple), 넷플릭스(Netflix), 구글(Google)의 약자, 미국 대형 기술주 의미] 주식을 주로 매수했는데 이 종목들은 모두 2018년 10~11월 중에 상반기에 기록했던 고점 대비 20% 이상 내렸다. 2019년 1월 현재는 미국 경기가 얼어붙고 있다는 진단이 나오면서 전망 또한 밝지 않은 상황이다. 만일 달러까지 약세로 돌아선다면 주식 가격 하락에 달러 약세까지 이중고를 맞아야 하는 셈이다.

거듭 강조하지만 팔딱팔딱 뛰는 정보는 현장에서 얻어야 한다. 강남권 지점을 몇 차례 돌다 보면, 요즘 돈 있는 자산가들이 어떤 상품에 관심이 있는지 어느 정도 그림이 그려진다. 그리고 실제로 이들이 뛰어들면 가격이 뛰기도 한다. 강남 아주머니들의 움직임 때문에 환율이 움직이는 경우도 많이 봤다.

그렇다고 신문을 읽을 필요가 없다는 말은 절대 아니다. 신문 기사는 대중의 현재 흐름을 확인하기 위해 필요하다. 신문 기사에 실린다는 것은 '최종 확인'이다. 일반 대중에게 전달되는 정보가 어떤 것인지를 알아둬야 한다. 이 경지에 오른다면, 신문 기사를 읽으면서 피식 웃는 경우가 많이 생길 것이다. 내가 투자한 상품이 한두 달 뒤 신문 지면에 소개된다면, 그것이 가장 베스트다.

# 02

# 강남 아줌마들의 투자 유전자

강남 아줌마들은 다르다('아줌마'라는 용어에는 다소 부정적인 뉘앙스가 있지만 '강남 아줌마'라는 상징성 때문에 사용함을 이해 바란다). 다 그런 것은 아니겠으나 재테크 지식이 어지간한 전문가 뺨친다.

항상 얘기하지만, 투자자가 전문가 이상으로 알아야 한다. 잘 알지 못하면 '확신'을 할 수가 없고, 확신하지 못한 채 투자하면 좋은 상품이라고 해도 항상 변죽만 울리고 끝난다. 조금만 먹어도 만족하고 빠져나오기 일쑤고, 더 오르면 안타까워한다. 좋은 상품은 그냥저냥 주어지지 않는다. 끊임없이 되묻고 확인해야 정말 좋은 상품인지 발굴할 수 있다. 한 강남 아줌마는 도널드 트럼프 미국 대통령의 정확한 속마음을 파악해야 한다면서 그가 쓴 책을 닳고 닳을 정도로 읽고 또 읽는다.

얼마 전, 아크로리버파크 스카이라운지에 갔을 때였다. 옆 테이블에서는 아줌마 7~8명이 주식을 두고 토론하고 있었다. 사실 카페에서 주식 얘기를 하는 것은 여의도에서도 드문 일이다. 보통 아줌마들은 자식(교육)이니 부동산 이야기, 혹은 시어머니 험담을 주로 한다. 비율로 따지면 자식 얘기가 7, 부동산이 2, 시어머니 험담이 1이다. 주식 얘기는 비율로 따지면 0.00001% 정도밖에 되지 않을 듯하다.

테이블에서 아줌마들은 최근 한 대형 금융회사가 인수한 보험사 이야기를 하고 있었다. 작년 배당 수익률이 얼마였고 현재 수익 기준으로 얼마가 예상된다는 것 등을 이야기하고 있었다. 자기자본이익률(ROE) 같은 언급도 나왔는데 그 전문성에 사실 놀랐다. 그리고 그때는 미국 증시가 제롬 파월 미 연방준비제도이사회 의장의 발언으로 폭락했던 2018년 10월이었는데 "이럴 때 사야 한다"라면서 공격적으로 나서는 것이 인상 깊었다. 대체로 급락장에서는 움츠러들기 마련이고 "주식 때문에 망했다"라는 울분이 나오는 것이 정상인 분위기였는데도 좋은 종목을 찾겠다는 열의가 느껴졌다.

위기가 곧 기회라는 말은, 살아오면서 수천 번, 수만 번 들어온 이야기이기는 하나 대다수에게는 그냥 공허한 구호에 그친다. 정말로 위기가 닥치면 다들 손절매치고 숨고 싶어지기 마련이다. 부자가 되려면 남들이 자산 가격 폭락으로 고통받고 있을 때 눈을 반짝반짝 빛내며 살 만한 것이 있는지 뒤져볼 줄 알아야 한다.

한 자산가 가족은 서초구에 집성촌을 이루듯이 살고 있다. 부모는 방배동, 장남과 차남은 반포동과 서초동, 막내딸은 잠원동에 사는 식이다. 이 가족은 일주일에 한 번 재테크 가족회의를 한다. 신문을 빠짐없이 보고 PB한테 사전 브리핑을 받은 뒤, 자신이 생각하기에 괜찮다고 생각하는 투자처를 소개하는 자리다. 처음에 재테크 가족회의를 한다고 들었을 땐 '별 재미있는 가족이 다 있다' 싶었다. 하지만 다시 생각해보니 오산이었다. 재테크를 아무리 잘하는 사람이라고 해도 세상의 모든 정보를 다 접할 수 없다. 일상이 바쁘면 놓치기 일쑤이고, 선입견을 품고 있는 영역은 제대로 알아보지도 않고 지나치는 때도 많다. 하지만 여러 명이 모이면 빠뜨릴 확률이 그만큼 줄어들고, 정보를 공유하는 사람이 가족이라면 다른 의도를 가지고 접근하는 이를 차단할 수 있다. 가족은 어느 정도 검증된 사람이고, 특히 재테크를 잘하는 가족이라면 더더욱 귀 기울여 들을 수 있다.

실제로 이 가족은 2012년 미국 부동산 시장의 반등과 당시 박근혜 정부의 스탠스(Stance)를 지켜보면서 폭락론이 잘못됐다는 확신을 갖고 아파트, 단독주택, 재개발 빌라 등에 투자했다. 주변에 믿을 만한 가족이 있었기 때문에 당시의 흉흉한 분위기에도 흔들리지 않고 투자를 선택할 수 있었을 것이다.

말이 나왔으니 하는 얘기인데 면 대 면으로 이야기를 듣는 것이 중요하다. 보고서를 많이 읽는 것도 좋지만 보고서만으로 돌아가는 세상사를 다 이해할 수는 없다. 증권사 보고서만 해도 글만 보면 애널리스트가 정확하게 하고 싶은 이야기가 무엇인지 알 수 없는 때가 있다. 그들도 하고 싶은 말이 참 많은데, 기록에 남기는 것이 부담스러울 때도 있다. 증권사 지점에서 하는 설명회에 한번 참석해 보라. 보고서만 봤을 때는 그렇게 눈에 띄지 않았던 애널리스트가 존경스러울 정도로 인사이트(Insight)가 있는 경우도 있다. 얼굴을 보며 이야기할 때 훨씬 더 솔직하고 정확한 정보를 얻을 수 있다. 보고서에는 마지못해 매수(Buy) 의견을 내놓지만 정확한 속내는 '사지 말라'일 때도 많다. 이런 것은 현장에서 많이 듣고 많이 고민해야만 알 수 있는 정보들이다. 그리고 계속 캐물어야 진짜 더 알짜 정보를 거머쥘 수 있다. 계속 듣고, 의심하고, 곱씹으면서 자기 지식으로 만들어야 한다.

2015년 당시 삼성전자 주가는 120만 원~140만 원에 갇혀 있었다. 그런데 증권사가 제시하는 목표 주가는 점점 오르고 있었다. 주가는 별 변동이 없는데 목표 주가만 오르는 이상 국면이었다. 애널리스트들이 답답해했던 시절이다. "반도체 슈퍼 사이클(장기 초호황)이 다가오는데 왜 주식아, 오르지 못하니!"라고들 했다. 급기야 2015년 8월에는 목표 주가 210만 원까지 나왔다. 그러나 주가는 별 반응이 없었고 도리어 슬슬 흘러내려 2016년 초에는 100만 원까지 허물어졌다.

그때 지인인 한 강남 아줌마는 "왠지 느낌이 온다"라고 했다. 목표 주가 200만 원을 낸 애널리스트를 직접 찾아갔다고 한다. 그 애널리스트의 설명을 듣고는 슈퍼 사이클이 올 것임을 직감했다. 하지만 확신을 가지려면 반도체에 대해 더 알아야 했다. 그날부터 반도체 공부를 시작했고 실제 삼성전자 반도체공장을 방문해 인근 식당 등 상가까지 염탐했다. 공장에 활력이 있다는 것을 감지했고 직원들에게 대놓고 물었다고 한다. 직원들의 반응은 똑같았다. "요즘 뭔가 잘되고 있는 것 같기는 해요"라고. 삼겹살을 사주던 관리급 직원들이 소고기를 자주 사준다는 공장 직원들의 이야기를 듣고는 확신했다. 모두 연말 성과급이 많이 나올 것이라며 들뜬 분위기였다고 했다.

그 강남 아줌마는 수십억 원 목돈을 삼성전자 주식에 쏟아 부었다. 강남 아줌마의 지인들은 부동산이나 할 것이지 쓸데없는 주식을 샀다고 핀잔을 줬다고 한다. 하지만 삼성전자 주가는 이내 오르기 시작해 2017년 10월 30일 한때는 287만 6,000원까지 올랐다. 고점에 털었다는 전제하에 2년도 안 돼 3배 가까운 차익을 남긴 셈이다.

이렇듯 무시무시하게 고민하고 확인하는 사람이 강남 아줌마들이다. '불로소득을 노리는 나쁜 투기꾼'이라는 프레임만 갖고 봐서는 안 된다. 세상에 불로소득이라는 것은 없다. 재테크는 나름의 정신노동이다.

## 03

# 충동 구매한 1,000만 원짜리 그림

강남에 존재하는 투자 조언 중 하나가 '모르는 영역이면 일단 투자하라'이다. "모르면 공부를 해야지, 무슨 투자를 하느냐?"라고 되묻는 사람이 많을 것이다. 하지만 돈을 넣지 않고 공부하기는 은근히 쉽지 않다. 내 이야기가 아니라 남의 이야기라는 느낌이 들기 때문이다.

수습 기자가 부동산부에 처음 배치를 받으면 수박 겉핥기식 기사만 쓰는 경우가 많다. 수십억 원대 아파트값이 나랑은 전혀 상관없다고 느끼는 것이다. 필자만 해도 최근에야 세무법을 많이 공부하는데 이 또한 다주택자가 된 후로 나타난 현상이다. 과거에는 종합부동산세(이하 '종부세')는 이름만 알지, 어떻게 계산하는지도 몰랐다.

일단은 투자를 해봐야 실력이 는다. 경매 전문가를 만나서 "한 수

가르쳐 주세요"라고 하면, 한참을 머뭇거리다가 일단은 낙찰을 받아보라고 권한다. 말로 설명하려면 끝이 없고, 교육해봤자 하나도 모르는 사람이라면 어느 순간부터 '저게 무슨 이야기지?'라고 하기 때문이다. 지금은 P2P 대출 관련 핀테크 스타트업 기업을 운영하는 경매 전문가도 필자가 "경매 노하우를 전수받고 싶다"라고 하자마자 "100만 원짜리 경매를 일단은 그냥 해보세요. 날린다 치고 아무거나 사셔도 됩니다. 손해를 보더라도 일단 해봐야 합니다"라고 답했다.

재건축이나 재개발도 마찬가지다. 처음 부동산 투자에 입문한 사람이나 문외한에게 재건축이나 재개발 과정을 외워보라고 하면, 대부분의 경우 확실히 암기하지 못한다. 절차가 복잡하기도 하거니와 아까 말했듯이 나와는 다른 문제라고 생각하는 경향이 있기 때문이다. 솔직히 복잡하기는 엄청나게 복잡하다. 마치 진입장벽을 쳐놓고 아무나 접근하지 말라고 협박하는 것 같다. 2018년은 재건축 초과이익 환수제가 처음 본격화된 시기였는데, 이 또한 이해관계자가 아니면 잘 계산해내지 못한다. 기자들도 잘하지 못하는데 조합원인 70대 할아버지가 꽤 그럴듯하게 계산해냈던 것을 본 적이 있다. 다 '자기 돈'이기 때문이고 절박해서다.

미술품에 투자할 때도 마찬가지라고 한다. 뭔가 하나 배워보려고 전문가를 찾아가면, 일단 1,000만 원짜리, 혹은 500만 원짜리 그림을 사보라고 권한다고 한다. 500만 원이나 1,000만 원은 자산가들 입장에서는 없어도 큰 탈이 나지 않는 돈이지만, 막상 아무 데나 허투루 쓸 수는 없는 돈이다. 일단 내 돈이 들어가야 그림을 어떻게 봐야 하는지, 가격이 오르는 그림은 어떤 그림인지 팍팍 습득하게 된다는 것이다.

실제 증권사에 다니는 지인인 C는 얼떨결에 처음 찾아간 곳에서 1,000만 원짜리 그림을 사 왔다. 그림을 사 들고 터덜터덜 집으로 돌아오자, 남편은 속사포같이 잔소리를 쏟아냈다. 본인이 잘했다는 확신이 없었던 C는 남편의 잔소리를 고스란히 받는 것은 물론, '내가 정말 한심하게 1,000만 원짜리 그림을 샀다'라는 생각에 그날 밤 밤새 베갯잇을 적셨다고 한다. 하지만 처음 만난 미술 전문가의 의도대로 그날 이후부터 전문가로 다시 태어났다.

1,000만 원짜리 그림이니 자주 보자는 생각으로 거실에 걸어놨는데, 볼 때마다 부족한 부분과 만족스러운 부분이 동시에 떠올랐다고 한다. 그리고 다음에 다시 산다면 이런 부분이 잘된 상품을 사야겠다는 생각도 들었다. 덧칠을 과하게 한 부분과 색을 자연스럽게 쓴 부분도 잘 짚어낼 수 있었다. 결국 그림과 관련한 대학원에 갔고 지금은 전시회를 열 정도로 안목을 갖추게 됐다. 계좌를 검증해본 것은 아니지만 그림 재테크로만 1억 원이 넘는 돈을 벌었다고 한다. 그림을 보는 우아한 취미를 갖고 싶다는 생각에서 시작한 재테크로 의미 있는 수준의 수익 창출까지 이뤄낸 셈이다. 지금 C의 집은 갤러리를 방불케 하는 우아한 모습을 뽐내고 있다. 손님이 오면 그림 소개를 하고 그림과 관련된 일화로 이야기꽃을 피울 수 있는 능력도 갖게 되었다.

주식은 얼마든지 해볼 수 있고, 경매도 목돈이 드는 물건을 잡는 게 아니라면 얼마든지 내 돈을 깨뜨리면서 할 수 있다. 하지만 아파트는 다르다. 태생적으로 이런 식으로 할 수 없다. 지방의 아파트가 아니라면 들어가는 돈의 레벨이 아주 다르기 때문이다. 그래서 전문가들은 아파트를 가장 마지막에 투자해야 한다고 말하곤 한다. 워낙 목돈이 드는 투자처이다 보니 경매부터 시작해 다 공부를 끝낸 뒤에 관심을 두는 것이 맞는다는 말이다. 2014년 정도만 해도 부동산 전문가들에게 "강남 아파트 분양권이 2개 있다"라고 하면 "어려운 것을 하시네요"라는 반응이 많았다. 2017년 이후로는 부동산 투자라고 하면 아파트만을 떠올리는 경우가 많은데 사실 아파트는 부동산 투자의 메인이라고 할 수 없다. 그래도 아파트는 '사는 공간'이라는 측면에서 되도록 빨리 매수하기를 권한다. 투자 수익률도 중요하지만 무엇보다 안정적인 안식처라는 측면을 결코 무시할 수 없다. 가능하다면 안전한 거주지를 확보한다는 측면에서라도 되도록 빨리 내 집 구입을 고민하라고 권하고 싶다.

다행스러운 점이 있다. 아파트는 경매, 오피스텔과 달리 최신 시세가 확실히 업데이트되고 공인중개사 등을 통해 정확한 정보를 습득할 수 있다는 점이다. 학군과 교통, 입지 등만 보면 되니 경매보다 훨씬 쉬운 측면이 있다.

내 돈을 태우고 공부하면 확실히 더 배울 수 있겠으나 수억 원 투자를 처음부터 시작하라고 권하는 것 또한 바람직하지는 않다. 평생 살 수도 있는 집이니까 좀 더 공을 들여서 열심히 알아본 뒤, 선택하라고 조언하고 싶다. 아파트에 앞서 목돈을 들이지 않아도 되는 투자를 일단 소액으로 시작해보는 것도 좋은 방법이다. 돈을 넣으면 더 많은 것을 보게 되고, 더 많은 기회와 자신감을 손에 거머쥘 수 있을 것이다.

**04**

# 강남 불패 신화에 대한 단상

우리나라 사람들은 왜 강남 부동산에 관심이 많을까? 재테크를 하는 국민 1인으로서가 아니라 경제 기자로서 끊임없이 품었던 의문이다. 일단 한 가지 덧붙이자면, 우리나라 사람들, 특히 강남 사람들이 강남 불패 신화를 갖고 있는 것은 아니다. 인사이트 있다고 느낀 강남 부자 중에 "강남 부동산은 떨어질 리가 없다"라고 말하는 사람은 한 명도 없었다. 결정적으로 이는 사실이 아니기도 하다. 강남이 밭이었을 때부터 계산하면 당연히 강남의 수익률이 강북을 압도하지만 개발 이후 시기별로 나눠서 보면 꼭 그렇지도 않다.

'부동산 불패론'을 강하게 믿고 있는 것도 아니다. 재테크 좀 한다는 부자들 얘기를 들어보면 딱히 부동산이라고 실패할 것이라는 확신을 갖고 있지는 않다. 그보다는 자산 전체 혹은 자본주의에 대해 신뢰가 있다고 하는 것이 맞을 듯하다. '언젠가는 내가 산 가격을 회복할 것이다'라는 긍정적인 믿음이 있다. 어느 한 기업 주식을 사도 확신을 갖고 살 때가 많고 설령 조금 떨어진다고 해도 심리가 크게 흔들리지 않는다. 그냥 긍정적인 자세로 좋은 자산을 찾겠다는 사냥꾼의 마인드가 있는 것이다. 그런데도 강남 불패 신화가 끝없이 나오는 것은 강남 부동산이 상대적으로 덩치가 커서 주목받을 일이 많은 데다 최소한 여태까지는 배신하지 않았기 때문인 듯하다.

우리나라 사람들이 유독 부동산에 빠져 산다는 인식도 사실이 아니다. 지표에 따라 달리 해석할 수 있는 부분이 있는데, 우리나라 국민들의 자가 보유율은 다른 나라와 엇비슷하다. 2018년 5월 국토교통부가 발표한 '2017년도 주거 실태조사'에 따르면, 우리나라 국민 중 자가를 보유하고 있는 비율은 61.1%다. OECD 다른 선진국들도 60% 안팎임을 고려하면 대충 비슷한 수준이다. 단, 서울만 놓고 보면 서울시민들의 자가 보유율은 48%대로 전체 평균을 크게 밑돈다. 이는 서울에서는 내 집 마련이 그만큼 힘들다는 의미와 생각보다는 온 국민이 다 부동산에 관심을 갖지는 않는다는 의미로 해석할 수 있다.

하지만 강남 사람들은 다르다. 강남 사람만으로 한정한다면 부동산을 좋아하는 경향이 분명히 존재한다. 통계청이 2018년 11월에 발표한 '2017년 주택 소유통계'에 따르면, 집을 2채 이상 보유한 다주택자는 211만 9,000명(15.5%)으로, 1년 전과 비교해 13만 9,000명(0.6%p) 증가했다. 2012년 관련 통계 작성 이래 처음으로

200만 명을 돌파했다. 세부적으로 보면, 전국에서 주택을 2채 이상 보유한 거주자 비중이 가장 높은 지역은 서울 강남구(22%)였다. 서초구(20.9%), 제주 서귀포시(20.6%) 등이 뒤를 이었고, 송파구도 18.74%를 기록했다. 5채 이상 주택을 가진 비율을 보면 송파구 거주자가 5,373명(3.2%)으로 가장 많았고, 강남구와 서초구가 각각 3,701명(2.6%), 2,724명(2.2%)을 기록했다.

그렇다면 강남 부자들은 왜 부동산을 좋아할까? 태생이 투기꾼으로 태어나서인가? 즉, 나고 자라면서부터 부동산으로 재미를 본 부모 밑에서 자랐기 때문일까? 아니면 주식으로 실패를 맛본 사람들일까? 그도 아니면 근본적으로 다른 영향이 있는 것일까?

여러 가지 분석과 해석이 가능한데, 그들이 왜 부동산을 좋아하게 됐는지부터 봐야 한다. 재테크분야를 10여 년간 취재하면서 많이 생각했던 부분이었는데 그 고민의 결과물을 여기서 밝힐까 한다.

일단 우리나라는 재테크 환경이 척박하다. 미국인이나 유럽인, 일본인은 자국 화폐가 안전자산이다. 미국인의 경우 곧바로 달러를 싸 들고 가면 짐바브웨 등 아프리카 어딘가에 있는 이름이 낯선 나라의 부동산이라도 살 수 있다. 곧바로 환전해서 투자하면 된다. 일본인도 마찬가지다. '와타나베부인'이란 용어가 왜 생겼을까? 엔화가 안전자산인 데다 저금리로 인해 유동성이 풍부해 세계 그 어디에서도 무시하지 못하는 '일본인 아줌마 투자세력'이 만들어졌다. 유럽인도 당연히 세계 어디든 투자할 수 있다.

하지만 우리나라는? 우리나라 사람은 어떻게 투자해야 하나? 해외 국채 투자 열풍이 불었을 때 원화로 곧장 투자할 수 있었던가? 우리는 미국 달러로 바꾼 뒤 다시 현지 화폐로 환전해야 한다. 이중의 불편한 구조다. 그리고 환 리스크에 이중으로 노출된다. 한 자산 운용사가 브라질의 긴물에 투자했는데 건물 가격 자체는 많이 올랐지만 환차손 때문에 큰 손해를 봤다. '원화→달러화→헤알화'의 구조는 환전 수수료는 그렇다 치고 너무나 많은 변수 아래에 있다.

주식 시장은 외국인 놀이터 신세를 면치 못한다. 외국계 증권사의 트레이더들 얘기를 들어보면 가관이다. 기본적으로 주식 시장은 실적이 좋은 기업이면 오른다. 하지만 올려주는 주체는 결국 외국인이다. 기관은 돈이 모자라고, 개인은 싸게 살 생각만 할 뿐이지 시세를 움직이진 못한다. 실적이 좋으면 오를 확률이 높지만 판을 짜는 주체는 외국인이다. 그들이 간택해줄 때까지 기다려야 하는 것이 우리나라 개미 투자자의 현재 위치다. 반면 부동산은 왜 좋아할까? 부동산은 최소한 내국인들끼리 치고받고 하는 영역이다. 무엇 하러 주식판에 들어가서 외국인, 기관과 한판 싸움을 벌이느냐는 것이 강남 부자들의 기본적인 생각이다.

부자들은 원화가 안전하지 않다는 것을 안다. 중국 공산당도 마찬가지다. "겉으로는 충성을 목 놓아 외치는 공산당 중에 방바닥을 까보면 달러 뭉치가 나오지 않는 이가 없다"라고 한 중국 공산당원이 조심스러운 목소리로 말했다. 중국은 대놓고 환율을 통제하지만 우리나라는 비교적 그렇지도 않다. IMF 위기, 금융위기 때만 봐도 원화는 큰 폭으로 출렁였다. 원화 기반의 자산은 기본적으로 안전하지 않다. 그렇다면 독자들은 이렇게 물을 것이다. "부동산 또한 원화 자산이지 않느냐? 안전하지 않은 것 아니냐?"라고.

그렇기는 해도 부동산은 이름에 '부동(不動)'이 있듯이 움직일 수 없는 실물 자산이다. 지진이 나서 땅이 꺼지지 않는 이상 계속 존재한다. 자산가들 입장에서는 금에 비견할 만한 몇 안 되는 안전 자산인 것이다. 달러를 왕창 사거나 해외 도피를 하지 않는 이상은 원화보다 부동산이 낫다는 확신이 있는 것이다. 그 믿음이 실제로 증명된 사례도 있다. 바로 IMF 위기다. 영화 〈국가 부도의 날〉을 보면 윤정학(유아인 분)이 IMF 사태 이후 부동산을 사들인다. 그만큼 부동산은 강했다. IMF 위기, 그리고 뒤이어 곧바로 닥친 2000년 IT 버블, 2002년 카드 사태, 2008년 글로벌 금융위기를 모두 이겨냈다.

물론 그럼에도 불구하고 우리나라 부자들의 부동산 애착은 사실과도한 편이긴 하다. 하지만 뒤에서 "폭락하라"고 외치는 것보다 함께 뛰어드는 것이 낫다. 투자는 사람이 많이 몰리는 곳에서 해야 한다. 카카오톡이 완벽한 메신저여서 사람들이 이것만 쓸까? 아니다. 모두 카카오톡을 쓰고 있으니 쓰기 싫어도 쓸 수밖에 없는 것이다. 자고로 사람은 모여 살아야 한다. 사람이 많아야 거래가 수월하다.

사실 정부도 부동산 투자자들 눈치를 볼 수밖에 없다. 과거 박근혜 정부가 왜 2012년에 부동산 부양책을 내놓았을까? 당시 경제부총리 같은 사람이 모두 부동산을 갖고 있어서 띄웠을까? 이 같은 해석이 심심찮게 나오는데 사실 지극히 편협한 해석이다. 당시 우리나라는 부동산 경기 악화로 인한 경기 침체가 심각했다. 건설사들이 투자를 하지 않으니 아래 경제가 어려웠다. 부동산이 어려워지면 인테리어는 물론, 이삿짐센터나 공인중개사까지 힘들어진다. 심지어는 에어컨, TV, 가구도 팔리지 않는다. 그래서 정부도 부동산을 살릴 수밖에 없었다. 필자는 다음 정권쯤이면 집값이 오르고 내리는 것과 상관없이 세수 확보와 경기 때문에라도 지금 남발되어 있는 규제 중 일부가 풀릴 것이라고 생각한다. 그래서 지금 준비하라고 얘기하는 것이다.

## 05

# 부자는 계속 나온다

2018년 12월, 한 30대 스타트업 창업자가 이건희 삼성전자 회장의 서울 강남구 삼성동 자택 바로 앞집을 62억 원에 매입해 화제가 됐다. 화제의 주인공은 남대광 블랭크코퍼레이션 대표다. 남 대표가 이끄는 블랭크코퍼레이션은 남성 화장품 브랜드인 블랙몬스터로 시작해 바디럽, 닥터원더, 공백0100 등의 20개 이상의 자체 브랜드로 뷰티, 생활건강, 애견, 패션분야 등에 걸쳐 250여 개 제품을 판매하고 있다.

블랭크코퍼레이션은 소셜미디어에 올라와 있는 고객 체험 동영상을 보고 클릭 한 번에 바로 전자상거래를 할 수 있는 융합서비스로 대박을 냈다. 한양대 경제금융학부를 졸업한 1985년생인 남 대표는 창업 2년 만에 지분 일부를 매각해 삼성동 단독주택을 매입할 수 있었다. 고가 주택을 매입하면서도 대출 한 푼 쓰지 않고 현금 결제를 했다고 한다. 남 대표의 통 큰 투자에 일각에서는 시샘하기도 한다. "그렇게 돈이 많으면 기부나 좀 하지"라는 반응이 많아 꽤 놀랐는데 사실 이 이야기의 핵심은 하나다. 부자는 생각보다 자주, 많이 태어나고 있다는 것.

필자 또한 한때는 그랬는데 수많은 사람이 "30년 전에 태어났으면 사업할 것이 많았다"라고 한다. 그때는 개발시대라서 실제로 사업거리가 천지였다. 그렇다면 지금은 도저히 사업을 할 수 없는 환경이냐고 하면, '글쎄다' 싶다. 2000년에는 IT 버블이 터졌지만 네이버, 다음 같은 기업이 자리를 잡았다. 지금은 존재감이 많이 사라졌지만 1세대 소셜네트워크서비스(SNS)인 싸이월드도 한 번은 대박을 쳤다. 2008년 이후에도 마찬가지다. 애플이 아이폰을 내놓은 덕에 삼성전자, LG전자가 따라갔고 그 이후로 모바일이라는 새로운 시장이 열렸다. 카카오톡, 배달의민족, 라인, 선데이토즈 같은 기업이 생겼다. 지금도 모바일 기반으로 수많은 기업이 태어나고 있다. 사업의 기회는 계속 생겨난다. 여기서 또다시 "모바일도 끝난 것 아니에요? 이젠 정말 할 것이 없는 것 같아요"라고 투덜댈 수 있으니 한 번 더 첨언한다. 사업의 기회는 기존 시장의 변화로부터 출발한다. 그리고 변화는 생각보다 꽤 자주 일어난다. 어떤 변화를 포착해내느냐가 과제일 뿐이다.

2017년 봄, 필자는 사업가 D를 만났다. D는 미세먼지에 꽂혀 있었다. D를 만날 때에는 미세먼지와 초미세먼지가 극한까지 치솟았던 날이었는데 잠실 롯데월드타워의 윤곽조차 잘 드러나지 않았다. 올림픽대로를 달리는데 바로 앞의 차 번호판조차 뿌옇게 보였다. 필자는 자리에 앉자마자 마스크를 벗으면서 "서울에서 살 수 없을 것 같다"라고 투덜댔다. 그랬더니 D가 말했다.

"그래도 긍정적인 측면이 있어요. 일단 '변화'한 것이잖아요. 변화한다는 것은 사업가에게는 축복이죠. 미세먼지 때문에 청정기가 잘 팔리고, 마스크도 잘 팔리고, 어쩌면 공기조차 팔릴지 모르죠. 그 외에도 미세먼지라는 변화 때문에 새로운 기회가 열릴 겁니다. 사업가는 그런 마인드로 살아야 하죠."

지금 이 순간에도 변화는 생기고 있고, 그 변화를 잘 포착해낸 사업가는 부자가 되고 있다. 지금이야 일반화됐지만 2010년대 초반, 중국으로 건너간 한 성형외과 의사는 지금은 넘볼 수도 없는 부를 이뤘다. 일상에 젖어 들지 말고 변화를 포착하고 도전하면 부자가 될 수 있다. 솔직히 필자는 할 자신이 없지만 그런 신흥 부자들을 만날 때면 가슴이 뛰고 우리나라 경제에 희망이 있는 것 같아 즐겁다. 그리고 이런 부자들이 우리나라 자산 시장을 떠받치고 있다. 개인적으로 조금 아는 한 작은 게임사 대표이사는 2018년에 반포동의 래미안퍼스티지 1채를 샀다. 그는 아주 큰 대박을 낸 것은 아니었는데 어찌 됐든 돈을 벌어 집을 샀다. 그 전 가격과 비교하면 최고가 가격에 산 셈이었으나 그는 별달리 불안해하지 않았다. 어차피 돈은 사업으로 버는 것이고, 아파트를 사면서 와이프와 딸의 행복한 얼굴을 보는 것으로 만족스러웠던 것이다. 딸이 "아빠, 고마워요" 하면서 안아주는데, 아파트값이 중요할까? 그 매매 건을 놓고 부동산 커뮤니티에서는 '호구 왔다', '뭣 하러 구축을 그 가격 주고 사느냐?'라는 반응이 많았는데 하나만 알고 둘은 모르는 소리다.

필자가 살고 있는 아크로리버파크는 1,612세대인데 2018년 한 해 동안 고작 57세대가 거래됐다. 3.5%만 새로운 주인을 만난 것이다. 전체 물량의 3.5%만 받아줄 사람이 있으면 시세가 버티는데, 과연 그 정도의 매수 세력이 없을까? 또 하나, 2018년 아크로리버파크를 매수한 사람 가운데 일부는 분명 신흥 부자다. 그들은 사업이나 인센티브로 번 돈으로 아파트를 구입한다. 시세는 아주 크게 신경 쓰지 않는 사람들이다.

사업자에게만 이런 기회가 있는 것은 아니다. 서울대 컴퓨터공학과 출신의 30대 후반인 한 증권맨은 2018년 12월, 3년 연봉 100억 원에 회사를 옮겨 엄청난 관심을 불러일으켰다. 그는 파생상품 헤지 프로그램을 만드는 데 천재였다고 한다. 이전 회사에서 1,500억 원 이상의 수익을 안겨줬다는 설이 여의도 증권가에 널리 퍼졌다. 사실 여부는 모르겠으나 이제는 능력만 있으면 프로야구 선수급 연봉을 받을 수 있는 경제 환경이 만들어졌다. 본인의 일에 자신 있으면 일에 집중하고, 사업에 관심 있다면 끊임없이 새로운 기회를 발굴하려고 하고, 아니면 자산 관리에 집중하는 식으로 부의 세계에 뛰어들어야 한다. 승자들은 지금도 계속 노력하고 있다.

# 06

# 하루 만에 수천만 원 날리다

필자는 10년 넘게 공격적으로 자금을 운용하고 있는데 당연히 깨진 적도 많았다. 주변 지인들은 아크로리버파크 구입에만 주목하고 필자의 투자기에 MSG(글루탐산모노나트륨, 양념)를 치기 일쑤인데, 사실 실패 사례는 차고 넘친다. 실패한 사례만 따로 모아서 《강원도 산골 출신 30대 월급쟁이의 망한 이야기》란 제목의 책을 출간할 수도 있다.

2014년 상반기만 해도 100달러 위에 있던 WTI 국제 유가가 2014년 말쯤부터 곤두박질치기 시작해 2015년 말 한때는 26달러까지 추락했던 적이 있다. 당시 필자는 WTI 국제 유가 기반의 DLS 상품에 3,000만 원 정도를 투자해놓고 있었다. DLS는 증시 지수 말고 금이나 은, 국제 유가 등 상품을 기준으로 발행하는 ELS와 유사한 형태의 재테크 상품이다. 쉽게 얘기해 WTI가 절반 이하로 폭락하지 않으면 연 10~15%의 수익을 주는데, 반토막 나면 투자금도 반토막이 나는 상품이다. 그때만 해도 필자를 비롯한 수많은 사람은 국제 유가기 그렇게까지 추락할 것이라고는 생각하지 않았다. 엄연히 기름은 실사용하는 원자재인데 단기간에 반토막 나는 것이 가능하겠느냐고 생각한 이가 다수였다. 하지만 미국의 셰일가스 개발과 경기 불황 등으로 당시 국제 유가는 자고 일어나면 떨어지는 일이 반복됐다. 필자는 WTI 기반 DLS에서만 2,000만 원가량의 손실을 봤다.

2015~2016년에는 대기업 구조조정이 필자를 배신했다. 현대상선, 한진해운, 동부그룹 계열사, 두산그룹 계열사 등이 필자의 주요 투자처였는데 이 중에서 현대상선과 한진해운이 뒤통수를 쳤다. 그 전까지는 기업이 어려워도 개인 투자자들이 주로 보유하고 있거나 기관이 들고 있는 회사채는 만기 상환해주는 것이 나름의 관례였다. 회사채를 도저히 갚을 수 없으면 아예 법정 관리에 들어가거나 워크아웃을 통해 큰손 투자자들에게도 일정 부분 고통 분담을 요구하는 것이 추세였다.

하지만 시절이 변했다. 2015년 3월 임종룡 금융위원장 취임 이후 '기업 구조조정은 손실 분담이 원칙'이라며 개인 투자자들이 보유하고 있는 회사채도 사채권자집회를 통해 일부 출자 전환하거나 만기를 연장하는 식으로 일부 손해를 감내하게끔 했던 것이다. 필자는 세상의 분위기가 변했음을 감지하지 못하고 2015년 대규모 분식

회계를 저지른 대우조선해양 회사채를 그해 말에 신나게 샀다. 약 17~18%의 수익률을 지급하는 조건이었는데 당시만 해도 만기 상환에 자신 있어 보였다. 대우조선해양 직원들조차도 회사채를 사는 분위기였다. "설마 회사가 망하겠느냐? 회사채 투자는 괜찮을 것 같다"라고 했다. 하지만 오판, 그중에서도 대형 오판이었다.

대우조선해양은 법정 관리에 들어가거나 워크아웃 상황이 아니었는데도 불구하고 상당한 고통 분담을 요구받았다. 회사채 투자자들의 경우 투자금 절반은 주식으로 전환됐고, 나머지 채권은 3년간 상환 유예됐다. 주식 전환은 사실상 전액 손실이었다. 수조 원대 출자 전환을 하다 보니 주식의 가치가 그만큼 대폭 떨어질 수밖에 없어서다. 고통 분담을 요구받은 것은 대우조선해양뿐만은 아니었다. 심지어 한진해운은 2017년 2월에 파산 처리까지 됐다. 엄격한 기준의 잣대를 동일하게 들이밀기 시작한 것이다.

굳이 한마디 첨언하자면, 필자는 모든 채권자에게 동일한 고통 분담을 들이대는 것이 맞는지에 대해 금융당국과 생각이 다르다. 필자가 손해를 봤기 때문에 하는 얘기가 아니라 기본적으로 빚을 진 이는 가능한 한 최대한 갚아야 하는 것이 맞지 않나 싶다. 대우조선해양이 분식 회계를 저지른 데 대해 개인 채권자가 무슨 책임이 있다는 말인가? 살리려면 너희도 고통 분담해야 한다고 목소리를 높이는데 차라리 그 기업이 파산하면 파산했지, 개인한테서 더 많은 희생을 요구하는 것이 맞는 방향인지에 대해 끝없이 의문이 들었다. 차라리 파산하고 남은 자산을 채권자들이 나눠 갖는 것이 비록

돌려받을 때보다 훨씬 더 적을지 몰라도 자본주의사회에서의 원칙을 지키는 것이라고 생각했다. 아니면 빚을 진 빚쟁이가 직접 채권자들에게 무릎 꿇고 빌어야 한다. 또 다른 피해자(산업은행)가 "나의 손해가 훨씬 크다. 살리려면 너희도 짐을 짊어져야 한다"라고 하는 것이 맞는 건가? 만약 그 자리에 분식 회계의 책임자들이 와서 "나의 잘못이다. 죄송하다. 그래도 기업을 살릴 수 있게 도와달라"고 했다면 마음이 움직였을지도 모르겠다. 개인 채권자들이 받은 것은 대우조선해양 홈페이지에 접속하면 자동으로 뜨는 사과 팝업창과 프린트된 종이 한 장이 다였다. 이것은 경제 기자로서가 아니라 한 개인으로서의 생각이다. 돈을 빌려줄 땐 앉아서 빌려주고, 받을 땐 서서 받는다고 하는 옛 격언이 왜 격언인지를 깨달은 사례였다.

아무튼 필자는 큰 손해를 봤다. 전체 손해액은 수천만 원 단위였다. 일부는 대출을 낸 자금으로 투자했기 때문에 내상이 적지 않았다. 앞에서 이야기한 대로 2014년에 아파트 분양권을 추가로 하나 더 샀는데, 이것을 팔아야 했던 이유 중의 하나도 채권 투자에서의 큰 손실이었다. 생활 자금이 모자라서 눈물을 머금고 팔아야 했다. 꼭 이 이유 때문만으로 매도를 선택한 것은 아니기는 하지만 말이다. 그렇지만 필자는 고통받지는 않았다. 투자하다 보면 으레 벌어질 수 있는 일이라고 생각했다. 언제 어디서든 필자의 돈은 깨질 수 있다. 모든 투자처에서 다 이득을 볼 수 없는 노릇이다. 헌팅에 성공하려면 잘 꾸미기보다 일단 많이 도전해야 한다고 연예 전문가들은 코치한다. 한 번 실패했다고 풀 죽지 말고 계속 도전해야 누군가의 마음이 열릴 수 있는 법이다. 투자도 똑같다. 한 번 실패했다고 인생 끝난 것처럼 주저앉으면 안 된다. 필자는 생각보다 훨씬 아무렇지 않게 일상에 복귀했다. 직장 동료들도 신기해할 정도였다. 까짓 거, 날렸으면 다시 벌면 된다.

필자는 아직 자산가의 반열에 들지는 못했지만 실제로 많은 자산가가 이런 스탠스를 보여주고 있다. 지인 E는 1997년 IMF 위기 당시 증권사 압구정지점에서 일하고 있었다. 어마어마한 손실이 났는데 그 당시만 해도 손해가 발생하면 증권사 직원들이 개인 돈으로 틀어막아 주는 일이 비일비재했다. '돈을 벌면 내 덕분, 잃으면 증권사 직원 책임'이라고 생각하는 사람이 많았다. E는 당시에 사회초년생이었는데 전세금까지 빼서 투자자들의 손실액을 갚아줘야 했다고 말했다. 그런데 모든 손해를 다 사재로 막을 수는 없는 법이다. E는 한 부자 아주머니 고객의 계좌가 문제였다고 한다. 그 계좌의 손실이 무려 1억 원이 넘었다. 당시 1억 원은 강남 아파트를 살 수 있는 돈이었다. E는 고민 끝에 수화기를 들었다. "죄송합니다. 제가 돈이 없습니다. 원하신다면 죽음으로 갚겠습니다"라고 말했다. E의 말이 끝나자마자 그 아주머니는 이렇게 답했다.

"뭐, 어떡하겠어요? 나라가 망한 게 E 대리님 책임은 아니잖아요. 하지만 대신 실력을 알았으니 더 이상 맡기지는 못하겠습니다. 잔액 다 정리해주셔서 ○○은행 계좌로 송금해주세요. 그럼 이만."

E는 너무 다행이라면서 그날 저녁 지점 직원들에게 술을 샀다고 했다. 그리고 강남 여사님들은 뭐가 달라도 다르다는 말만 반복했

다. 목소리 톤조차 바꾸지 않고 "뭐, 어떡하겠어요?"라고 말한 부분을 성대모사까지 하면서…. 20년이 지났지만 E는 그 시절을 그렇게 추억했다.

한 번의 손실이 큰 손실이어도 크게 신경 쓰지 않는 이도 있다. 비슷한 시기에 또 다른 증권사 지점에 있었던 지인 F는 고객 G에게 엄청나게 손실이 났다고 이실직고하자 "F 과장님이 보시기엔 지금 우리나라 증시 어때요? 나라가 빚을 많이 졌을 뿐 괜찮다고 생각하는데 지금 투자해도 괜찮다고 보시나요?"라는 질문을 들었다고 한다. F는 "우리나라는 다시 일어설 겁니다!"라고 자신 있게 대답했고 그날 곧바로 1,000만 원을 송금받았다고 한다. 그리고 G가 "좋은 주식 좀 알아서 사주세요. 언제가 바닥인지는 모르니 매달 1,000만 원씩 분할 매수합시다. ○○은행 △△지점장에게 전화하셔서 자동이체 좀 설정해달라고 말씀드리세요. 저는 좀 있으면 큰아이가 학교에서 돌아와서 전화 못 받습니다"라고 했다고 한다.

F는 고객 G의 자산을 성심성의껏 굴렸고 매일 밤 미국 나스닥을 분석해 1999년 한 해에만 10억 원이 넘는 수익을 G에게 안겨줬다. F는 2019년 1월 현재 한 증권사의 대표이사를 맡고 있다.

증권맨들은 강남 부자들의 경우 투자 실패를 대하는 태도가 조금 다르다고 말한다. 일례로 1997년 당시 E는 큰 손해를 입힌 고객으로부터 '○○종목을 산 이유와 예상이 빗나간 이유, 그렇다면 향후 전망은?' 등에 대한 보고서를 요구받았다고 했다. 보고서를 충실히 쓰는 조건으로 1억 원의 손해액을 묵인해준 셈이다. E는 보고서를 충실하게 썼고, 그 고객은 아마도 다음 투자 때 그 보고서를 활용했을 것이다.

# 07

# 사모님이 사모하는 사모펀드

재테크에 조금이라도 관심 있는 독자라면 우리나라에서 펀드 투자의 인기가 바닥을 치고 있다는 점을 잘 알 것이다. 물론 펀드도 투자자들로부터 사랑을 받은 적이 있었다.

2007년 한 자산운용사가 내놓은 모 펀드는 출시 한 달 만에 1조 원이 넘는 자금을 끌어 모으는 등 엄청난 성공을 거뒀다. 운용 규모가 2008년 초에는 4조 7,000억 원까지 불어났다. 이는 지금도 전무후무한 성과로 기록되고 있다. 해당 펀드는 특정 자산과 지역, 섹터를 구분하지 않고 전 세계를 대상으로 매력적인 투자처를 발굴하는 펀드로 만들어졌는데, 문제는 금융위기 목전에 출시됐고 수수료가 너무 비쌌다는 점이다. 이 펀드 수수료율은 약 3%대 중반으로, 당시 다른 펀드 수수료율이 1~2%였다는 점을 감안하면 너무 비쌌다. 그런데도 성적표는 처참했고, 이로 인해 투자자들이 펀드라면 학을 떼는 분위기가 만들어졌다. 이후로도 펀드 잔혹사는 지속됐고 지금은 펀드가 온갖 재테크 서적에서 주목을 받지 못하는 처지로 전락했다.

하지만 2019년 1월 현재, 강남권에서 인기 있는 펀드가 있다. 바로 사모펀드다. 사모펀드는 불특정 투자자 49인만을 대상으로 만들어지는 펀드다. 투자금은 최소 1억 원이며 투자처는 각양각색이다. 소수의 투자자만 있다 보니 규제가 상대적으로 덜 하고 실력파 매니저들이 뛰어드는 영역이 됐다. 운용에 좀 자신이 있다 싶으면 회사를 박차고 나와 사모펀드 전문운용사를 차리는 것이 2018년 말까지의 분위기였다. 사모펀드 전문운용사는 2018년 6월 기준으로 150개사에 달했다.

사모펀드는 전반적인 자산운용업계 불황에도 불구하고 잘 나가고 있다. 금융위원회에 따르면, 사모펀드로의 자금 유입은 2015년 187조 원, 2016년 228조 원, 2017년 268조 원, 2018년 6월 기준 305조 원으로 꾸준히 늘었다. 사모펀드라고 해서 개인만 투자하는 것은 아니고 상당 부분이 기관 투자자이지만, 그래도 강남권 큰손들이 무시하지는 못할 수준으로 참여하고 있다.

사모펀드의 장점은 규제가 덜 하다는 점이다. 자본 시장과 금융투자업에 관한 법률에 따르면, 공모펀드는 각 집합투자기구 자산 총액의 10% 이상으로 동일 종목 주식에 투자할 수 없다. 증권뿐 아니라 채권 역시 10% 이상 투자할 수 없게 되어 있다. 공모펀드가 단일 종목에 대규모로 잘못 투자했다가는 개인 투자자들이 큰 손해를 볼 수 있다며 도입된 규제다. 이외에도 신용 등급이 없는 작은 기업 회사채는 담을 수 없는 등의 많은 규제가 있다. 수익률도 수시로 공표해야 한다. 취지는 잘 알겠으나 이런 규제 때문에 우리나라는 액티브 펀드(Active Fund, 시장 수익률을 초과하는 수익을 올리기 위해 펀드매니저들이 적극적으로 운용하는 펀드)조차도 액티브하게 운용되지 못한다. 매니저의 운용 능력이 중요한 액티브 펀드마저 이런저런 규제 때문에 인덱스 펀드(지수 움직임대로 그대로 따라가는 펀드)와 같은 성적을 내는 데 그치고 있다.

반면 사모펀드는 소수만 참여하다 보니 마음껏 운용할 수 있다. 부동산 등 대체 투자도 많이 한다. 이런 영향으로 부동산 사모펀드의 성장세가 유독 눈에 띄고 있다. 2015년 30조 원이던 부동산 사모펀드는 2018년 6월 기준 62조 원으로 불어났다. 2년 반도 되지 않아 2배 이상 성장한 것이다. 금융감독원에 따르면, 2015년 중순부터 2018년 중순까지 사모펀드의 3년간 누적 수익률이 15%에 달한다고 한다. 반면 공모펀드는 평균 7%에 그친다. 필자가 아는 사모펀드 매니저들은 정말 '마음 가는 대로' 운용한다. 〈미스터 선샤인〉이 대박을 칠 것이라는 느낌에 미디어·엔터업종 주식만 60% 이상 담은 매니저도 봤다. 사모펀드는 그들만의 리그가 됐다.

사모펀드는 '너희들만의'라는 느낌을 주고 있어 더더욱 인기를 끄는 것 같다. 49인 대상의 펀드에 가입했다는 이유로 '나는 남들과 달라'라고 콧대가 올라가는 듯한 기분을 느끼기 때문이다. 다소 속물 같은 설명이지만 사실은 사실이다. 현장 직원들의 설명에 따르면, 의외로 사모펀드에 가입시키기가 수월하다고 한다. 명품 가방을 사는 느낌을 주는 펀드인 셈이다.

강남의 자산가들과 이야기해보면 사모펀드 한두 개는 갖고 있다. 부자이고 재테크에 밝다고 해서 모든 자산을 직접 굴릴 수는 없다. 앞에서도 잠깐 언급했듯이 세상 모든 재테크 정보를 내가 다 알 수는 없는 노릇이다. 적지 않은 자산가가 '나만 잘났다'라는 확신을 갖고 있는데 사실 그런 사람들이라고 해도 어느 정도는 자산 관리를 위탁해놓고 있다. 기업 오너가 직원들이 다 마음에 들어서 일을 맡기겠는가? 시스템으로 돌리기 위해 어느 정도는 참고 사는 것이다. 자산가들 또한 어느 정도는 믿고 맡겨야 하며 사모펀드 매니저들은 격렬한 경쟁 속에 수익률 하나만 바라보며 살다 보니 상대적으로 좋은 성과를 낼 가능성이 높은 것이다. 펀드에 대한 불신은 이해하지만 자산가들은 펀드 또한 편입해놓고 있다는 점을 우리는 알 필요가 있다.

그렇다고 사모펀드에 가입해야 한다고 추천하는 것은 아니다. 사모펀드는 최소 1억 원 이상을 투자해야 하는데 1억 원은 꽤 목돈이기도 하거니와 이런 거액을 소수의 운용자에게 모두 맡길 수는 없다. 나중에 큰 자산가가 된다면 관심을 갖고 지켜보는 것이 나쁘지 않을 듯하다. 요즘은 사모펀드에 재투자하는 사모재간접펀드 시장도 뜨고 있다. 이에 대한 이야기는 뒤에서 다시 소개할까 한다.

**08**

# 투자는 소화할 수 있는 만큼만 해라

앞에서 2014년에 투자한 반포 분양권을 되팔았다고 이야기했다. 첫째와 둘째 원인은 회사채와 DLS 투자 실패, 그리고 아이들이 커감에 따라 생활비가 필요했다는 것이지만 다른 이유도 있다. 바로 종부세 납부 리스크다.

사실 반포 분양권 전망은 그 당시에도 나쁘지 않았다. 가능하다면 계속 들고 있고 싶었다. 하지만 나중에 팔 때 절반은 양도세로 내야 한다는 것은 그렇다 치고, 재산세와 종부세가 문제였다. 전문직도 아닌 평범한 30대 외벌이 직장인이 강남에 집 2채를 갖고 세금까지 팍팍 내면서 살 수는 없었다. 더구나 첫째 아이가 사립 초등학교에 입학하게 됐으며, 와이프는 "강남에 가도 사교육을 많이 시키지 않겠다"라는 당초 약속과 달리 아이 교육에 지대한 관심을 드러내기 시작했다(교육비가 많이 들기 시작했다).

　결과적으로 말하면 필자는 소화할 수 없는 수준으로 많이 투자했던 셈이다. 사실 자산 총액 대비 부채 비율이 너무 높았으며 투자 자산 중에서 부동산 비중이 너무 컸다. 그동안 재테크 책에서 누누이 강조했던 원칙을 필자 스스로 저버린 셈이다. 지금 생각해보면 작은 부동산에 투자해야 했다. 심지어 2017년 8월 2일에 발표된 '실수요 보호와 단기 투기 수요 억제를 통한 주택 시장 안정화방안(이하 '8·2 대책')' 중에는 공시지가 6억 원 이하의 85제곱미터 이하 아파트는 양도세를 70~100% 깎아주고, 종부세 합산 계산에서도 빼주는 파격적인 대책이 나왔다.

　필자는 이 대책을 처음 볼 때부터 '부동산 규제라고 쓰고, 부동산 부양책이라고 읽는다'라고 생각했다. 소형 평수의 저렴한 아파트는 아예 세금을 내지 않아도 된다고 하면 가뜩이나 엉덩이 들썩이는 투자자들이 가만히 있겠는가? 실제로 이 이후로 강동구 고덕부터 시작해 성동구, 마포구, 구로구 등의 소형 아파트들이 널뛰듯 움직였다. 뒤에서 얘기하겠지만 정부가 바보라서 이런 대책을 내놓은 것은 아니었다. 정부는 세입자들이 전세금 걱정 없이 오래 살 수 있는 환경을 만들어주고 싶었을 뿐이다. 하지만 투자자들을 너무 과소평가했으며 이로 인해 대책을 내놓은 관계자들은 많은 조롱을 받아야 했다. 아무튼 필자는 너무 비싼 아파트를 덜컥 사는 바람에 이같은 혜택을 누리지 못하고 종부세 완화 혜택을 받을 수 없었다.

　변명일 수 있겠지만 이런 경우가 필자만은 아니었다. 총자산 대비 너무 큰 부동산을 덜컥 샀다가 세금 때문에 파는 사례를 필자는 주변에서 너무 많이 본다. "종부세는 부자들이나 내는 것 아니야?"라고 무심코 생각해버리는 게 가장 큰 문제다. 사실 필자는 종부세를 내는 상황이 될 것이라고는 전혀 생각하지 못했다. 그 정도로 자신의 정확한 처지를 객관적으로 파악하기는 불가능에 가깝다.

어떤 투자를 하든 리스크를 생각해야 한다. 객관적으로 적어놓고 전문가 상담을 받든지 해서 투자 위험을 미리 파악해야 한다. 우리는 너무 보수적이거나 너무 공격적이라서 문제다. 2013년 부동산 상승기 초입에 갭 투자로 아파트 200채를 투자했다고 하는 사람은 사실 결과적으로는 성공해서 다행이지만 무척 위험한 베팅을 한 셈이다.

2019년은 전세가와 매매가 간 차이가 적은 아파트를 골라 2,000만 원~3,000만 원씩 여러 채를 구입한 갭 투자자에게 지옥 같은 한 해가 될 수 있다. 2019년에는 매매가는 오를 수 있을지언정 전세가는 도저히 오를 수 없을 것이라고 필자는 보고 있다. 일단 신규 입주 아파트가 많고 재개발 난항과 불황으로 인해 멸실이 되지 않고 있어서다. 정부가 재개발을 막는다는 것은 기존 노후화된 주택이 그대로 남아 있다는 의미이고 이로 인해 전체적으로 살 공간 자체는 대폭 늘어난다. 2011년 이후 매해 멸실주택은 2~5만 가구 정도 나왔는데 아마 2018년은 물론이고 2019년에도 멸실 규모는 많지 않을 것이다. 멸실이 될 듯하면서 되지 않는 주택은 집주인 입장에서도 언제 본격화할지 모르기 때문에 저렴하게 주는 대신 '나중에 재개발하면 나가라'는 조건을 붙이는 식으로 이어진다. 이때 저렴하게 내준 전세가가 다른 지역에도 영향을 미치면서 전세 가격 상승을 압박한다.

세금과 관련한 여러 리스크 중 종부세는 특히 많은 사람이 생각지 못하는 변수다. 과거 노무현 정부 때도 이는 입증됐다. 종부세는 노무현 정부 시절인 2003년 10월 '부동산 보유세 개편방안' 때 도입되어 2005년에 처음 시행됐다. 시행과정 중에 인별 합산에서 세대별 합산으로 강화됐다가 위헌 결정이 나면서 다시 인별 합산으로 바뀌는 소동이 있었는데 이런 소동이 '정말 하겠어?'라는 생각으로 이어져서인지 종부세는 실제 시행 직전까지는 집값에 아무런 영향을 미치지 못했다. 위헌이라는 보도가 끊임없이 나와 보유자들이 나이브(Naive)하게 생각했던 부분도 있었고 실제 고지서가 나오기 전까지 모르는 사람도 많았다. 결국 고지서가 나온 뒤에야 까무러치듯 놀라면서 아파트를 팔았던 사람이 필자 주변에도 꽤 있었다. 신문을 열심히 보면 다 아는 사실인데도 마치 일부러 외면하기라도 하는 것처럼 모르는 사람이 태반이다.

뒤에서 다시 얘기하겠지만 우리나라 투자자들은 의외로 공부를 잘 하지 않는다. 아파트 분양가가 9억 원을 넘으면 중도금 대출을 해주지 않는 규제는 문재인 정부도 아닌 박근혜 정부 시절인 2016년 상반기에 시행됐다. 중도금이 나오지 않는 첫 아파트는 2016년 8월에 분양한 (서울 강남 개포주공 3단지를 재건축한) '디에이치아너힐즈'였다. 그런데 9억 원 초과면 중도금이 나오지 않는 이 규제는

2018년 말까지도 투자자들이 잘 몰랐다. 매번 "중도금이 안 나와요? 몰랐어요"라고 하는 중도 탈락 당첨자가 적어도 수십 명씩 쏟아졌다. 뉴스 하나 안 보고 수십억 원짜리 아파트를 덜컥 청약하는 사람이 이토록이니 많다는 것이 불행하다. 아니, 어쩌면 다행일지도 모른다. 아무 생각 없이 수십억 자산을 굴리는 사람이 이토록 많다는 건 준비 잘하는 당신에게는 그만큼 많은 기회로 돌아올 것이기 때문이다. 눈먼 돈이 여기저기 천지다.

# 3장
# 강남에 가고 싶다면
# 주식 투자부터 시작하라

주식 시장은 신뢰받지 못하는 투자처다. 딸이 남편감으로 데려온 남자가 주식을 한다고 하면 쌍심지부터 켜고 보는 것이 우리나라 어른들이다. 주식을 하면 금방 망할 것처럼 생각한다. 하지만 주식 투자를 하지 않는다고 해도 자산 관리를 하려면 증시는 어떻게든 챙겨봐야 한다. 주식 시장은 한국 경제의 축소판이기 때문이다. 증시를 외면하면 세상사가 어떻게 돌아가는지 알 수 없다. 가장 자본주의적인 주식 시장이라는 세계에서 우리는 야생성을 길러야 한다.

사회초년생이라면 다른 금융 상품보다 주식부터 시작해야 한다. 저금리시대에는 주식 외에 자산을 불릴 수단이 많지 않다. 주식밖에 없으므로 주식 투자를 하되 그만큼 열심히, 절박하게 공부해야 한다. 준비 없이 나갔다가는 외국인과 기관의 배를 불려주는 처지로 전락한다.

필자는 분산 투자를 좋아하지 않는다. 분산 투자는 투자에 실패했을 때 PB들이 변명하기 위해 만든 용어라고 생각한다. 쌓아놓은 것이 별로 없다면 일단은 선택과 집중을 해야 한다. 주식을 하더라도 자신 있는 몇 개 업종을 파고 다른 금융 상품을 하더라도 하나하나 확실히 깨우친 후 투자처를 넓혀야 한다. 일단은 주식부터 하자.

# 01

# 무주식 상팔자

'아! 주식….'

필자에게도 주식은 애증의 존재다. 어깨춤을 추게 했던 순간도 있었고, 예쁜 가을 하늘이나 무지개, 환한 아이의 웃음 같은 것이 눈에 들어오지 않을 정도로 좌절을 준 적도 있었다.

글로벌 금융위기가 한창이던 2008년 11월 3일, 당시 기아차 주가는 5,720원까지 하락한 적이 있다. 그런데 이때 기록한 기아차의 사상 최저가 5,720원이 필자가 던진 손절매 물량 때문에 만들어진 가격이다. 그래서 필자는 주변에 자랑한다. "너희 역사상 최저가를 만들어본 경험이 있느냐?"라고. 더군다나 필자가 판 이후 기아차는 반등을 시작했고, 이내 전성기가 열리면서 2012년에는 주가가 8만 원대 이상으로 올랐다. 속이 전혀 쓰리지 않았다고 하면 거짓말일 것이다.

2008년에는 잠시 에스엠엔터테인먼트 주식을 보유하고 있었다. 그때 에스엠엔터테인먼트는 금융위기 충격에 770원까지 떨어졌다가 2012년 7만 원대까지 급등했다. 무려 100배 이상 오른 셈이다. '계속 들고 있었으면 참 좋았겠다'라는 허황된 기대를 수년간 계속 품었다.

주식은 사람을 갖고 논다. 쉽게 웃게 하고, 쉽게 울게 한다. 마음이 단단하지 않으면 일상생활에 지장을 받는 경우도 많다. 하지만 그럼에도 월급쟁이라면 주식 투자로 시작해야 한다. 투자로 자산을 늘리고 경제를 공부하면서 시각을 넓혀야 한다.

주식 투자는 위험하지만 그래도 현실적으로 택할 수밖에 없는 길이다. 500만 원은 중위험 상품으로는 아무리 잘 굴려봐야 연 10% 수익을 기대해볼 수 있다. 이자가 최대 50만 원이다. 이것으로는 '아, 열심히 살았다' 정도의 자기 위안만 가능할 뿐 변곡점은 만들어 낼 수 없다. 사실 필자 또한 주식부터 시작했다. 당연한 것 아닌가? 설령 나무에서 떨어지더라도 나무에 기어 올라가야 과일을 쟁취할 수 있는 법이다.

그리고 이 책을 읽는 독자의 나이가 20~30대라면 지금이 마지막 기회다. 나이가 점점 들수록 보수적으로 변할 수밖에 없고, 안정을 지향할 수밖에 없다. 이제 우리나라도 저성장이 완전히 고착화됐다고 본다면 사회초년생이 할 수 있는 재테크는 주식, 그리고 기껏해야 경매 정도뿐이다. 500만 원~1,000만 원으로 시작해서 의미 있는 성과를 내는 방법은 생각 외로 많이 없다. 사실 주식 성공 사례는 주변에 차고 넘친다. 다만 대부분 투자자에게는 남의 이야기라서 그럴 뿐이다. 성공 사례보다 100배 많은 실패 사례가 쌓이고 쌓여 있다. 이 때문에 주식으로 성공한 이들의 이야기와 조언을 충실히 담아보고자 한다.

사실 필자의 여의도 증권가 지인들은 대부분 돈을 벌지 못했다. 그들의 실패 이야기는 저녁에 술 한잔하면서 들으면 너무나 재미있는 현장의 이야기다. 지금은 웃으면서 안줏거리로 얘기하지만 오랜 기간 마음의 상처로 남았을 기억들이다.

몇 가지는 여기에 소개해보고자 한다. 한 증권사 직원이던 H는 1998년 초에 자사 주식이 1,000원 밑으로 폭락하자 소위 '필'이 왔다고 한다. 당시 증권가에서도 발 빠른 이들은 IT시대에 대한 준비를 하고 있었다. H의 회사도 마찬가지였다. H가 보기에 인터넷시대를 잘 준비하고 있고 배당도 많이 하는 자기 회사 주가가 이렇게 빠지는 건 말이 안 된다는 생각이 들었다고 한다. 와이프를 잘 설득해 전세금을 빼서 회사 주식에 집어넣었다. 그런데 주식은 예상과 달리 더 곤두박질쳐 800원대까지 추락했다. H는 덜덜 떨었다. 단숨에 평가 손실이 1,000만 원 이상으로 불어났기 때문이다. H는 어떻게 할까 고민하다가 주가가 1,005원이 되자마자 딱 주당 10원씩만 남기고 팔아치웠다. 계속 들고 있기엔 불안했던 것이다. 그런데 그 회사 주가는 그해 말에는 2만 1,000원까지 올랐고, 1999년 한때에는 2만 6,500원까지 올랐다. 만약 계속 주식을 보유하고 있었다면 7개월 만에 20배의 수익이 가능했던 셈이다. 이 증권사 주인공은 대신 증권이다. 대신증권은 그때 '사이보스'라는 주식 HTS 프로그램이 대박을 쳐 IMF 위기를 넘어 단숨에 전성기를 맞이했다.

강남에서 태어나 자랐고 증권 유관기관에서 근무하는 I의 사례는 더욱 극적이다. 강남 태생인데도 불구하고 강한 부동산 폭락론자였다. 경제학 공부를 너무 열심히 한 것이 탈이었다. I는 여의도 한 포장마차에서 필자와 술을 마시다가 "내가 차라리 공부를 하지 않았고 유학을 가지 않았더라면 내 인생이 풀렸을 텐데!"라고 소리를 쳤다. 실제로 공부를 상대적으로 잘하지 못한 남동생과 막내 여동생은 잘살고 있다고 한다.

I는 부모님이 신혼집으로 마련해준 압구정 현대아파트를 판 돈으로 IMF 위기 직전에 주식에 전액 투자했다. 결국 IMF 위기로 인해 투자금을 모두 날렸다. 그 당시 강북에도 집이 한 채가 있었다고 한다. 하지만 아내가 "강북 아파트에 들어가기는 싫다. 그냥 강남에 계속 살자"라고 하는 바람에 강북 아파트를 팔고 강남 아파트에 전세로 자리를 잡았다. 그런데 부동산 경기도 빠르게 살아나면서 강남 아파트 전셋값이 미친 듯이 뛰기 시작했다. 전셋값을 올려주지 못해 강북으로 쫓겨나듯이 이사를 갔지만 강북에서도 전셋값이 올라 결국 일산에 터를 잡았다. 50대 중반인 I는 아직도 무주택자로 전세살이를 하고 있다. 아이들 교육 때문에 모아놓은 예·적금은 다 썼고 퇴직금 중간 정산까지 받았다. 노후 대비가 뻥 뚫려 있는 상황이다. 부모님이 다시 도와줄지는 모르는 일이긴 하지만 말이다. I는 부

모님이 물려준 집 2채를 잘 관리만 했어도 100억 원대 부자가 되어 있었을 것이다.

IMF 위기나 2008년 글로벌 금융위기에는 미치지 못해도 2018년 또한 '무주식 상팔자' 시대였다. 코스피 지수와 코스닥 지수 모두 고점 대비 20~30% 빠졌다. 상반기에는 미국 증시만 좋았고, 하반기에는 다 나빴다. 자다 일어나서 미국 증시를 봐야 더 잘 수 있을 정도로 불면증에 시달렸다는 여의도 증권맨이 수두룩했다.

2017년에 증시가 오르자 사표를 내고 퇴직금으로 주식을 시작했던 전직 증권맨들도 대부분 돈을 날리고 친정을 기웃거리고 있다. "혹시 귀사는 경력직 채용 안 하시나요?"라고 물으면서. 난다 긴다 하는 사람들이 죄다 회사를 나와 창업하거나 전업 투자자로 새 인생을 시작하면서 여의도의 에스트레뉴빌딩에는 한때 공실이 없었다. 이 빌딩에 전업 개인 투자자가 너무 많아 시장에서는 "에스투자자문 다닌다"라는 농담이 돌았다. 이들이 2018년 말부터는 자취를 감췄다. 그나마 숨이 붙어 있는 이들은 이력서를 들고 재취업을 타진하고 있으며 아예 소리 소문 없이 사라진 이도 있다.

2019년 전망도 사실 밝지는 않다. 하지만 그럼에도 주식 투자에서는 승자가 나온다. 2018년에도 이익을 낸 지인이 여럿 있었다. 그들의 비결은 무엇일까? 대박을 쳐서 유명한 사람들의 이야기뿐 아니라 주변에서 소소하게 수익을 내는 이들의 기술이 무엇인지에 대해서도 담아보고자 한다.

## 02

# 그래도 증시는 봐야 한다

요즘은 예전만큼 주식 투자를 하지 않는 사람이 많다. 전체 증권 계좌 수는 늘어나고 있고, 금융 상품 보유자도 늘어나고 있지만 주식 투자자 수 자체는 줄어들고 있다고 증권가는 걱정하고 있다. 주변을 둘러봐도 매번 손실만 끼치는 주식 투자는 하지 않겠다는 사람이 많다. 오죽하면 드라마 작가들이 실패한 인생을 산 등장인물의 스토리를 만들 때 도박이나 주식 중독자로 표현하겠는가.

그래도 증시에 대한 관심은 계속 가지라고 말하고 싶다. 증시는 경제의 축소판이다. 증시를 보면, 미국 도널드 트럼프 대통령의 생각과 중국 시진핑 주석의 중국몽(中國夢), 미국 연방준비제도이사회의 생각과 유로존의 움직임, 아베가 얼마나 일본 경제를 살리려고 했던 것인지 등을 엿볼 수 있다. 증시를 전혀 들여다보지 않으면서 다른 재테크 상품만 취급하려는 자세는 자전거 타는 법을 배우지 않고 철인 3종 경기에 나가겠다는 것과 똑같다. 부동산이나 금, 하다못해 미술품 투자를 하더라도 증시를 기반으로 봐야 한다. 사업가들도 경제 동향을 알려면 증시에 어느 정도는 관심을 둬야 한다.

냉정히 말하면 증시는 대기업 위주로 구성되어 있어 한국 경제와는 따로 노는 측면이 있다. 그래도 경기가 어느 정도 수준에서 놀고 있는지를 실시간으로 보여주는 것은 증시뿐이다. 월 단위, 분기 단위로 나오는 경기 지표는 한참 후행한다. 증시를 봐야 한국 경제가 어느 정도 수준인지를 직관적으로 파악할 수 있다.

앞에서 투자를 하려면 일단 돈을 넣으라고 했는데 소액으로나마 주식을 굴려야 그래도 꾸준히 살펴보게 된다. 필자도 한때 경제부를 떠나면서 증시를 아예 잊고 산 적이 있었는데 당연히 이때 수익률은 좋지 않았다. 한참 뒤에야 "어라, 이거 왜 이렇게 많이 떨어졌지?"라면서 놀랄 때가 많았다. 그래서 지금은 딱히 주식 투자를 하지 않고 있음에도 불구하고 증권 계좌에 500만 원 정도는 넣어놓고 있다. 돈이 들어가 있어야 자주 확인하게 되기 때문이다.

돈이 좀 있다면 더더욱 증시를 챙기고 경제신문을 봐야 한다. 가끔 돈 있다고 허세를 부리는데 경제 지식은 턱없이 부족한 사람을 보면 그렇게 초라해 보일 수가 없다. 앞에 앉아 있는 PB는 당신의 돈 때문에 웃고 있지, 속내는 비웃고 있다. 좋은 집에 살고 좋은 차를 타고 다니는 모습이 그 사람의 모든 것을 보여주는 것은 절대 아니다. 지식을 갖춰서 내외 모두 존경받는 부자가 되어야 한다.

2016년쯤에 한 사업가를 만났는데 돈이 많아 일주일에 나흘이나 골프를 친다고 자랑하면서도 자기 지역구의 국회의원이 누구인지, 경제부총리가 누구인지, 현재 정부가 추진하는 정책방향이 무엇인지 등에 대해 너무 관심이 없어서 놀라고 실망했던 기억이 있다. 그는 "그런 것을 몰라도 내 사업은 안정적이라 괜찮습니다. 저는 일주일에 한 번 출근해서 체크만 하면 돼요"라고 말했다. 물론 그런 사업도 여럿 있을 것이다. 감춰진 알짜 사업이야 얼마든지 있다. 하지만 세상은 그렇게 호락호락한 곳이 아니고 언젠가는 거센 경쟁에 휘말린다. 세상이 돌아가는 흐름을 알지 못하는 이상 위기가 닥치면 더 취약할 수밖에 없다. 그가 지금도 골프와 수입차, 와인, 위스키에만 관심이 있는지는 연락이 끊겨서 모르겠다.

조금 자산을 이룬 독자라면 500만 원 정도는 잃어도 큰 지장이 없지만 막상 내놓으라고 하면 싫은 금액이다. 500만 원을 코스피200을 추종하는 상장지수펀드(ETF)나 금, 은, 국제 유가, 또는 미국채나 달러, 유럽이나 일본 증시, 홍콩, 중국 지수 ETF 등에 마음 가는 대로 투자하라고 조언한다. 500만 원 정도를 투자한다면 간혹 들여다보게 된다. 그러면서 글로벌 경제가 어떻게 움직이고 있는지를 대략 파악하게 될 것이다.

# 03

# 평생 무료 계좌부터 만들어라

　과거 재테크 책을 쓸 때는 각 증권사의 홈 트레이딩 시스템(HTS)을 분석해 독자들에게 추천하곤 했다. HTS 평가를 했던 이유는 증권사별로 공개하는 정보의 양이 조금씩 다르기 때문이다. 2000년대 초반 대신증권의 사이보스가 큰 인기를 끈 이유는, 다른 증권사와 달리 사이보스는 증권사 영업사원과 일반 고객 간의 HTS에 정보 차이를 두지 않은 영향이 컸다. "대신증권 HTS에는 증권사 직원들이 보는 정보가 다 들어 있다"라는 입소문이 나면서 인기를 끌었다. 영업사원들은 "일반인들과 똑같은 정보를 갖고 매매하면 우리는 뭐 먹고 사느냐?"라고 했으나 결과적으로는 고객 풀을 확 넓히는 결과를 가져왔다.

　과거와 달리 지금은 증권사 HTS별로 정보 차이가 크지 않다. 필자는 필자만큼 증권사 HTS를 다양하게 쓰는 사람이 없을 것이라고 자신한다. 주로 사용하는 노트북에 깔려 있는 HTS만 키움증권, 삼성증권, NH투자증권, 미래에셋대우, 유진투자증권, 이트레이드증권, 대신증권, 한국투자증권 등이다. 각 증권사별로 정보 차이가 조금 있기는 하다. 일례로 미래에셋대우의 카이로스는 환율 실시간 정보를 제공하고 해외 주식 정보가 비교적 많다. 키움증권의 영웅문은 개인 투자자 점유율이 가장 높은 영향인지 좀 더 개인 친화적이다. 하지만 개인 투자자는 코스닥에 주로 투자하다 보니 영웅문에는 채권이나 환율, 해외 증시 등과 관련한 정보가 다소 부족한 편이다. NH투자증권의 QV HTS NEW, 한국투자증권의 뱅키스는 무난하게 두루 들어 있는 편이다. 두 증권사는 대형사이다 보니 해외 증권 정보도 꽤 들어 있다. NH투자증권은 해외 기업 실적을 확인할 때도 많이 본다. 그러나 군이 정보량 때문에 갈아타야 할 정도는 아니다. 주식 투자자라면 HTS를 자주 다뤄야 하므로 그냥 손에 익은 HTS를 계속 쓰는 것이 낫다.

단, 2010년대 이후로 꾸준히 주식 수수료 평생 무료 이벤트가 진행되고 있으니 무료 계좌를 만들어둘 필요가 있다. 수수료 무료 이벤트를 하는 증권사 계좌로 갈아타기를 고민해봐야 한다는 얘기다. 2019년 1월 현재 기준으로는 삼성증권이 휴면 계좌를 활동 계좌로 돌릴 경우 수수료를 평생 무료로 해주는 이벤트를 실시 중이다. 삼성증권은 2018년 4월, 직원들에게 하는 배당을 1,000원이 아니라 1,000주로 하는 대형 사고를 냈다. 이 사건으로 삼성증권은 2019

년 1월 26일까지 6거래일 동안 영업을 하지 못하는 금융위원회 처분을 받았다. 그래도 고객은 확보해야 하기에 휴면 계좌를 대상으로 수수료 평생 무료 이벤트를 진행한 것이다. 필자는 삼성증권 계좌로 거래를 하시 않은지 5년쯤 됐었는데 이 덕분에 휴면 계좌에 등록되어 혜택을 받을 수 있었다.

삼성증권 외에도 다수 증권사가 일시적으로 수수료 평생 무료 계좌 이벤트를 하곤 한다. 2019년 1월 현재 케이프투자증권도 수수료 평생 무료 계좌 이벤트를 진행하고 있다. 왜 수수료를 공짜로 하면서까지 고객을 늘리려고 하는 것일까? 일단 수수료 비즈니스 비중이 줄었다. 2017년 이후로는 신용 융자라고 해서 증권사에서 돈을 빌려(대출) 주식을 하는 투자자가 많아졌다. 100만 원 정도 있는 투자자가 신용 융자를 활용하면 140만 원 정도 거래할 수 있다. 이 때문에 증권사들은 고객 가운데 일부가 신용 거래를 하면 그 이자 수익이 수수료 수익을 훨씬 뛰어넘는 경우가 많다는 것을 알게 됐다. 신용 융자 수수료는 7~9%가량이다. 온라인 증권사인 키움증권만 해도 2017년 기준으로 이자 수익이 2,646억 원, 수수료 수익이 1,781억 원이었다. 키움증권처럼 수수료 수익을 많이 내는 증권사가 이 정도이니 다른 증권사는 살펴볼 필요도 없다.

증권사들은 여러 가지 이유로 수수료 평생 무료 이벤트를 한다. 꼭 평생 무료를 선택해 한 번 정도는 갈아타는 것을 검토하기 바란다. 5년, 10년 무료도 꽤 있지만 해당 기간이 끝나면 다시 갈아타야 하니 한 번만 갈아타면 되는 평생 무료 계좌 개설을 추천한다.

간혹 "수수료 그것 얼마나 한다고 귀찮게 갈아타느냐?"라는 사람들이 있다. 그런데 이는 하나만 알고 둘은 모르는 소리다. 증권사 거래 수수료는 거래액의 0.015%(키움증권 기준)로 수익률에 치명적인 영향을 주는 수준은 아니다. 하지만 장기적으로 보면, 특히 단타 투자자라면 오랜 시간이 지난 뒤에 보면 의미 있는 수준이 되어 있을 수 있다. 수수료 무료 계좌는 상장지수펀드(ETF)를 거래할 때도 증권사 대상 수수료는 내지 않는다. 그리고 차후에 증권거래세 인하와 같은 정부 결정이 내려질 경우에는 공짜 수수료의 존재감이 더 커질 것이다.

# 04

# 자기만의 원칙을 확립한다

주식을 잘하는 사람은 많다. 장기 투자하는 사람도 있고, 초단타를 잘 치는 사람도 있다. 그날 사서 그날 파는 원칙을 세운 사람도, 10년에 한두 번만 거래한다고 하는 사람도 있다. 심지어 기자생활 초창기에는 하이닉스반도체(현 SK하이닉스)만 단타 매매를 하는 사람도 봤다. 각양각색의 자기 스타일들이 있다.

2009년 이탈리아로 여행을 갔을 때, 현지에서 우연히 전업 주식 투자자를 만난 적이 있다. 3개월째 유럽 여행 중이라고 했다. "우와, 주식 엄청 잘하시나 봐요. 3개월이나 장을 안 보시는 거예요?"라고 했더니 그는 "1년에 10번 정도만 매매해요. 매해 11~12월은 공부하고 1월에 주식을 사는데, 이놈들이 계속 잘 나가고 있어 한동안 바꿀 일이 없을 것 같아서 나왔습니다"라고 했다. 주식 이야기는 언급하길 꺼렸는데 가끔 던지는 한마디에서 고수의 풍미가 흘러나왔다. 일례로 그때 우리 부부는 하나투어 패키지여행 상품으로 이탈리아를 여행 중이었는데 패키지여행으로 하나투어가 어떻게 이익을 내는지 아주 빠삭하게 꿰고 있었다. LCD면 LCD, 반도체면 반도체, 업종별로 모르는 것이 없었다. 1차 하청업체의 이익률이 어느 정도인지, 석유화학업종에서 주가가 잘 오르는 한 종목은 공장 시설 투자가 미흡해 조만간 어려움을 겪을 것이라는 내용 등을 술술 읊었다. 국내 주요 산업이 어떻게 돌아가는지를 전부 꿰고 있었다.

게임 전문 웹진의 기자로 근무하는 지인이 있다. 그는 게임을 좋아하고, 게임만 사랑한다. 새로 나온 게임을 한두 번 해보면 될지, 안 될지 느낌이 온다고 했다. 그가 큰돈을 벌었던 시절은 2009년에서 2012~2013년 정도까지였다. 이 당시에만 10억 원이 넘는 돈을 벌었고, 혹시 내부 정보로 돈을 번 것이 아닌지 의심하는 누군가의 전화도 받았다고 했다.

그의 투자 방법은 의외로 간단했다. 새로 게임이 나오면 직접 해본다. 그리고 구글플레이 순위에서 몇 위인지를 확인한다. 그는 순위만 보면 그날 매출이 어느 정도인지 자동으로 계산된다고 했다. 돈이 잘 벌리는 게임주를 사면 그걸로 끝이었다. 하지만 이 방법이 더는 안 통한다고 했다. 2018년에 만나 "요즘 괜찮으냐?"라고 물었더니 "이제는 애널리스트들도 구글플레이 순위는 기본으로 확인한다. 순위가 오르면 바로 주가가 움직인다. 과거처럼 정보 격차가 생기지 않는다"라면서 아쉬움을 토로했다. 한 유망 벤처캐피탈리스트

임원도 게임주 투자를 주로 한다. 본업이 게임주 스타트업 투자인데 유망주 발굴을 계속하다 보니 게임을 보는 눈이 생겨 주식 투자를 할 때도 게임주를 주로 한다는 것이다.

딱 한 번 만나봤을 뿐이지만, 주식을 잘하는 선장도 만났다. 그는 국내 한 대형 해운사 소속으로 있었다. 배만 잘 이끌면 자기 할 일은 끝났다고 생각하는 다른 선장들과 달리, 배에 실려 있는 품목을 꼼꼼히 본다. 품목을 보면 세상의 흐름이 어떻게 변해 가는지 보인다고 했다. 그가 품목을 살펴보다가 발견한 우량주가 바로 스마트폰 관련주들이다. 육지로 돌아올 때마다 괜찮아 보이는 주식을 샀다. 또 "시세 확인을 자주 하지 못하다 보니 오히려 잘된 경우가 많았다"라고 했다. 자잘한 약세장은 물론이고, IMF 위기나 글로벌 금융위기 같은 대형 위기 때에도 좋은 기업에 투자해놓고 있었다면 아예 대응하지 못하는 것이 결과적으로는 나았다는 말이다. 그는 IT 버블이 무너질 때도 "차라리 주식을 못해서 다행이었다"라고 했다.

아직 20대인 후배 여기자는 패셔니스트다. 필자는 정말 이 녀석이 주식을 잘할 줄 몰랐다. 하지만 패션 유행에 따라 움직이는 동향만으로도 주식 투자가 가능하다. 요즘은 무엇이 핫(Hot)하다면서 필자는 이름도 모르는 브랜드의 주식을 산다. 또 페이스북을 통해 아는 한 지인은 대형 마트를 뒤적이며 종목을 찾는다. 시식코너의 직원들과 대화하면서 어떤 제품이 괜찮은지, 어떤 제품이 잘 팔리는지 생생한 현장의 정보를 청취하는 것이다. 자주 만나는 아주머니들은 그에게 "요즘 오뚜기 신상품이 괜찮아. 거기 주식 사봐"라고 조언까지 해준다고 한다. 식음료가 아주 인기 있는 업종은 아닌데도 그는 약세장이었던 2018년에 빨간불 계좌를 만들어 냈다.

지금은 중견 자산운용사를 경영하는 한 전문가는 2000년 IT 버블 때 큰돈을 벌었다. 모두 테크기업에 집중할 때 그는 택배주를 샀다. 사람들이 인터넷으로 물건을 주문하는 모습을 자세히 관찰해보니, 인터넷기업은 모두 적자를 내고 있었지만 택배사들은 큰돈을 벌 것 같았기 때문이라고 설명했다. 실제로 택배업은 O2O(Online to Offline, 단어 그대로 온라인이 오프라인으로 옮겨온다는 뜻) 열풍 속에 2018년까지 대호황을 이어오고 있다. IT 버블이 무너지면서 수많은 투자자가 피눈물을 흘렸다. 그 와중에 네이버나 옥션, G마켓 같은 기업이 일어나긴 했으나 승자는 소수에 그쳤다. 시장이 크면, 분명히 성공하는 최후의 승자는 나오게 마련이지만 그것을 정확하게 짚어내기는 힘들다. 그는 전쟁의 과실을 따내는 기업에만 집중한 덕에 증권사를 박차고 나와 창업할 수 있었다. 그의 스킬을 배우려고 하는 투자자들에게 이렇게 말한다.

"세상사를 자세히 관찰하세요. 아주 작은 것 하나하나에 대박이 숨어 있을 수 있습니다. 일상에 너무 허덕거려서 변해가는 흐름을 놓치지 마세요. 자세히 관찰하되, 멍 때리는 시간을 주기적으로 가지세요. 나도 택배주를 사야 한다는 생각을 샤워실에서 생각해냈습니다. 디테일하게 세상을 바라봐야 하지만, 수시로 잡생각에 빠지시기 바랍니다."

하이닉스반도체만 매매한다고 한 투자자는 말 그대로 하이닉스

반도체 하나만 매매한다. 한 증권사 지점이 내준 방에서 매매를 했는데, 증권사 지점장도 수시로 자기 방을 찾아 '고견'을 듣고 간다고 했다. 그는 종일 하이닉스반도체 실시간 체결창과 수급창, 차트를 들여다본다. 장이 끝나고 나서도 하이닉스반도체 관련 리포트를 읽고 외신을 찾아본다. 자신의 매매를 복기하고, 장이 끝나고 확실히 나오는 수급 동향을 확인한다. 그는 체결창을 하루 종일 보면 지금 이놈이 외국인인지, 한국인이 외국인인 척하는 검은 머리 외국인지, 개인 투자자인지 다 보인다고 주장했다. 해외 반도체 주식인 마이크론과 대만 경쟁사들의 주가 흐름을 같이 보면서 지금 이 시점이 사야 하는 때인지, 팔아야 하는 때인지를 계속 짚어냈다. 하이닉스반도체에 대해서라면 모르는 것이 없었다.

이 투자자 이야기를 하이닉스반도체에 다니는 지인에게 했더니 꼭 한번 만나보고 싶다고 했다. 이천으로 출퇴근하느라 경기 중부에 사는 지인은 이 투자자를 만나기 위해 휴가를 내서 찾아갔다. 그리고 지인은 그 만남 이후 모든 자산을 쏟아부어 자사주를 샀다. 반도체 슈퍼 사이클이 시작되기 전의 일이다. 아마도 두 사람 모두 2016년에 시작한 반도체 슈퍼 사이클 덕분에 큰돈을 벌었을 듯하다. 안타깝게도 이 반도체 전문 개인 투자자와는 연락이 끊겼다. 그가 출근하던 증권사 지점이 지점 간 합병 후폭풍으로 사라졌고, 그 이후로는 어디로 옮겨갔는지를 알 수 없었다. 그는 심지어 휴대전화도 없는 사람이었다.

사람들 대부분은 자신에게 어떤 투자 스타일이 맞는지 잘 모른다.

체질이 단타쟁이인데 장기 투자를 배워 좀 쑤셔 죽는 사람이 있고, 기업 가치를 잘 보는데 기다리지 않고 후다닥 손절매하는 사람도 있다. 다 되는데 정신력이 약해서 온종일 MTS(모바일 트레이딩 시스템)를 켜놓고 벌벌 떠는 사람도 있다. 이런 사람들이라면 주식 투자를 하면서 계좌 수익률만 보지 말고 매일매일 노트에 글을 쓰면서 자기만의 투자 원칙을 확립해야 한다.

보통 투자에 실패하는 사람들은 비슷한(혹은 같은) 이유로 계속 실패한다. 투자를 복기하면서 내가 뭘 잘못했는지를 파악하고, 발견한 단점을 개선하다 보면 점점 프로 투자자의 길로 접어들 수 있다. 그렇지 않을 거라고? 그날의 매매일지를 써보라. 오래 되지 않아 후회의 패턴이 비슷하다는 사실을 발견할 수 있을 것이다.

투자자들 대부분의 문제점은 한두 가지다. 열심히 공부한다는 전제하에 계속 갈고 닦으면 고칠 수 있는 문제들이다. 한 지인은 노트북 모니터에 '뇌동매매하지 마라', '잠깐! 매수하기 전에 읽어라. 이 종목에 대해 얼마나 공부했지?', '홧김에 매도하지 마라' 등의 글귀를 적은 포스트잇을 붙여 놨다. 자신의 투자 철학을 계발하기는 했는데, 아직 몸에 익지는 않은 상황이라 본인에게 끊임없이 경고하고자 이 같은 포스트잇을 붙여놓는 것이었다.

혹시 자기만의 기법이 잘 잡히지 않는다면 일시적으로 전문가 조언을 참고해도 좋다. 섣불리 유료 강의 같은 것부터 찾으려고 하지 말고 실력이 좀 되는 투자자가 많은 오픈 채팅방 같은 것을 발굴하면 좋다. 요즘은 텔레그램 채널로 시의적절하게 시황이나 기업 정보, 투자 조언 등을 던지는 사람이 많다. 추천하는 텔레그램 채널은 서상영 키움증권 애널리스트, 여의도스토리, 가치투자클럽, 이상민 바로투자증권 퀀트·전략 애널리스트 등의 방이다. 이들 중 일부는 유머러스한 농담과 함께 주식 정보를 전달하는데 배울 것도 많고 혼자 공부하는 느낌이 들지 않을 것이다.

물론 궁극적으로 주식 투자는 혼자 해야 한다는 점을 잊으면 안 된다. 단체 활동을 열심히 하다 보면 서로 간에 의지만 하고, 정작 재테크를 하겠다는 의지는 옅어지는 경우를 너무 많이 봤기 때문에 하는 얘기다.

**05**

# 작전주 좋아하지 말자

처음 주식 투자를 시작하는 사람치고 작전주에 관심을 안 두는 사람은 없다. 작전주는 어느 특정 세력이 고의로 주가를 조작해 끌어올리는 것을 말한다. 때에 따라 10배, 20배 이상 오르는 경우가 많아 당연히 투자자들은 이에 대해 관심이 높을 수밖에 없다.

요즘은 덜하다고들 하지만 이상 급등주는 여전히 많다. 2018년 만 해도 1월 15일에 1,770원이었던 코스닥 모 기업의 주가가 9월 10일에는 1만 1,200원까지 급등했다. 만약 1월 15일에 1억 원어치를 샀다면? 당장 강남 아파트 매수를 도전해볼 수 있는 수준의 수익률을 냈을 것이다. 이 어찌 관심을 안 둘 수가 있으랴….

작전주, 사실 짜릿하기는 하다. 2015년 가격 제한폭이 15%에서 30%로 확대되면서 하루 만에 최대 85%의 수익을 내는 것이 이론적으로 가능해졌다. 하한가에 샀는데 당일에 상한가까지 오르면 85%를 먹는 것이다. 하지만 쉽게 벌려고 하면 쉽게 망한다. 되도록 잡주(작전주)는 건드리지 말라고 강조하고 싶다.

작전주를 건드리는 루트는 크게 3가지다. 누군가 귓속말로 "너만 알아야 해"라면서 추천했거나 차트 모양이 너무 예쁘거나 아니면 대형 호재 공시나 기사가 나왔을 때다. 이 가운데 사실 차트 매매를 잘하는 사람은 설령 폭락한다고 해도 알아서 손절매를 잘할 것이니 걱정 없고, 누군가에게 들었거나 공시를 보고 매수하는 사람이 조금 걱정된다.

일단, 나만 혼자 듣는 정보라는 것은 없다. 작전꾼 세계에서는 "마누라 들을까 봐 우리는 잠꼬대도 안 한다"라는 농담이 있다. 한 명이라도 더 알면 수급을 짜는 것이 힘들어진다. 예전에 한 영화 원본 파일이 어떻게 유출됐는지 아는가? 특정 지역에서의 상영을 위해 작업을 하던 사람이 친구에게 "너만 봐라"고 하면서 건넸다가 불과 며칠 만에 수만 명에게로 퍼졌다. 정보 또한 아주 빠른 속도로 확산하기 때문에 그들은 절대 얘기하지 않는다. 누군가에게 유출할 때는 슬슬 팔거나 거래량을 늘리려고 의도한 시점일 때가 많다.

물론 나만 들은 것이 아니라고 해도 정보를 듣고 나서 샀는데 주가가 오를 때가 있다. 내가 비교적 초반에 들은 경우이거나 또 다른 큰손들이 붙으면서 예상외로 잘 오른 경우일 때도 있다. 좋은 친구(?)를 많이 사귄 사람이라면 사자마자 주가가 오르는 경우가 꽤 자주 있을지도 모른다. 하지만 이런 경우가 계속 반복되지는 않는다.

오히려 한번 재미를 봤다가 그다음에는 크게 실패를 겪는 사례가 더 많다. 한번 잘됐길래 '기다리다 보면 또 오르겠지'라고 생각했는 데 주가가 땅을 파고 지하실로 들어가 맨틀, 외핵, 내핵까지 보게 되는 경우다.

한번 생각해보라. 작전주에 대한 정보를 들었다고 해서 그 종목을 진정으로 확신할 수 있는지 말이다. 종목에 대한 확신이 없다면 조금만 떨어져도 불안하고, 올라도 불안하다. 언제 떨어질지 모르기 때문에 사는 순간부터 계속 불안해진다. 상식적인 판단을 하는 사람이라면 작전주를 들고 있는 이상, 장중에는 화장실 가기도 겁이 난다. 물론 아주 소액으로 들고 있다면 신경 쓰지 않고 일상생활을 하는 것이 가능하겠지만 투자금이 적으면 그만큼 돌아오는 것도 적은데 뭐 하러 그런 작전주를 건드리나 싶다.

정반대 경우도 있다. 종목과 사랑에 빠지는 사례다. 많은 돈을 투자하고, 경영진을 믿고, 기업의 사업성을 믿는 것이다. 마치 종교에 빠지듯이 기업을 믿는다. 이런 경우는 특히 바이오기업에서 많이 발생하는데 주주총회 같은 곳을 가보면 가관이다. 주주총회장에 CEO가 나타나면 접신이라도 한 것처럼 황홀해 한다.

주식 투자할 때는 '금사빠(금방 사랑에 빠지는 사람)'의 정신을 버려야 한다. 종목과 사랑하는 것은 객관적인 판단을 잃게 한다. 앞에서는 확신을 가지라고 했으면서 이번에는 사랑하지 말라고 하니, 서로 상충되는 이야기를 하는 것 아니냐고 하는 독자가 있을 수 있겠다. 그런데 둘은 분명히 다르다. '확신을 갖는다'는 이 종목이 반드시 된다는 걸 조목조목 파악하고 증명하는 과정을 거쳐 나오는 것이다. 반면 사랑은 '잘될 것이다'라는 믿음이 바탕에 깔려 있다.

까놓고 얘기해서 바이오기업의 사정과 상황을 속속들이 알고 있는가? 물론 그런 사람도 있겠지만 대부분은 비전공자이고, 그러다 보면 현실을 파악하는 데 한계가 있다. 예를 들어 '지금은 스마트폰 산업이 성장하고 있다'와 같은 것을 확신이라고 할 수 있다. 주변을 둘러보니 다들 스마트폰으로 갈아타고 있고, 심지어 1년도 안 됐는데 계속 새로 나온 스마트폰으로 갈아타는 사람이 많다면 분명 스마트폰 성수기다. 이런 식으로 팩트(Fact) 확인과 분석을 거쳐 가질 수 있는 것이 '확신'이다. 하지만 사랑에 빠지는 것은 맹목적인 믿음이다. 'ㅇㅇ은 반드시 부활할 것이다. 나는 믿는다'와 같은 생각이 사랑에 빠진 경우다.

주식 투자에 있어서는 의심하고, 또 의심하는 자세가 가장 중요한 원칙이다. 사랑에 빠지면 모든 경우를 내게 유리하게 해석한다. '전화를 안 받네. 분명히 늦은 시간까지 공부하고 있어서 그런 걸 거야'라고 생각하듯이 말이다.

사랑에 빠진 경우를 너무 많이 봤다. 2006년쯤인가 어쩌다 한 개인 투자자와 주식 상담을 하게 됐다. 기사를 쓰는 과정에서 팩트가 틀리지 않았다면 되도록 개인 투자자와 종목 이야기는 하지 않아왔는데, 그는 J 종목에 대해 상당히 진지하게 물어왔다. 퇴직금을 모두 J 종목에 넣었다고 했다. 필자는 "팔라고 말씀드렸다가 주가가 오르면 제가 덤터기를 써야 해서 조심스럽지만 그래도 파는 게 나을 것 같습니다"라고 말했다. 하지만 그 개인 투자자는 "그렇지만 이 종목은 이런 이유 때문에 유망하다"라고 했다. 필자는 결국 "하신 말씀도 맞는데 그 회사의 오너가 그렇게 훌륭해 보이지는 않았다"라는 말까지 했다. 그는 "그러느냐?"라고 한 다음, 끊었다. 30분 넘게 통화하고 꽤 피곤했던 기억이 있다. 그리고 그와 통화한 건 그것이 마지막이 아니었다. 그에게서 다시 전화가 온 것은 2018년 초였다. 그때 필자는 다시 경제부 출입을 시작한 지 일주일밖에 안 됐던 시점이었다. 그가 12년 만에 전화를 걸어와서 하는 말이 "돌아오시기를 기다렸다. 나는 아직 J 종목을 갖고 있다. 어떻게 해야 하느냐?"였다. 아주 오랜만에 J 종목의 주가를 봤다. 그사이에 감자를 2차례 했고, 유상 증자를 여러 차례 했다. 감자는 주식 숫자를 줄이는 것이고, 유상 증자는 새로 돈을 수혈받기 위해 주식을 찍는 것이므로 둘 모두 주가에는 악재로 작용한다. J 종목 주가는 90% 이상 떨어져 있었다. 그는 결국 바람난 배우자 같은 주식을 12년이나 참고 기다리면서 혼자 짝사랑했던 셈이다.

잡주(작전주)는 위험하다. 혹시나 싶어 말하는데, '선수들이니까 한번은 올리겠지'라는 생각도 금물이다. 실제 상당수 개인 투자자가 "오너는 나쁜 놈이긴 하지만, 그래도 선수니까 한번은 시세가 분출하긴 하겠지라면서 기다렸다"라고 말하곤 한다. 하지만 이는 분명 선입견이다. 물론 오너들도 주가가 오르면 좋다. 하지만 주가 관리는 생각보다 힘들다. 거래소의 시세 조종 적발 기술도 발전했고 코스닥 오너들도 사람이기 때문에 예전만큼 위험하게 하지 않는다.

부도덕한 오너 입장에서는 차라리 횡령이 나을 수도 있는 셈이다. 유상 증자를 실시해 그 돈을 빼돌리거나 원래 있던 회사 자산을 매각해 착복하는 것이 훨씬 덜 위험하고 남는 장사일 수 있다. 오너들이 다 횡령을 하려고 한다는 얘기가 아니다. 그들의 머릿속을 들어가 보지 않는 이상, 모른다는 것을 강조하고 싶을 뿐이다. 주가 조작이라는 게 생각보다 쉽지 않다.

그래도 계속 작전주에 관심이 간다면 손절매 원칙만이라도 반드시 지켜야 한다. 자신만의 원칙으로 기준을 세우고 반드시 지켜야 한다. 5%든, 10%든 그 밑으로 떨어지면 묻지도 따지지도 않고 파는 자세가 필요하다. 사람의 심리상 50% 이상 단기 급락하고 나면 미련 때문에 오히려 더 주식을 팔지 못한다. 그러는 사이 주가가 앞에서 말한 J 종목처럼 90% 이상 떨어질 때가 있다. 되도록 배당주와 같은 우량주 투자를 권하지만 도저히 작전주의 매력에서 헤어 나오지 못하겠다면 손절매라도 꼼꼼히 지키라고 다시 한 번 강조한다.

# 06

# 증권사 리포트, 이렇게 확인하라

ACRO RIVER PARK

우리나라 투자자들은 증권사 애널리스트를 너무 믿지 않는다. 매수 의견을 내놓고 뒤로 몰래 팔고 있다는 의혹이 대표적이다. 한 증권사에서 매수 의견 리포트가 나왔는데 해당 증권사 창구에서 매도가 나오면 "거봐라, 얘네 개미한테는 매수하라고 하면서 자기들은 판다"라고 의심한다.

그런데 일단 팩트 체크부터 해보자. 해당 증권사 계좌로 매물이 나온다고 해도 이것이 해당 증권사의 자기 매매라고 단정 지을 수 없다. 매니저들이 해당 증권사의 리포트를 참고한 뒤 해당 증권사 창구를 통해 파는 경우일 때가 대부분이다. 해당 증권사가 매수 의견을 냈는데 해당 증권사 매매부서에서 매도를 일삼았다가는 당장 내부 감사에서부터 걸릴 것이다.

또 하나, 우리나라 애널리스트는 매도 의견을 내지 않는다고 지적한다. 만날 매수 의견만 내니 읽을 필요가 없다고 얘기한다. 하지만 우리나라는 기업 환경상 매도 의견을 낼 수 없다. 학연, 지연, 혈연 중심의 사회여서 조금만 부정적인 내용을 써도 업계 선배의 "김 프로, 왜 이래?"라는 전화를 받는다. 하지만 애널리스트들도 자신의 실력을 대중에게 인정받고 싶어 한다. 그게 인간의, 프로의 본능이다. 매수 의견만 있다고 하지만 리포트를 잘 읽으면 매도 의견이 교묘히 잘 숨겨져 있는 경우가 있다.

증권사 추천주는 믿으면 안 되는 것일까? 한 언론사가 이에 대해 재미있는 기사를 썼다. 2018년 1~9월 기준으로, 증권사 리서치센터가 리포트를 통해 정기적으로 제공하는 포트폴리오의 추천 종목을 분석한 결과, 매수 추천 종목 101개 중 추천 시점 이후 주가가 상승한 종목이 67개, 하락한 종목이 34개였다(증권정보업체 와이즈에프엔 분석). 증권사가 주가 상승 예측에 성공할 확률이 66% 수준인 것이다. 이 기간에 주가가 하락 장세였다는 점을 고려하면 수익 종목을 선별하는 능력이 꽤 괜찮았던 셈이다. 증시에 상장돼 있는 ETF 중에는 이같이 애널리스트 분석이 반영된 ETF도 있다.

이베스트투자증권의 염동찬 애널리스트는 2018년 3월에 아주 재미있는 보고서를 냈다. 제목이 '애널리스트 생태 보고서·행동경제학'이다. 그 내용을 간략히 요약하면 다음과 같다.

애널리스트는 자본 시장의 분석가로, 기업과 투자자 사이의 정보 비대칭성을 줄여주는 역할을 한다. 애널리스트가 제시하는 투자 의견과 목표 주가가 증시를 움직인다. 하지만 일각에서는 애널리스트가 기업에 대해 지나치게 낙관적인 전망만을 내놓고 부정적 의견은 제시하지 않는다고 비판한다. 정확도에 대한 지적도 나온다. 국내 증시에서 목표 주가가 제시된 기업 가운데 69%는 1년 후 실제 주가가 제시했던 목표 주가보다 낮았다(다만 오르기는 했다). 그렇다고 애널리스트가 제공하는 정보를 버리진 말아야 한다. 애널리스트가 왜 이런 행동을 하는지 배경을 파악해서 수익 전략을 짜볼 수 있다. 기존의 포트폴리오 전략은 모델 포트폴리오를 주고 '이 종목 비중은 줄이고 이 종목은 늘려라' 하는 식이다. 그런데 이는 투자자들이 따라 하기 어렵다. 그래서 고민했다. 애널리스트를 어떻게 활용하면 되는지.

결국 답은 '애널리스트가 갑자기 높은 목표 주가를 제시하거나 그간 주목받지 못했던 중소형주인데 애널리스트가 확신을 갖고 신규 분석을 시작하는 종목'이다. 시장에서 관심을 덜 받았거나 덜 받을 만한 종목에 애널리스트가 갑자기 목표 주가를 높게 제시한다거나, 아무도 목표 주가를 제시하지 않았다가 어느 날 갑자기 목표 주가를 제시하는 등의 행동 패턴이 보이면 매수할 만하다. 가령 목표 주가가 기존에 평균 3만 원 정도인 종목에 갑자기 5만 원을 제시했다면, 한번 주목해볼 만하다는 이야기다. 이는 해당 애널리스트가 확신을 갖고 추천하는 종목일 가능성이 높다. 적어도 기관 투자자들에게 적극적으로 세일즈를 하는 종목일 것이다.

필자는 여기에 첨언해 애널리스트들의 강의를 직접 들어보라고 권하고 싶다. 글과 말은 분명히 다르다. 필자만 해도 글을 쓸 때는 훨씬 조심스럽게 쓰고, 말을 할 때는 좀 더 편하게 한다. 애널리스트들은 지점 강의를 자주 나간다. 가서 들으면 글을 봤을 때는 알 수 없었던 진솔한 정보를 얻을 수도 있을 것이다. 2018년은 반도체 고점 논란이 시끄러웠던 한 해였는데 빈도체 담당 애널리스트 대부분은 삼성전자나 SK하이닉스에 대한 전망을 나쁘게 바꾸지 않았다. 하지만 그들 대부분 알고 있었다. 오프라인에서는 "지금은 절대 살 시점이 아니죠"라고 조언하고는 했다.

목돈을 투자하면서 최대한 더 많은 진짜 정보를 얻어야 하지 않겠는가? 유튜브로 강연을 하는 애널리스트들도 생겨나고 있다. 유튜브는 현장에서만큼은 진솔하게 얘기하지 않겠지만, 그래도 글만 보는 것과 얼굴을 보면서 듣는 것은 다르다. 많은 애널리스트의 이야기를 들으면서 공부하자.

**07**

# 배당은 생명줄이다

알고리즘 투자기법(컴퓨터 매매)의 대가인 문병로 서울대 컴퓨터 공학부 교수가 집필한 《문병로 교수의 메트릭 스튜디오》에는 아주 재미있는 숫자가 나온다. 문 교수의 분석에 따르면, 2000년부터 2012년까지 국내 우량 주식 중에 아무거나 샀어도 1년 이내에 매입가보다 30% 이상 높은 주가를 기록할 확률이 3분의 2나 된다고 한다. 즉, 1년만 참고 견디면 수익을 내는 경우가 셋 중 둘은 된다는 것이다. 문 교수의 이 분석에 대해 적지 않은 애널리스트가 "그렇지는 않을 것"이라고 반박하기는 했으나, 실제로 1년만 버티더라도 승산 있는 경우는 꽤 있다고 한다.

또 하나 재미있는 숫자가 있다. (출처가 기억나지 않아 재확인을 하지 못해 아주 정확한 숫자는 아닌데) 2000년부터 2016년까지 주가가 가장 많이 오른 50일을 빼면 지수가 현상 유지에 그쳤다는 것이다. 이 기간 증시는 2~4배 올랐다. 오르는 날에 확 올라서 그렇지, 대부분은 평탄한 수준으로 오르고 내리는 박스권 장세를 보일 때가 많았다는 것이다.

앞에서 말한 두 숫자는, 주식은 기다리다 보면 적잖이 오르는데 우리는 그때까지 잘 기다리지 못한다는 것을 나타낸다. 이는 부동산으로 눈을 돌려도 확인할 수 있다. 부동산 또한 잠잠한 듯하다가 어느 순간 갑자기 정신없이 오른다. 오르는 시점을 정확히 파악하기란 불가능에 가깝다. 대부분 고비를 넘기지 못하고 팔아 버린다.

이런 주식 시장 상황과 투자자들의 불안한 심리를 잘 알기 때문에 필자는 배당주를 추천한다. 배당주는 그래도 돈이 꾸준히 계속 들어온다. 월세를 받는 오피스텔과 비슷하다. 월세 받으려고 투자했는데, 일시적으로 시세가 출렁이는 것을 두려워할 필요가 있을까? 연말이면 거르지 않고 입금되는 배당금을 보면서 주가의 출렁임을 잊을 수 있다. 그렇게 하다 보면 결국 주식으로도 수익을 낼 수 있다. 일단 배당주의 정의부터 내리자. 통상 배당주는 시가 배당률이 3~4%인 종목을 말한다. 시가 배당률이 4%라는 건 주가가 1만 원일 때 배당으로 400원을 주는 주식을 말한다. 한 번 주고 끝내면 배당주라고 할 수 없다. 은행 예금처럼 또박또박 최소한 수년간 지속해서 배당하는 기업만을 배당주라고 부를 수 있다.

2019년 1월 현재는 배당만이 살길이다. 외국인도 배당주만 좋아한다. 우리나라는 아직 신흥국 딱지를 완전히 떼지 못했지만, 슬프게도 신흥국이면서 너무 늙어버렸다. 우리나라는 더 이상 성장하지 못하는 나라로 평가받고 있다.

주가이익비율(PER)이라는 지표가 있다. 주가와 이익을 단순 비교하는 지표로, 대부분 국가가 평균 10배 이상이다. 그러나 우리나라는 8~9배에 그친다. 이는 우리나라 기업들이 이익을 내는 정도 이상으로 좋은 평가를 받지 못한다는 의미다. 이에 대해 한 증권사의 리서치센터장은 "외국인은 한국을 사양산업만 있는 나라로 생각한다"라는 평가를 내렸다. 가슴 아픈 이야기지만 이를 토대로 보면 결국 외국인 입장에서 구미가 당기는 것은 배당뿐이다. 배당을 은행금리를 훨씬 웃도는 수준 이상으로 많이 하면 결국 주가가 오른다. 은행에서 빚을 내 주식을 사서 배당을 받아도 남는 투자이기 때문이다. 박근혜 정부 때 기획재정부가 기업소득환류세제와 같은 제도를 만들어 기업이 배당을 많이 하도록 유도한 것은 결국 외국인 투자자들을 붙잡기 위해서였다.

2017~2018년에는 좀 달랐지만, 그래도 초저성장이 고착화된 미국은 배당문화가 뿌리 깊게 박혀 있다. 피델리티자산운용의 대니얼 로버츠 매니저는 지난 110년간 미국 증시에서 투자자들이 벌어들인 전체 수익의 3분의 2가 배당이었다는 점을 언론 인터뷰에서 밝힌 바 있다. 과거 110년간 미국 주식 시장에서의 배당을 포함한 실질 총수익은 매년 6.3% 이상 증가했는데, 배당을 제외한 실질 자본 이득만 놓고 보면 매년 1.9% 늘어나는 데 그쳤다는 것이다.

투자의 귀재로 불리는 워런 버핏 버크셔해서웨이 회장도 배당주

애호가다. 2017년에 버크셔해서웨이가 보유한 45개 상장 주식 중 35개가 배당주로 분류된다. 2018년 2월에 버크셔해서웨이가 주주들에게 보낸 '2017년 연례 서한'에 따르면, 버크셔해서웨이는 2017년 투자 주식 배당금으로만 37억 달러를 벌어들였다. 지금은 전통적인 고배당주뿐 아니라 배당 여력이 크지 않으나 수익성이 개선되면 배당을 늘릴 기업에 주로 투자한다고 밝혔다.

워런 버핏이 택한 배당주 가운데 가장 큰 성공을 거둔 주식으로는 코카콜라가 꼽힌다. 워런 버핏은 1987년 주식 시장이 급락한 이듬해 코카콜라 주식을 대량 매수했다. 버크셔해서웨이의 포트폴리오 비중 9.6%(5위)를 차지하고 있는데 55년 연속으로 배당금을 늘려왔고 배당 수익률은 3.1% 수준이다. 포트폴리오 2, 3위를 기록하고 있는 웰스파고(14.5%)와 크래프트하인즈(13.2%)도 고배당주로 꼽힌다. 웰스파고의 배당 수익률은 3.2%로 6년 연속 배당금을 증액했다. 대규모 합병으로 버크셔해서웨이가 대주주에 오른 크래프트하인즈의 배당 수익률은 4.63%이고, 3년 연속 배당금을 늘려왔다.

그동안 워런 버핏 관련해서 자주 언급됐던 뉴스 중 하나가 '워런 버핏은 애플 주식을 사지 않는다'였다. 워런 버핏과 고(故) 스티브 잡스 애플 창업주는 서로 전화 통화를 할 정도로 친분이 있었다. 스티브 잡스는 생전에 회사 운영 자금은 어떻게 사용해야 하는지 등을 두고 워런 버핏과 의논하기도 했다. 그런데도 워런 버핏은 애플 주식을 단 1주도 사지 않았다. 그러다가 2016년 1분기 때부터 애플 주식을 산 것으로 알려졌다. 워런 버핏이 애플에 투자하면서 배당

투자 원칙이 깨진 것 아니냐는 관측이 돌기도 했는데, 결과적으로 보니 애플은 유망 배당주였다. 스티브 잡스는 배당을 거부하는 스타일이었는데, 그가 사망한 이후 팀 쿡 애플 CEO는 늘어난 잉여 현금을 주주들에게 돌려주기 시작했다. 스티브 잡스는 2011년 10월에 사망했는데 팀 쿡은 2012년부터 곧바로 배당을 시작했다. 팀 쿡은 CEO가 되기 전부터 배당 정책에 호의적이었던 셈이다.

워런 버핏은 애플의 배당에 주목했겠지만 애플은 드라마틱한 주가 상승률로 워런 버핏을 웃게 했다. 2016년 1분기만 해도 애플 주가는 100달러 밑에 있었으나 워런 버핏이 매수한 이후 급등을 시작해 2018년 8월에는 227.63달러까지 올랐다. 워런 버핏은 스티브 잡스 생전에 여러 차례에 걸쳐 "배당을 시작하라"고 했다고 하는데, 스티브 잡스가 그의 조언을 받아들였다면 어땠을지 모르겠다. 배당주라는 타이틀을 얻어 스티브 잡스 생전에도 주가가 크게 올랐을지, 아니면 신규 투자를 게을리해 실패했을지… 배당주 투자 요령은 다음과 같다.

일단 요즘 트렌드는 배당 성장주, 고배당주로 요약된다. 배당을 아주 많이 하거나 배당을 하면서도 성장하는 기업에 기관이나 외국인 투자자들이 관심을 갖는다. 배당을 많이 해도 기업이 성장하지 못하면 크게 주목받지 못한다. 한국펀드평가에 따르면, 한화아리랑(ARIRANG)고배당주ETF에 2018년 11월 한 달간 1,080억 원의 자금이 몰렸다. 매주 200억 원~300억 원의 자금이 유입된 셈이다. 하락장이었던 2018년 9~11월에도 1.1%의 수익률을 냈다. 한화아

리랑고배당주ETF는 성장하면서도 배당을 아주 많이 하는 기업에 투자한다.

배당주 투자 시점은 찬바람이 처음 부는 때가 좋다고 한다. 신한 금융투자가 2005년부터 2017년까지 유가 증권 시장에 상장된 기업 543개사를 대상으로 배당 수익률 5분위(상위 20%)와 1분위(하위 20%) 종목을 비교·분석한 결과, 배당 수익률 5분위 종목의 4분기 수익률은 2.3%로 나타났다. 10~12월에는 확실히 배당주가 강세를 보인다는 것이다. 하지만 요즘은 역으로 미세먼지가 불 때쯤 미리 투자하는 게 낫다고 하는 사람도 있다. 6월을 기준으로 중간 배당을 실시하는 기업도 있고, 또 선(先)반영될 수도 있어 미리미리 투자하는 것이 낫다는 얘기다. 굳이 시기를 나누지 말고 돈 생기면 틈틈이 배당주에 투자하기를 권한다.

마지막으로 배당주 중에서도 우선주의 투자 매력이 더 높을 때가 많다는 점을 말해주고 싶다. 우선주는 일반적인 보통주와 달리 주주총회에서 의결권을 행사하지 못하는 대신 배당은 더 많이 받는 주식을 말한다. 간혹 거래가 너무 없는 우선주는 위험하지만 전반적으로 배당주가 관심을 받는 시기에는 우선주의 상승률이 더 높은 편이다. 주가에 호재가 나왔을 때도 우선주가 보통주보다 더 많이 오르는 경우가 많다.

한진칼은 지배구조 전문가인 강성부 대표가 만든 KCGI가 경영권 참여를 선언하면서 2018년 11월 16일부터 급등세를 보였다. 그런데 한진칼보다 한진칼의 우선주인 한진칼우의 상승률이 더 높았다.

11월 22일까지 한진칼은 21% 오른 반면, 한진칼우는 160% 급등했다. 호텔신라도 중국인 관광객 입국 추이에 따라 주가가 출렁이는데, 우선주인 호텔신라우의 급등 폭이 상대적으로 큰 경우가 많았다.

# 08

# 공모주 청약의 세계

주식 재테크를 하는 사람은 공모주 청약이라고 하면 바로 무엇인지 알겠지만, 재테크에 관심이 없거나 부동산 투자만 하는 사람이라면 '청약'이라고 하니 분양권 청약만을 떠올릴 것이다.

공모주 청약도 분양권 청약과 똑같다. 공모주 청약은 기업이 주식 시장에 상장할 때 투자자들로부터 돈을 받고 일정 규모의 주식을 배정하는 것을 말한다. 통상 전체 주식의 20%를 공모주로 돌린다.

"그까짓 주식 공모주로 돈을 얼마나 벌겠느냐?"라고 하는 독자가 있을 수도 있는데 모르시는 말씀이다. 공모주 투자로만 자산을 굴리는 강남 부자를 필자만 해도 여러 명 알고 있다. 공모에 참여해서 주식을 받고, 적정한 시점에 잘 팔기만 하면 평균적으로 연 10% 이상의 수익을 낼 수 있다. 또 하나, 주식 차익을 낸 것이기 때문에 금융소득종합과세와 같은 세금 이슈에서 자유롭다는 큰 장점도 있다.

공모주 투자 수익률은 얼마나 될까? 이에 대해 KTB투자증권이 2018년 7월에 낸 보고서가 하나 있다. KTB투자증권에 따르면, 2013년부터 2018년 6월까지 신규 상장한 329개 기업 주가를 통계 낸 결과, 신규 상장기업은 상장 당일 종가가 공모가 대비 평균 26% 상승했다고 한다. 특히 건강관리업은 57%나 올랐고 IT와 경기소비재가 각각 26%, 9% 상승했다. 공모에 참여했다가 주식이 상장되는 날에 종가에만 팔아도 이 정도의 수익률을 낼 수 있는 것이다. 6개월 후 종가는 공모가 대비 평균 42% 올랐고, 상장 후 주가가 고점을 형성하는 시기는 평균 80일 뒤였다고 한다. 80일 뒤 평균 상승률은 46%로 집계됐다. 80일 안팎으로는 꼭 팔아야 한다는 것이 눈에 띄는데, 이때 단기 고점을 형성한 뒤 다시 이 주가를 되찾는 데는 2년가량의 시간이 필요했다고 한다. 공모주는 전반적으로 상장 초기 주가가 강하다는 것을 통계로 입증한 셈이다.

어떤가? 확실하지 않은가? 이것만 보고 "그래, 공모주다. 평균 26%는 오른다고 하니, 그냥 회사를 때려치우고 공모주나 하자"라고 생각하는 사람도 있을 수 있겠다. 허나 그건 아니다. 문제가 하나 있다. 바로 공모에 참여한다고 해서 주식을 원하는 만큼 받지 못한다는 것이다.

앞에서 '청약'이라고 분명히 말했다. 청약 경쟁률이 1,000대 1이라면? 부동산은 1,000명 중 1명이 모두 갖는다. 그래서 분양 로또라는 말이 나오지만, 주식 시장에서는 경쟁률대로 나눠 갖는다.

1,000주를 청약해도 1주만 가져갈 수 있다는 것이다. 결국 이 문제 때문에 수급과 공급 간 밸런스를 맞춰 수익률이 높을 것이 뻔한 종목이라면 주식을 많이 배정받지 못한다. 그렇기 때문에 소액의 수익에 만족해야 한다. 1,000대 1이라면, 1,000만 원어치 주식 청약을 했어도 1만 원어치 주식을 받으므로 이 1만 원어치 주식이 상장 첫날 100% 오른다고 해도 전체 투자금 대비로 보면 수익률은 0.1%에 그친다.

그래도 기업만 잘 고르면 매년 10% 이상의 수익은 가능하다. 100개의 기업에 청약한다고 가정했을 때, 0.1%씩 100번 반복하면 10%의 수익이 남는다. 하지만 아무 기업이나 막 할 수는 없다. 어떻게 해야 할까?

일단 좋은 기업을 잘 골라내는 방법을 배워야 한다. 이는 기관투자자들의 관심도, 그리고 언론의 관심도를 통해 측정할 수 있다. 2014년 말, 삼성그룹주인 삼성SDS와 제일모직이 상장할 때 일이다. 당시 삼성그룹은 이재용 부회장 중심의 지배구조를 확정하기 위해 두 회사 상장을 추진하고 있었다. 제일모직, 삼성SDS는 삼성그룹 황태자 이재용 부회장의 지분이 많아 주목받았던 기업들이다. 특히 제일모직은 이재용 부회장에게 지분을 몰아주기 위해 꼼수로 전환사채(CB)를 발행했다는 의혹을 받았던 기업이다. 1996년에 제일모직의 전신인 에버랜드가 CB를 주당 7,700원(시세 8만 5,000원)에 발행했는데 다른 투자자는 모두 기권하고 이재용 부회장이 실권주를 매수해 에버랜드 지분을 늘린 사건 때문이다. 이로 인해 이재용 부회장은 제일모직(에버랜드) 지분 25.1%를 갖게 됐다. 이 부회장 외에도 이부진, 이서현 사장이 각각 8.37%를, 이건희 회장이 3.72%를 갖게 됐다. 참고로 제일모직은 2015년 삼성물산과 합병했고 현재는 삼성물산이라는 사명을 쓰고 있다. 삼성그룹은 이후로도 삼성바이오로직스 회계 처리 위반으로 인한 상장 등으로 인해 여러 구설수에 휘말려 있다.

공모주를 얘기하다가 갑자기 왜 불법 승계 논란으로 빠졌느냐 하면, 1996년 당시의 편법 CB 발행 사건이 제일모직, 삼성SDS의 공모과정에서 은근히 영향을 미쳤다는 점을 말하기 위해서다. 제일모직과 삼성SDS는 2014년에 각각 주당 5만 3,000원, 19만 원에 상장했다. 이는 장외 거래 가격에 비해 절반도 되지 않는 수준이었다. 만약 공모가마저 비싸게 형성됐다면 '또 다시 이재용 배를 불리려고 국민들에게 피해를 끼친다'라는 여론이 형성될지 모른다고 우려한 것이다.

결과적으로 삼성SDS에 15조 5,000억 원이 몰려 134대 1의 경쟁률을 기록했고, 제일모직에 30조 원이 몰려 195대 1의 경쟁률을 기록했다. 두 종목은 싼값에 주식을 발행한 덕분에 상장 첫날 2배 가격으로 급등했다. 공모에 참여하고 2배 가격에 바로 팔았다고 가정하면 삼성SDS 투자자는 공모 투자액 기준으로 1.5%, 제일모직 투자자는 1%의 수익을 냈다. 1%라고 무시하는 사람도 있겠으나 이런 식으로 여러 번 반복하면 적지 않은 돈이 된다. 공모 청약하고 상장하기까지 1~2주일이 소요되니 이렇게 짧은 시간에 1% 수익을 낸다는 점에 초점을 맞춰야 한다.

2018년 7월에 상장한 롯데정보통신도 유사한 사례다. 롯데정보통신은 신동빈 롯데그룹 회장이 국정농단 후폭풍에 휘말려 수감 중일 때 상장했다. 당연히 공모가 산정과정에서 회사 측 욕심을 극대화하지 않았다. 공모가 2만 9,800원에 청약 경쟁률은 34대 1을 기록했는데, 주가는 3만 9,600원까지 상승했다.

롯데그룹은 2019~2020년에 사실상의 지주회사 역할을 하는 또 다른 대표 계열사인 호텔롯데를 상장시켜야 하는데, 호텔롯데 또한 공모가가 아주 비싼 수준에서 결정되지는 않을 것으로 보인다.

물론 대부분 공모주는 지배구조 개선차원에서 진행되지 않는다. 제일모직이나 호텔롯데 같은 사례는 아주 가끔 있는 이벤트에 불과하다. 이 때문에 이런 일회성 이슈에 주목하지 말고, 진짜 괜찮은 공모 기업을 찾는 것부터 해야 한다. 필자가 추천하고 싶은 방법은 기관의 관심도다.

공모 청약 전날, 전자공시시스템(dart.fss.or.kr)에 들어가 해당 공모주 이름을 검색해본다. 비상장사라고 해도 공시 내역이 몇 건은 뜬다. 그중에 '[기재정정]투자설명서'라는 보고서가 있을 것이다. '투자설명서'는 기업이 상장하기 전에 투자자들에게 회사 정보를 안내하기 위해 만든 것이고, 여기에 '기재정정'이 붙었다면 기관 투자자들의 공모 참여 내역이 새로 포함된 것이다. 첫 보고서에는 공모가도 공모가 밴드(예를 들어 10,000~15,000원)로 표현되어 있는데 정정 보고서에는 정확한 가격이 적혀 있다.

이 보고서를 열고 '모집 또는 매출에 관한 일반 사항'을 보면 이번 공모과정에 대한 이야기가 모두 적혀 있다. 이 가운데 특히 '수요예측결과'가 중요하다. 여기에 운용사와 중개업자, 연기금 등이 어느 정도의 경쟁률을 보여 얼마큼 주식을 사려고 했는지가 적혀 있다. 그리고 이들 중에는 "나는 앞으로 6개월 넘게 주식을 팔지 않을 테니 나부터 물건을 주시오"라고 요구하는 사람이 있는데, 이에 대한 정보도 들어 있다. 당연히 오랜 기간 팔지 않겠다고 확약하는 투자자들이 진성 투자자들이다. 그리고 이런 투자자가 많으면 당연히 주가가 급등한다. 간혹 기관 투자자들이 너무 몰려서 공모가가 당초 예상치를 훌쩍 넘어 결정되는 경우도 있다. 이런 사례 또한 기관이 그만큼 좋아한다는 의미이고, 주가가 오를 확률이 더 높아진다.

분기보고서에는 기관들의 보호 예수기간도 적혀 있다. 아무리 좋은 기업이라고 해도 벤처캐피탈 지분이 절반에 육박하고, 이들이 상장 직후 주식을 팔 것으로 보인다면 추천하기 어렵다. 물량 앞에 장사는 없기 때문이다. 공모가도 중요하지만 수급 측면에서의 정보도 꼼꼼히 확인해야 한다. 이는 '투자 위험 요소' 항목에 기재돼 있다. 여기에는 이외에도 사업적 위험성, 소송 내용 등 다채로운 정보가 들어 있으므로 꼭 읽어보기를 권한다.

경쟁사 주가도 잘 봐야 한다. 공모가 결정과정에는 경쟁사 주가도 포함되지만, 때로는 진짜 경쟁사가 아닌데 끼어 있는 경우가 있다. 사실상 경쟁관계에 있는 회사가 상장되어 있고 최근 주가 흐름이 좋다면 공모주 또한 좋은 성적을 낼 가능성이 그만큼 커진다. 이를테면 2차 전지 관련 기업의 주가가 한창 오르는 국면이라면 공모 주 중에서도 2차 전지주를 특별히 관심 갖고 지켜봐야 한다.

마지막으로 마이너스 통장을 잘 써야 한다는 점을 조언한다. 앞에서 언급한 제일모직, 삼성SDS 사례를 생각해보자. 2주일 만에 1%의 수익을 낸다면 마이너스 통장을 써서 최대한 많이 들어가는 것이 낫겠는가? 아니겠는가? 이익이 확실할 때는 빚을 내서라도 해야 하는 법이다.

공모주를 하려면 되도록 많은 증권사 계좌를 만들어둬야 한다. 공모 일정을 보고 뒤늦게 계좌를 만들려고 했다가 '1개월 2계좌 발급 금지' 등의 영향으로 제때 만들지 못할 수도 있다. 2019년 1월 현재도 보이스 피싱의 피해 우려 때문에 단기간 내에 많은 계좌를 발급할 수 없도록 되어 있다. 계좌는 틈틈이 미리 만들어둬야 한다.

# 09

# 장외 주식에도 관심을 가져라

2018년 1~3월, 강남권에서 가장 핫한 투자처 중 하나가 장외 바이오기업이었다. 2017년 9월만 해도 10만 원에 그쳤던 셀트리온이 유가 증권 시장으로 이전을 추진한다고 밝히면서 급등을 시작해 2018년 3월에는 39만 2,000원까지 올랐다. 셀트리온도 그렇지만, 장외 바이오기업 투자에 기름을 끼얹은 기업이 항암 바이러스 면역치료제업체인 신라젠이었다. 2016년 12월에 상장한 신라젠은 2017년 2월만 해도 8,900원이었던 주가가 2017년 11월에는 15만 2,300원까지 급등했다. 바이오에 대한 관심이 안 생기려야 안 생길 수가 없었다.

상장을 추진하는 바이오기업들을 찾아 "주식 물량 조금만 떼주세요"라고 요청하는 일을 하는 브로커가 엄청나게 생겼고, 그 이상으로 투자자들이 몰렸다. 일부 기업은 실제로 큰 수익을 안겨줬다. 2018년 6월에 상장한 유전자분석업체인 이원다이애그노믹스(EDGC), 7월에 상장한 올릭스 등이 대표적이다.

유행하는 업종이 명확할 때는 장외 기업 투자에 관심을 가져야 한다. 일반적인 제조기업과 달리 바이오기업은 그 끝을 알 수 없다. 공장 돌리는 기업은 수익이 늘어나 봐야 뻔한 반면, 바이오기업은 일단 글로벌 제약사가 될 수 있다는 '꿈'을 꾸게 한다. 설령 그 꿈이 허황되었다고 해도 일단 이론상으로는 제대로 터지면 어디까지 갈지 모르는 셈이다. 1만 원도 안 되던 신라젠이 15만 원까지 오를 줄 누가 알았을까?

이 때문에 장외 주식을 산다면 바이오나 엔터테인먼트, 게임 등 일부에 국한해야 한다. 비상장 제조업은 상장 승인이 난다고 해도 아주 드라마틱한 움직임은 보여주지 못한다. 기업 가치가 대충 눈으로 확인되기 때문이다. 무조건 바이오, 엔터테인먼트와 같은 '초대박'이 가능한 업종으로 하되, 좋은 종목을 잘 골라내야 한다. 그것도 바이오나 게임에 대한 투자자들의 관심이 들끓을 때 해야 한다. 그래야 장외에서 사서 장외에서 팔 수 있고, 상장 이후 주가 움직임도 좋다.

사실 바이오는 좋은 종목을 골라내라는 조언이 뜬구름 잡는 소리와 같은 업종이다. 그 기술을 개발하는 연구원이 아닌 이상 아무도 모른다고 보는 것이 정확하다. 그 회사의 대표이사도 모르고, 경쟁사들도 잘 모른다. 기술의 핵심정보는 노출하지 않기 때문에 당사자 아니면 절대 모른다고 보는 것이 맞다.

필자는 2000년대 후반에 바이오분야를 취재한 적이 있었다. 필자가 보기에는 모든 바이오기업이 어떻게 보면 성공할 것 같고, 어떻게 보면 사기꾼 같았다. 그리고 지금 시점에서 상당수 기업이 흔적도 없이 망한 것을 보면 실제로도 사기꾼이 많았던 것 같다. 하지만 사기꾼인 줄 알았는데 아닌 경우도 있었다. 일례로 2000년대 후반만 해도 몇천 원에 불과했던 기업이 지금은 수십만 원에 거래되며, 증권사 애널리스트 보고서가 나오는 곳이 있다. 심지어 한 외국계 증권사 애널리스트가 이 기업에 대한 보고서를 썼다. '사기꾼 같다'라고 생각했던 필자가 기업 상황을 전혀 파악하지 못했던 셈이다.

다만 바이오분야는 위험하다. 2008년에 바이오분야를 취재할 때 임상 2상을 준비하던 기업이 2019년 1월 현재도 임상 2상을 '준비'만 하는 경우도 있다. 2상까지 잘해놓고 3상에서 엎어지는 기업이 있고, 3상까지 잘 끝냈으나 상업화가 안 된 기업이 있고, 상업화는 성공했으나 실제 시장에선 소리 소문 없이 사라지는 신약도 있다. 심지어는 경쟁력을 입증받아도 의사와 약사로 이어지는 기존 커넥션을 넘지 못해 망하는 곳도 있다.

바이오기업은 글로벌 제약사가 될 수 있다는 꿈을 꾸게 해주지만 대부분은 일장춘몽에 끝난다. 사실 게임주도 마찬가지다. 웃지 못할 이야깃거리도 많다. 2016년에 주식 전문가인 척하고 투자자들로부터 돈을 받거나 보유하고 있던 주식을 팔아 문제가 됐던 K가 있다. K가 투자자들로부터 돈을 받고 팔았던 주식 중에 블루홀이라는 게임주가 있다. 그런데 블루홀은 배틀그라운드라는 게임이 대박을 쳐서 장외에서 주가가 급등했다. K는 사기를 치려고 추천했는데, 정작 사기 피해자들은 큰 수익을 낸 셈이다. 그만큼 바이오든, 게임이든, 엔터테인먼트든 성공 여부를 예측하기란 불가능에 가깝다.

다시 장외 주식 투자로 돌아가자. 장외 주식은 그만큼 리스크가 높다는 것을 유념해야 한다. 2018년 상반기에 유행했던 장외 바이오기업 중에 2019년 1월 현재도 상장 작업에 전혀 진척이 없는 기업이 많다. 한국거래소에 노크까지는 했으나 상장 예비 심사에서 탈락한 곳도 부지기수다. 시도했다가 실패하면 장외 주가는 반 토막 이하로 떨어진다. 사실 한국거래소가 기업 경쟁력을 확실히 파악할 수 있는 것은 아니다. 거래소는 2000년대 중반 셀트리온의 상장 심사를 여러 차례에 걸쳐 불승인한 적이 있다. 결국 셀트리온은 2008년 5월 오알켐이라는 코스닥기업을 통해 우회 상장해야 했는데, 이것만 봐도 한국거래소가 바이오기업의 향후 전망을 정확하게 파악하지 못한다는 것을 알 수 있다. 그래도 상장을 해야 더 많은 투자자로부터 자금을 유치할 수 있기 때문에 상장에 실패하면 주가가 떨어진다. 그러므로 상장 일정과 진행과정을 잘 확인해야 한다.

크게 먹을 기회는 놓치는 셈이지만, 리스크를 줄이려면 코스닥 시장 예비 심사를 통과한 장외주에 관심을 두는 것이 좋다. 예비 심사를 통과하면 가장 큰 난관은 통과한 것이기 때문에 대체로 상장까지는 무난하게 진행된다. 어쩌면 더 큰 이익을 포기하는 것일 수도 있으나 상장 예심에서 떨어지면 꽤 오랜 기간을 장외에서 버텨야 하는 때가 많다. 버틸 자신이 없다면 최대한 안전하게 가는 것이 좋다. 아니면 해당 기업 IPO(Initial Public Offering, 신규 상장)를 담당하는 증권사 IPO팀에 끈질기게 전화해서 정보를 얻어내는 길이 있다. 물론 IPO 담당자가 많은 정보를 얘기하지는 않는다. 하지만 뉘앙스를 통해 정보를 얻어내는 사람들이 있다. 담당자는 수시로 걸려오는 전화를 귀찮아 하지만, 그래도 이런 것쯤은 견뎌내야 성공하는 투자자가 될 수 있다. 아니면 그냥 무작정 찾아가라. 찾아온다고 해서 정보를 주는 일은 없지만, 마찬가지로 얼굴 표정 하나하나에 뭔가가 담겨 있을 수도 있다. 참고로 얘기하면 잘 만나주지도 않기 때문에 너무 큰 기대를 갖고 찾아가서는 곤란하다. 아니면 관련 기업 기사를 쓴 기자에게 문의해보라. 이메일을 보내봐야 대부분 기자는 반응이 없지만 간혹 보면 독자들에게 상당히 프렌들리(Friendly)한 기자들이 있다. "얼마 전 그 기업 오너를 만났는데 자신 있어 하더라", "나는 좋게 본다", "기사를 쓰긴 했지만 그 기업 참 별로더라"라는 정도의 답변이라고 해도 판단하는 데 있어 도움을 받을 수 있을 것이다.

장외 주식을 살 수 있는 대표적인 사이트가 38커뮤니케이션(www.38.co.kr)이다. 하지만 HTS에서도 살 수 있다. 금융투자협회가 운영하는 K-OTC시장(www.k-otc.or.kr)이 그것이다.

K-OTC는 해당 기관의 전폭적인 지원 덕분에 고성장하고 있다. 2018년 6월 말 기준으로 누적 거래 대금은 3,000억 원 정도이며 시가 총액은 15조 2,000억 원이다. 비상장기업도 증권 유관기관이

관리하겠다는 취지 아래 육성하는 시장인 셈인데, 이곳에도 좋은 바이오기업이 많다. 38커뮤니케이션을 통해 다른 개인 투자자와 직거래할 경우 그만큼 리스크가 발생할 수 있으니 이곳도 잘 살펴보길 권한다.

정부도 2018년 초, 양도세 면제계획을 발표하면서 훈풍을 넣어줬다. 툴젠, 비보존 같은 바이오기업은 코스닥 시장이 부럽지 않을 정도로 K-OTC에서 많은 투자자로부터 관심을 받고 있다.

# 10

# 주식을 잘하려면 어떻게 해야 하는가?

ACRO RIVER PARK

　　주식 투자를 할 때 정보력은 중요하다. 1980~1990년대에는 주식 정보를 얻는 곳이라고 해봐야 신문뿐이었다. 그런데 신문은 지면의 한계가 있어 많은 정보를 담아내지 못한다. 정보를 구할 수 있는 길이 막막했던 시절이다. 과거 증권사들은 공무원이나 언론인을 접촉해 물동량, 판매량, 실적 등 기업 정보를 구해내려고 애를 썼다. 그때는 지금처럼 기업 설명회(IR) 같은 것이 없었고, 증권사가 '감히' 기업에 전화해서 이런저런 것들을 물을 수 있는 분위기가 아니었다. 증권사 직원들은 별다른 정보도 없이 뜬소문만 갖고 매매하고는 했다.

　　지금은 그렇지 않다. 내부자가 아니라면 개인 투자자와 전문 투자자가 받는 정보의 시차는 아무리 커봐야 반나절이 넘지 않는다. 요즘은 온갖 내용이 '지라시(업계 정보지)'의 형태로 불특정 다수에게 수시로 전달된다. 카카오톡이 활성화되면서 10년 전보다도 훨씬 빨라진 느낌이다. 이 때문에 정보를 듣는 것이 중요한 게 아니라 해석력이 중요한 시대다. 물론 고급 정보가 꾸준히 내게 들어온다면 그것만큼 좋은 게 없겠으나 그런 사람이라면 이 책을 읽을 필요도 없을 테니 일단 넘어가자.

주식 투자로 성공하는 방법은 크게 3가지다. 하나, 차트 분석을 잘해야 한다. 사실 필자도 차트 분석은 젬병이기 때문에 추천하는 방법 같은 것은 없지만, 분명 차트만으로 먹고 사는 투자자가 많다. 어쩜 저렇게 쉽게 매매 판단을 내리는지 부럽기만 하다. 물론 그들도 어느 날 순간적으로 그런 능력이 생긴 것은 아니다. 차트 분석으로 성공하고 싶다면 일단 많은 전문 서적을 놓고 공부한 뒤 본인에게 맞는 스킬을 발굴해야 할 것이다. 취재하면서 차티스트(차트+아티스트)라고 할 만한 사람을 두어 명 정도 만났는데, 일단 그들도 오랜 기간 고난을 겪으면서(돈을 날리면서) 자신만의 매매법을 만든 경우였다. 그리고 생각보다 쉬워 보이지 않았다. 가르쳐준다고 해도 금방 배울 수 있을 것 같지는 않았다. 항상 느끼지만 달인의 경지에 오른 사람이 갖고 있는 그만의 기술은 쉽게 베낄 수 없다.

그다음, 차트는 전혀 볼 줄 모르지만 성공하는 이도 물론 있다. 이런 사람들은 크게 2가지다. 일단 먼저 분기보고서를 아주 잘 보는 사람들이 있다. 분기보고서라고 칭했지만 감사보고서와 사업보고서, 반기보고서 등이 모두 포함된다. 이는 기업의 재무제표와 현금 흐름 등을 감사인(회계법인) 승인을 통해 전자공시시스템에 띄우는 것을 말한다. 분기보고서에는 어려운 숫자 외에도 기업 상황을 알 수 있는 많은 정보가 담겨 있다. 임직원 급여, 평균 근속연수, 회사가 현재 진행하고 있는 소송전 등에 대한 모든 정보가 들어 있다. 요즘은 분기보고서를 통해 기업 실적을 낱낱이 파악하고 매매하는 전문가가 많다. 그러므로 회계 보는 눈을 키워야 한다. 김수헌 글로벌모니터 대표, 이재홍 삼덕회계법인 공인회계사가 쓴《하마터면 회계를 모르고 일할 뻔했다》, 김수헌 대표가 쓴《기업 경영에 숨겨진 101가지 진실》이라는 책과 박동흠 현대회계법인 회계사가 쓰는 글을 추천한다. 박 회계사는 재무제표 읽는 법과 공모주 투자법에 대한 책을 썼고, 페이스북과 네이버 주식 카페 등에서 활발히 활동하고 있다. 검색하면 어렵지 않게 찾을 수 있을 것이다.

회계 정보를 토대로 분석하는 것이 아니라면 세상사를 분석할 줄 알아야 한다. 남들은 그냥 무심코 넘기는 것들을 보고 주식 매매에 활용하는 전문가도 많다. 게임을 전혀 모르는 50대 주식쟁이 직장인이 평범한 일상을 어떻게 주식 투자에 활용했는지 사례를 하나 소개한다.

2018년 11월 13일, 한 PC방에 '로스트아크 접속 서비스 안내'라는 제목의 공지문이 붙었다.

고객님, 매장으로 오시기 전에 전화주세요. 원하는 자리와 아이디, 비밀번호 알려주시면 오시기 전에 로스트아크 접속 도와

드리겠습니다(현재 접속 대기 시간 1~2시간). 좀 더 나은 서비스를 고객님에게 드리는 혜택입니다. 만족하시면 식사 및 음료도 부탁드려요.

이 공지문을 누군가가 사진을 찍어 인터넷에 올렸고 이후 여러 커뮤니티에 돌았다. 주식 관련 커뮤니티가 아니라 네티즌이 많이 몰리는 일부 사이트의 자유게시판에 올라왔다. 대부분은 "아, 이런 게임이 요즘 인기인가 보다" 하고 끝나는데 이번에 소개하는 50대 직장인은 달랐다. 그는 이 게임과 관련한 기업의 주식이 뛸 것이라고 생각해 로스트아크와 관련된 상장기업을 찾아봤다. 해당 게임을 서비스하는 기업의 계열사 중 하나가 유일하게 상장된 것을 알고 그 기업 주식을 샀다. 이 정도 바람이면 영향을 미칠 것이라고 본 것이다. 그 판단대로 다음 날, '로스트아크가 대박이 났다'라는 증권가 평가와 함께 그가 투자한 기업은 장중 한때 무려 21.3%나 올랐다.

주식 투자로 성공하는 마지막 방법은 바로 '엉덩이가 무거워야 한다'이다. 2015년 말, 정부가 우리은행을 민영화하겠다고 한 적이 있다. 독자 대부분은 우리은행에 정부 지분이 있다는 사실도 잘 모를 텐데, 우리은행은 IMF 위기 이후 공적 자금을 투입했던 은행 중 하나인 한빛은행이 전신(前身)이다.

정부가 지분을 일부라도 팔겠다고 하자, 우리은행 직원들은 대놓고 기대감을 표시했다. 사실 정부 소유의 은행은 여러 부담스러운 이슈에 휘말릴 때가 많다. 예를 들어 조선업이 어렵다거나 한다면, 다른 일반 은행들은 대출을 회수하고 추가 대출을 내주지 않지만 정부 지분이 있는 은행은 어쩔 수 없이 지역 경기를 생각해 대출회수 결정을 내리지 못하곤 한다. 나라 경제를 위해서 누군가는 해줘야 하는 역할이지만, 사실 은행 주주들 입장에서는 내키지 않는다. 아무튼 우리은행은 정부의 민영화 방침에 '자율 경영이 보장되면 기업 실적이 좋아질 것'이라면서 기대감을 드러냈다.

필자는 이 이야기를 술자리에서 L에게 했다. L은 다음 날 전화를 걸어와서 "우리은행 주식을 살까 한다"라고 했다. 우리은행 이야기를 한 기억도 나지 않았던 필자는 그에게 "좋은 생각일 수도 있긴 하지만, 주가가 오를지는 모르는 거다. 그리고 은행 주가는 정부 정책의 영향이 너무 커서 사는 게 맞는지는 잘 모르겠다"라고 했다. 그러나 L은 매수했고 계속 기다렸다. 한동안은 오히려 주가가 내려서 필자는 L의 투자가 실패한 걸로만 생각했다. 하지만 아니었다. 2016년 중순쯤부터 슬금슬금 오르기 시작하더니 8,000원이었던 주가가 2017년 7월 한때 2만 원 목전까지 올랐다. L은 사놓고 계속 기다렸다. 처음 소개는 필자가 했지만 틀림없이 깊이 공부했을 것이고, 확신이 있었기 때문에 팔지 않고 2년 넘게 기다린 것이다.

# 4장
# 부자들이 은행 대신 택하는
# 알짜 상품

이번 장에서는 강남 자산가, 그들의 투자처를 소개해볼까 한다. 강남 부자들을 살펴보다 보면, 아주 부자는 부동산이나 건물만 있는 경우가 많으나 적당한 부자들은 꼭 금융 상품을 포트폴리오에 넣고 있다. 이는 어찌됐든 노후 준비에는 환금성 등 측면을 봐도 금융 상품이 유리하기 때문이다.

이 책에 실린 상품은 실제로 자산가들이 좋아하는 상품이다. 필자는 증권사 PB가 아니기 때문에 상품 좀 소개했다고 해서 수수료를 받지 않으므로 좀 더 솔직하게 말할 수 있다고 자부한다.

이번에 소개하는 상품들은 대체로 10% 안팎의 수익률을 추구하는 상품이다. 인생 대박이나 인생 역전과는 어울리지 않는다. 자산을 어느 정도 이룬 40~50대나 노후 대비용 상품을 찾는 60대가 대상이라고 생각하고 소개할 예정이니 이를 염두에 두고 읽기 바란다.

# 01

# 노후는 건물보다 금융 상품이다

부산에서 한 원룸건물을 노후 대비용으로 1990년대 말에 4억 원에 취득한 사람이 있다. 1990년대 말 이후 글로벌 금융위기 전까지는 월세로 매달 250만 원 안팎이 꾸준히 들어왔다. 노후 걱정은 이것 하나로 끝난 줄 알았다. 하지만 아니었다.

월세 수입은 꾸준히 줄다가 2018년에는 50만 원 정도로 대폭 떨어졌다. 조선업 등 경기가 악화된 데다 주변에 오피스텔, 원룸이 잇따라 들어오면서 경쟁이 치열해졌기 때문이다. 공실이 계속 발생했고, 공인중개사가 제안하는 월세는 점점 더 떨어졌다. 무엇보다 가장 큰 문제는 이 건물이 팔리지도 않는다는 점이다. 그는 "몇 년 전부터 3억 원에 매물로 내놓았는데 전혀 연락이 오지 않는다"라고 했다. 입지 경쟁력이 확실하다면 리모델링이라도 할 텐데, 사실 그런다고 해서 월세가 잘 나갈 거라고는 확신하기 어려웠다. 바로 옆 신축건물도 반 이상 텅텅 비어 있기 때문이다.

그의 사례는 안타깝지만, 이보다 처참한 사례가 차고 넘친다. 대표적인 것이 상가다. 상가는 살아나기도 어렵고 한 번 죽으면 되살리는 것은 아예 불가능하다. 대출을 끼고 상가를 매수했는데 상권이 제대로 형성되지 않은 안타까운 사례가 많다.

대기업에 다녔던 한 은퇴자는 최근에 조성된 위례신도시의 상가를 6억 원에 매입하면서 2억 5,000만 원의 담보 대출과 8,000만 원의 신용 대출을 받았다. 그런데 상가에 들어오겠다는 사람을 2년 넘게 찾지 못했다. 초반에는 속칭 떴다방 등 부동산업자들에게 월세 300만 원에 단기 임대를 내놓을 때만 해도 괜찮았는데, 입주가 어느 정도 마무리되면서 타격을 입게 됐다. 떴다방이 하나하나 빠져나가고, 그사이에 음식점이 계속 폐업했다. 그 은퇴자는 아무리 임대료를 낮춰준다고 해도 들어오려는 사람이 없고 대출 이자를 감당하기 어려워 어떻게 처리해야 할지 모르겠다며 울상이다.

상권 파악은 매우 어렵다. 한 치킨 프랜차이즈업체 관계자는 "그래도 아파트 단지에 치킨집 하나 없다면 그냥 내도 먹고살 수는 있지 않나요?"라고 말하는 필자에게 이렇게 답했다.

"전혀 아닙니다. 저희는 노력하지 않는 치킨집은 1만 가구당 한 집만 살아남을 수 있다고 계산해요. 의외로 치킨 먹는 집이 많지 않습니다. 주변을 대충 살피고 치킨집이 없다는 이유만으로 가게를 내는 건 몹시 위험해요. 그만큼 노력해야 하고 치열하게 장사해야 합니다."

이런 이유로 필자는 노후 대비는 건물보다 금융 상품으로 하라고 권한다. 건물은 감가상각비를 고려해야 하고, 상가는 트렌드를 따라가는 것이 어렵기 때문이다(연금 대비용 금융 상품은 뒤에서 순차적으로 소개할 예정이다. 이를 참고해 잘 설계하기 바란다).

이현종 미래에셋대우 선임매니저가 쓴《연금으로 평생월급 500만 원 만들기》를 보면, 역시 노후 대비는 일찍 시작하는 것이 중요함을 알게 된다. 이 책에서 저자는 35세 남자(30세부터 근무, 60세 퇴직, 월 급여 300만 원 가정)가 매월 국민연금 27만 원, 퇴직연금 30만 원, 개인형 퇴직연금(IRP) 25만 원, 연금저축 34만 원, 연금보험 35만 원을 낸다고 할 경우, 65세 때부터 월 363만 원을 수령할 수 있다고 했다. 이는 연평균 투자 수익률 3%로 계산한 수치다. 35세부터 시작할 경우에는 월 급여의 30%만 투자하면 안전한 노후를 맞을 수 있는 셈이다. 하지만 45세에 시작하면, 월 급여를 평균 400만 원으로 계산해도 매월 119만 원을 납부해야 매월 연금수령액 437만 원이 발생한다. 여기에는 3억 원짜리 주택으로 주택연금을 받는 것도 포함되어 있다. 확실히 일찍 시작하는 것이 낫다. 55세에 시작하면 월평균 급여가 500만 원이라고 해도 매월 159만 원을 넣어야 65세 이후에 461만 원을 수령할 수 있다. 이 또한 5억 원짜리 주택으로 주택연금을 받는 것이 계산에 포함되어 있다.

그런데 이 '가정'에서 가장 어려운 것이 뭔지 아는가? 바로 50대에도 계속 연금을 납부해야 한다는 점이다. 35~60세, 45~60세,

55~60세에 납부한다고 가정되어 있는데, 50대 중반부터 60세까지 돈을 내는 것이 현실적으로 가장 어렵다. 60세부터 65세까지는 받을 돈이 전혀 없다는 점도 문제다. 이 때문에 앞에서 얘기한 대로 55~65세 시기를 위한 연금저축과 같은 상품을 준비해놔야 한다.

아직 젊다면 소득을 늘리기 위한 방안도 계속 고민해야 한다. 본인 몸값부터 올려야 한다. 통계청이 발표한 '2018년 상반기 지역별 고용조사' 결과에 따르면 임금 근로자 2,004만 3,000여 명 중 월평균 200만 원 이상을 받는 임금 근로자 비중은 61.7%에 그쳤다. 이는 최저 임금의 인상 영향으로 전년 동기 대비 4.7%p 상승한 수준이지만, 그래도 10명 중 4명이 아직 월 200만 원을 못 받고 있다. 어쩌면 이들에게는 이 책이 말하는 노후 준비와 강남 아파트 마련이 뜬구름 잡는 얘기일 수 있다. 노후 준비와 함께 본인의 능력치를 높이기 위한 작업을 병행해야 한다.

# 알고 계십니까?
# 당신도 건물주가 될 수 있다는 사실을

ACRO RIVER PARK

가장 먼저 소개하고자 하는 상품은 리츠다. 리츠에 대해서는 앞에서도 짧게 언급했는데, 개인 투자자들과 기관 투자자가 돈을 모아 건물이나 오피스텔을 매입하고 임대를 준 뒤 그 수익을 배당하는 형태의 상품이다. 즉, 내가 강남 건물의 지분 일부를 보유하고 있는 것이라고 이해하면 된다. 나도 건물주가 되는 효과를 누릴 수 있다.

리츠는 지난 2001년에 생겼다. 하지만 큰 인기는 없었다. 초반부터 사건·사고가 이어졌기 때문이다. 2011년에는 한 리츠에서 대규모 횡령 사고가 터져 상장 폐지되는 사건이 있었다. 또 다른 리츠에서는 조직폭력배들이 인수한 뒤 자금을 빼내는 사건이 일어났다. 이런 리츠는 공시 내용이나 재무제표만 봐서는 확실히 적발해내기가 어렵다. 그렇지만 2019년 현재는 관리·감독이 많이 강화돼 있

170

어서 이런 것을 염려할 필요는 없다. 원천적으로 막을 수는 없겠지만, 그래도 타이트하게 관리되는 편이다. 물론 그렇다고 해서 마냥 안심하고 리츠에 투자할 수는 없을 것이다. 공실률 및 매각 리스크 때문이다.

횡령 같은 사고는 아니었으나 리츠의 인기에 찬물을 끼얹은 사건이 반복됐다. 이는 건물이란 투자 자산의 성격 때문에 발생한 사건들이다. 임대가 잘 안 되어 공실률이 높거나 임대는 잘 됐지만 막상 건물을 처분할 시점이 됐을 때 부동산 경기가 급락해 처분이 안 되는 경우였다.

2014년에 M리츠는 원래 청산될 예정이었다. 하지만 M리츠가 보유하고 있는 빌딩이 2년째 팔리지 않아 청산을 연기했다. M리츠가 해당 빌딩을 매입할 때만 해도 전망 또한 나쁘지 않았지만 근처에 산업단지가 새로 조성되면서 빌딩 가격이 큰 폭으로 떨어졌다. M리츠의 만기는 2013년 3월에서 2014년 3월로 연장됐고, 결국 그해 9월에 매수가는 물론, 감정평가액보다도 20억 원 낮은 570억 원에 팔렸다. 한 여행사는 중국인들이 잘 수 있는 호텔을 확보한 리츠를 만들었다가 때마침 사드 보복 사태가 터지는 바람에 혼쭐이 났다.

한때 리츠계의 슈퍼 스타였던 N리츠도 희로애락을 맛봤다. N리츠의 전성기는 2014년에 시작됐다. 그해 2월에 N리츠는 2013년 말 기준으로 주주들에게 주당 600원을 배당했다. 시가 배당률이 무려 11%였다. 당시 은행 금리의 4~5배 수준이었다. N리츠는 2013년부터 2016년까지 신들린 듯이 건물 운용을 잘했다. 2014년 1월에는 서울 여의도의 한 빌딩 일부 층을 87억 5,000만 원에 매입했다. 100억 원 이상의 가치가 있다고 평가받는 곳이었다. 이때만 해도 N리츠의 행보에 모두 찬사를 보냈고 기대감을 드러냈다. 연이은 성공 속에 2014년만 해도 1,000원대였던 주가가 2017년 1월에는 2,869원까지 올랐다. 투자자들은 고배당을 받고 주가도 오르는 해피한 시절을 맞았다. 하지만 슈퍼 스타도 금세 저물었다. 2017년 들어 주가가 떨어지기 시작하더니 현재는 다시 1,100원으로 돌아왔다. 여의도를 비롯한 건물 대부분의 가치가 떨어졌기 때문이다. 세상 사람들은 대부분 건물주를 부러워하지만, 요즘은 신축 건물이 아니면 임대도 잘되지 않고 툭하면 인테리어를 새로 해야 해서 남는 것이 많지 않다고 한다. 공실 리스크는 물론이고 임대료를 연체하는 상황도 감안해야 한다.

필자가 추천하는 리츠는 이런 일반 오피스(를 보유한) 리츠가 아니다. 리테일 (관련) 리츠를 추천한다. 일본 등 다른 나라만 봐도 리테일 리츠가 오피스 리츠보다 훨씬 활성화되어 있다.

리테일 리츠는 일반 오피스가 아니라 대형 유통 매장을 보유하는 리츠다. 이를테면 2018년 증시에 상장한 이리츠코크렙 등이 해당한다. 이리츠코크렙은 이랜드의 자회사로, 이랜드가 운용하는 뉴코아아울렛 일산점·평촌점, 2001아울렛 중계점·분당점, NC백화점 야탑점 등을 보유하고 있다. 이랜드리테일과 2016년 9월부터 15년간 연 270억 원(매년 0~2.5% 인상)의 임대료 계약을 맺고 있다. 2018년 말 기준으로, 현 주가 수준에서는 약 7%의 배당을 받을 수 있다. 투자자들은 이리츠코크렙이 배당을 잘할 수 있을지를 염려하지만 이랜드의 아울렛은 생각보다 영업을 잘하고 있다. 그리고 적자를 낸다고 해서 임대료를 떼먹지 않기 때문에 회사가 망할 정도로 이랜드리테일이 망가지지 않는 이상은 안정적인 임대료 수취가 가능하다. 또 하나, 이리츠코크렙이 갖고 있는 부동산 자산들은 대체로 준공한 지 20~30년이 되어서 다들 교통 요지에 위치해 있다. 입지가 괜찮기 때문에 가치가 확 떨어지는 일은 많지 않을 것으로 보인다. 상당히 많은 기관 투자자가 들어와 있기도 하다.

리테일 리츠는 속속 더 모습을 드러낼 것이다. 2019년 3월에 홈플러스 리츠가 기업 공개를 실시할 예정이다. 그러면 상장은 3월 말 정도가 될 것으로 보인다. 홈플러스 리츠는 홈플러스 매장 51개 부동산을 매수하고, (주)홈플러스로부터 임대료를 수취한다. 홈플러스 최대 주주는 홈플러스 매장을 유동화해 현금을 수령할 수 있어 좋고, 투자자들은 임대료를 받는 기회가 생겨 '윈윈'이다. 홈플러스는 홈플러스 리츠의 지분을 30%만 갖고, 나머지 70%는 매각할 계획이다. 예상 배당 수익률은 6%대 후반이 될 것으로 보인다. 51개 매장이 어느 위치에 있는지를 확인하는 작업을 거쳐야 추천 여부를 결정할 수 있겠으나, 그래도 개인적으로는 기대하는 바가 크다. 혹자는 홈플러스의 최대 주주이자 사모펀드인 MBK파트너스가 비우량 자산만 모아서 리츠를 설립하는 것 아니냐고 우려하는데, 관심 있는 독자라면 공모 즈음 언론 기사나 전문가 분석을 토대로 잘 살펴본 뒤 투자 여부를 결정하라고 하고 싶다.

홈플러스 리츠 외에도 롯데그룹, 신세계가 부동산 자산을 유동화해 리츠를 만들 것이란 설이 끊이지 않고 있고, 농협도 농협경제지주에서 갖고 있는 하나로마트를 유동화할 계획을 세운 것으로 알려지고 있다. NH농협금융지주는 2018년 초에 리츠 AMC(Asset Management Company, 자산관리회사) 설립 계획을 수립했다. NH농협금융지주는 하나로마트 외에도 그룹 내 자산과 외부의 우량 부동산까지 활용해 리츠 상품을 출시할 계획이라고 한다.

리테일에는 해당하지 않지만, 네이버 등이 입주해 있는 경기도 판교신도시의 알파돔타워4를 갖고 있는 신한알파리츠도 추천할 만하다. 네이버 외에도 블루홀과 스노우, 투비에이앤디 등 IT 기업들과 임대차 계약을 맺었고, 판매 시설에는 무인양품, 매머드커피, 아티제, 신한은행, 신한금융투자, 삐에로쇼핑 등이 들어왔거나 들어올 계획이라고 한다. 사실 여부는 확인하지 못했으나 이 리츠는 만기를 맞을 경우 건물을 사줄 투자자를 확보해놓았다고 하는 설이 있다. 이런 영향으로 리츠치고는 주가가 비싼 편이라 2018년 말 가격 대비 수익률은 4%선에 불과하다. 아주 높지는 않지만, 그래도 안정성이 뛰어나니 편입해볼 만하다.

# 은행이 막는다고?
# 내가 부동산 담보 대출을 해주겠어

지금 설명하려고 하는 것은 P2P 대출이다. P2P(Peer to Peer) 대출은 불특정 다수 속의 개인과 개인이 돈을 빌려주고 빌리는 것을 말한다. 기존 은행이나 저축은행, 대부업자는 예대마진을 떼먹기 마련인데, 개인과 개인이 거래하면 플랫폼 수수료만 지불하면 되니 다른 비용은 아낄 수 있는 것이 큰 장점이다.

필자는 P2P 대출 중에서도 부동산 P2P 대출을 좋아한다. 부동산 P2P 대출 중에서도 아파트를 담보로 연 8~10%로 돈을 빌려주거나 오피스텔, 빌라 건축 자금을 빌려주는 대출 물건이 가장 활발히 거래된다.

필자의 경우 2014~2016년에는 부동산 P2P 대출 비중이 상당히 높았다. 주변에서 "스타트업 대출 중개업체를 어떻게 믿고 그리 목돈을 넣느냐?"라고 주의를 많이 줬을 정도다. 하지만 당시 부동산 시장이 계속 좋을 것이라고 봤고, 부동산 P2P 대출이 무위험 고수익 시장이라고 생각했다. 2016년까지만 해도 부동산 P2P 대출은 금액 제한 조치조차 없었다. 필자는 상당한 금액을 넣었지만 2018년 들어서는 재투자를 하지 않고 있다. 현재 잔액은 전성기 때의 50분의 1 정도만 남아 있다. 뒤에서 다시 언급하겠지만 금액을 많이 줄인 이유는 정부 정책 때문이기도 하고, 당분간은 P2P 대출업 자체가 불황을 맞을 것으로 보여 두세 템포 쉰 다음에 재투자할 계획이기 때문이다.

2019년 1월 현재는 부동산 P2P 시장이 많이 얼어붙어 있다. 부동산 P2P 대출을 좀 아는 독자라면 '요즘 같은 시기에 P2P 대출을 추천한다는 말인가?' 하고 화를 낼 수도 있을 것이다. 현재 부동산 P2P 대출 시장이 왜 안 좋을까? 이는 금융위원회가 일반 개인 투자자는 최대 1,000만 원까지만 투자할 수 있도록 조치한 영향이 크다. 2016년 11월에 투자금을 제한하는 내용의 가이드라인을 만든 뒤 시장이 얼어붙었다. P2P 대출 시장이 아직 제자리를 잡지 못한 상태에서 투자금 제한 조치가 만들어지다 보니 모이는 돈이 턱없이 부족해 더는 크지 못하는 상황이 닥쳐버렸다. 물론 2018년 9월 13일에 발표한 '주택 시장 안정대책(이하 '9·13 대책')'으로 인해 부동산 시장이 얼어붙은 영향도 있다.

하지만 불황은 시장 정리의 기간이다. 현재 P2P 대출업체는 200개 이상인 것으로 추산되고 있다. 불황이 지속되면서 부실 기업이 정리되면 우량 기업 중심으로 시장이 다시 활황을 맞을 수 있을 것으로 기대한다.

필자는 업계 1위인 테라펀딩 정도에만 관심을 가질 것을 권한다. 대부분 적자를 면치 못하고 있는 상황이라 수백억 원대 투자금을 벤처캐피털로부터 조달받은 회사라고 해도 몇 년 버티지 못할 것으로 예상된다. 아직까지는 안전한 상품 위주로 대형사에만 투자하길 권한다. 아무래도 당분간은 빌라, 오피스텔 건축 자금보다는 부동산 담보 대출에 투자하는 것이 좋아 보인다.

일각에서는 신용 대출이 부동산 대출보다 안정성이 높다고 강조하는데, 필자는 이 같은 시각에 동의하지 않는다. 우리나라는 신용 대출 시장이 작지 않은 편이다. 기존 금융권에서 신용 대출이 나오지 않는다면 그만큼 소득이 없거나 증명하기 어렵다는 의미이고, 이 경우에는 돈을 빌려주는 것이 위험하다고 본다. 물론 빚 상환 의지가 높은 대출자가 많은 것이 사실이다. 신용 등급 4~7등급을 무시하면 안 된다는 의견도 많다. 하지만 빚 상환 의지가 높은 대출자를 골라내기가 어렵다. 게다가 부동산이 무너지면 신용 시장 또한 무너진다. 우리나라는 전체 가계의 자산 중 부동산 비중이 높기 때문에 부동산이 진원지가 되어 자산 가격 폭락이 발생하면 부동산이 포트폴리오에 하나도 없는 투자자라고 해도 큰 타격이 불가피하다. 당장 집값이 반토막 난다고 해보라. 주택 소유자도 문제지만 전세로 사는 세입자도 전세금을 온전히 보전받을 수 없어 타격이 불가피하다. 부동산이 망해도 신용 대출 시장은 안전하다고 하는 것은 증명할 수 없는 주장일 뿐이다. 담보물이 있는 대출자에게 돈을 빌려주는 것이 낫다. 부동산이 안전하다고 말하는 것이 아니다. 세상에 안전한 투자처는 없다. 그나마 부동산 담보물이라도 있는 것이 낫다는 얘기일 뿐이다. 지금 우리는 P2P 대출에 대해 이야기를 하고 있다. 당장 주변의 누군가에게 돈을 빌려주고 있다고 가정해보자. 그가 담보를 제시하는 것이 나은가? 아니면 그냥 "나만 믿고 돈을 빌려 달라"고 하는 경우가 나은가? 2019년 1월 기준으로 신용 대출업체의 연체율은 6~8%가량이고, 테라펀딩 연체율은 4%선이다. 이마저도 PF 대출에서만 연체가 발생했고, 부동산 담보 대출에서만 따지면 연체율은 0%대로 뚝 떨어진다.

부동산 P2P 대출로 한정하면 좋은 상품은 현재에도 많다. 업계 1위인 테라펀딩의 사이트에 들어가 보라. 테라펀딩 자체적으로도 신용 등급을 부여하는데 A등급이면 큰 무리 없이 상환될 것이라고 본다. 특히 9·13 대책으로 1주택자 이상은 담보물(아파트)이 아무리 가치가 있어도 대출이 한 푼도 나오지 않는 상황이다. 이들 중 상당수가 대부업(혹은 P2P 대출업체)에서 자금을 조달하고 있는데, 돌려 말하면 그만큼 안전한 담보물이 널려 있는 셈이다. 2019년 1월 현재 테라펀딩 사이트에서는 시세 60억 원에 선순위 대출 30억 원이 있는 한 초고가 아파트를 대상으로 8억 원을 추가 모집하는 상품이 올라와 있다. 집값이 반토막 이상 떨어지지 않으면 연 8.7%의 수익을 손쉽게 올릴 수 있다. 이런 상품은 8% 이상의 수익을 낼 수 있는 투자처다. 물론 문제는 앞에서 얘기한 대로 일반 투자자는 1,000만 원까지만 투자할 수 있다는 점이다. 자산가 입장에서는 소액만 투자할 수 있기 때문에 관리하기도 귀찮으니 아예 안 하고 만다는 사람이 많다. 참고로 부동산 P2P 대출만 했을 때가 1,000만 원이고, 신용 대출의 경우에는 2,000만 원까지 가능하다. 반면 전문 투자자에게는 제한이 없다.

P2P 대출에 관심이 많다면 개인 전문 투자자제도를 활용하는 것도 좋은 방법이다. 전문 투자자 등록은 현재까지는 까다롭다. 2018년까지는 금융 투자 상품 잔액이 5억 원 이상이면서 연소득이 1억원 이상이거나 총자산이 10억 원 이상인 경우에만 전문 투자자로 등록할 수 있었다. 또 금융투자협회에 직접 방문해 등록해야 하는 까다로운 절차 때문에 개인 전문 투자자는 2018년 9월 말 기준으로 1,943명에 불과했다. 현재 금융위원회는 전문 투자자 문턱을 낮추는 방안을 추진 중이다. 앞으로는 금융 투자 상품 잔액 5,000만원 이상을 1년 이상 유지하고 연소득 1억 원 이상인 개인 혹은 부부 합산 1억 5,000만 원 이상 소득이 있는 가구, 또는 살고 있는 주택을 제외한 순자산이 5억 원 이상이면 전문 투자자가 될 수 있다. 절차도 금융투자협회가 아니라 증권회사가 직접 심사하도록 했다. 전문투자자가 되면 P2P 대출 외에도 비상장기업 투자, 사모펀드 규제 등이 완화된다. 금융 상품에 관심 있고 자산 규모가 기준치를 충족한다면 등록하는 것을 추천한다.

P2P 대출과 관련해서 또 다른 호재가 있다. 2020년부터는 P2P 대출 투자를 통해 얻는 이자 소득에 대한 원천징수 세율이 25%에

서 14%로 낮아진다는 점이다. 지방소득세까지 포함하면 세율이 27.5%에서 15.4%로 낮아져 수익금이 기존보다 16.7% 늘어난다. 예를 들어 100만 원을 P2P 대출 상품에 투자해 8%의 수익을 얻었다고 하면 지금은 세후 5만 8,000원만 받을 수 있지만 2020년부터는 6만 7,680원을 받을 수 있다. 세후 수익률이 5.8%에서 6.76%로 높아지는 셈이다. 다만 세율 인하는 2020년 한시적인 것으로 알고 있다. 그래도 연장 가능성이 높은 것으로 보인다.

다시 말하지만 부동산 P2P 대출업은 현재 불황이다. 지금은 목돈을 넣는 것이 적절하지 않을 수 있다. 특히 오피스텔, 빌라를 짓는 작업장에 투자했는데 P2P 대출 중개업체가 어려워지면 관리·감독 또한 허술해질 수 있기 때문에 지금 당장은 담보물이 확실한 주택 담보 대출에 집중하기를 추천한다. 이 경우에 P2P 대출 중개업체가 망한다고 해도 담보가 살아 있어 회수하는 것이 훨씬 용이하다.

# 04

# 적금 들듯이 매달 ELS에 가입하라

ELS(주가연계증권)를 설명하려고 하면 항상 난감하다. 보통 '지수가 절반 이상 폭락하지 않으면 연 7~10% 주는 상품'이라고 설명하지만, 완벽한 것은 아니다. 오히려 절반밖에 설명하지 못했다고 봐야 한다. 2014년에 한 대형 증권사는 ELS 광고를 만들면서 가장 쉽게 알려주는 방법에 대한 아이디어를 응모한 적이 있었다. 당시 이 증권사의 해운대지점이 ELS를 시험 성적에 비유해 최종 우승을 차지했다.

'중학교 1학년 기말고사를 두 번 봐서 국어, 영어, 수학 점수를 평균 95점 이상 받으면 스마트폰을 사줄게. 학년이 올라갈수록 시험이 어려워지니까 2학년 때는 평균 90점, 3학년 때는 평균 85점 이상으로 하자. 단, 1과목이라도 60점보다 낮은 점수를 받으면 아예

용돈을 줄일 거야. 알겠지?'

여기서 국어와 영어, 수학은 각 기초 지수다. 가장 일반적인 것이 우리나라 대표 증시인 코스피200, 홍콩의 HSCEI(Hang Seng China Enterprises Index), 미국의 S&P500지수, 유럽 유로스톡스50, 일본 니케이225다. 이 가운데 3개 지수가 1학년(투자 1년 차) 때에는 처음 가입 시점의 95% 이상이면 바로 상환된다. 예컨대 처음 가입 시점에 코스피200이 100이라면, 6개월이나 1년 뒤에 95가 되면 상환된다는 의미다. 조기 상환 조건을 충족하지 못하면 2학년(투자 2년 차) 때 다시 기회가 돌아온다. 이때는 90%만 넘으면 된다. ELS 상품 대부분은 1년이 지나면 조기 상환구간이 낮아진다. 이때도 넘지 못하면 마지막 3년 차에는 85%만 넘으면 상환된다. 조기 상환의 기회는 통상 6개월마다 부여된다. 앞서 언급한 사례처럼 처음 1년 차에는 6개월마다 기초 지수가 95%를 넘으면, 2년 차에는 90%를 넘으면, 3년 차에는 85%를 넘으면 연 7~10%의 금리를 수익으로 제공한다. 매해 조기 상환구간이 낮아지는 것을 '스텝 다운'이라고 한다.

마지막 3년 차에 85%를 넘지 못하면 어떻게 될까? 이 경우에는 만기까지 가야 한다. 만기는 통상 3년이다. 3년이 지날 때까지 60%만 허물어지지 않으면, 당초 약정 이자를 모두 지급한다. 3년 치를 한꺼번에 받으니 21~30%일 것이다(연 7~10%x3년). 처음 가입할 때 지수가 100이라고 하면, 60 밑으로만 떨어지지 않으면 괜찮은 셈이다.

여기에 또 다른 변수가 있다. 만약 ELS에 가입하자마자 금융위기가 터져서 단숨에 50까지 밀린다고 해보자. 이런 상황이 닥치는 것을 '녹인(knock-in)'이라고 부른다. 녹인이 된다고 해서 손실이 확정된 것은 아니다. 한 번 녹인이 되면 만기까지 기다려야 하는데, 만기에 통상 70~80선까지 회복하면 3년 치 이자 21~30%를 약정한 대로 지급한다. 이 같은 설명이 다소 복잡할 수 있는데, 만약 여러 번 읽어도 이해되지 않는다면 앞서 조언한 대로 투자를 해보라. 돈을 넣어보면 더 깊이 들여다보게 되고, 곧바로 이해가 될 것이다. ELS는 수많은 재테크 전문가들이 '추천할 수밖에' 없는 상품이다. 눈 씻고 주변을 봐도 그럭저럭 안정성을 추구하면서 7% 안팎의 수익을 낼 수 있는 상품이 없기 때문이다.

이중호 KB증권 애널리스트에 따르면 2018년 11월 말 기준으로 ELS 발행 잔액은 70조 원이 넘는다. 2018년에는 글로벌 증시가 모두 부진했는데, 이 때문에 상환이 더디게 진행된 와중에도 발행액은 꾸준해 2016년 이후 처음으로 다시 70조 원을 넘어섰다. 폭락장이라고 말이 많았으나, 11월 발행액도 4조 5,290억 원을 기록했다. ELS 인기는 여전히 사그라지지 않고 있으며, 2019년에도 안정적인 흐름을 이어갈 것으로 예상된다.

투자자들이 가장 불안해하는 지수는 홍콩의 중국 지수인 HSCEI다. 홍콩 증시에는 H주식과 R주식이 있는데, HSCEI는 H주식에 포함된다. H주식은 홍콩 증시에 상장되어 있는 중국 국영기업의 주식들이다. 여기서 말하는 국영기업은 국유기업 또는 정부 지분이 30% 이상인 기업이다. 중국에서 등록하고, 중국증권감독위원회에

의해 홍콩에 상장된 기업들로 기업의 본거지는 중국 본토이며 매출 또한 중국 내에서 주로 발생하지만 홍콩에 상장된 것이 특징이다. HSCEI를 투자자들이 불안해하는 것은 이런 특징 때문이다. HSCEI는 실제로 많은 문제가 내포돼 있었다. 40개 종목으로 구성되는 지수인데, 그나마 그럴듯한 기업을 고르려다 보니 구성의 68.69%가 금융주였던 것이다. HSCEI 대표 종목은 중국공상은행, 중국건설은행 등이다. 참고로 금융주는 상당히 안전해 보이지만 금융위기가 터지거나 하면 모두 한 방향으로 움직이기 때문에 ELS 기초 자산으로 삼기에는 위험하다. 우리나라 IMF 위기 당시에도 상당히 많은 은행이 망하는 바람에 공적 자금이 투입돼 다시 살렸던 것을 떠올려 보면 된다.

중국 정부와 홍콩 당국도 이 같은 문제점을 인지하고 꾸준히 비금융주를 포트폴리오에 포함시키고 있어 다행이다. 홍콩 당국은 한국 투자자들이 HSCEI 기반의 ELS를 많이 발행한다는 것을 알고 우리나라 금융당국에 자제 요청을 하기도 했다. 그런데도 한국 증권사들이 HSCEI를 많이 발행하는 것은 그만큼 이 지수가 변동성이 커 헤지(Hedge)하기가 용이하기 때문으로 풀이된다. 쉽게 얘기해 위아래로 막 움직이니 증권사 입장에서도 운용하기가 편한 것이다. KB증권에 따르면 11월에는 HSCEI를 기초 자산으로 한 ELS 비중이 41.7%로 뚝 떨어졌다. 그만큼 2018년 말부터는 홍콩이나 중국 버블 가능성에 대한 투자자들의 걱정이 커졌기 때문으로 보인다. 실제 HSCEI는 2018년 1월 29일만 해도 1만 3,962포인트까지 올랐으나 10월 30일 한때는 9,902포인트까지 하락했다. 그런데도 41.7%나 HSCEI를 활용했다는 것은 그 정도로 증권사들이 선호한다는 의미다. 증권사 입장에서는 HSCEI를 빼면 연 7~10%의 수익률을 맞추기 쉽지 않다. 투자자들도 다른 지수가 들어 있는 상품은 수익률이 낮기에 울며 겨자 먹기로 HSCEI가 포함된 상품을 찾는다.

그럼에도 필자는 ELS를 추천한다. 되도록 적금 들듯이 매월 가입하라고 권한다. ELS는 최소 투자금이 100만 원이기 때문에 자금력이 비교적 약한 투자자들도 접근할 수 있다.

그렇다면 이제 가장 중요한 것, ELS 투자 손실 가능성은 얼마나 될까? 최소한 지수형만 놓고 보면 2008년 글로벌 금융위기 당시를 포함해도 10년 넘게 손실 상환된 사례는 전체 발행 규모의 1% 정도에 불과하다. 물론 지수가 절반 이하로 폭락해 녹인을 찍은 사례는 많았는데, 대부분 만기 전에 지수가 회복돼 3년 치 이자를 지급하고 청산했다.

위기가 없었던 것은 아니다. 2015년 5월만 해도 1만 4,801포인트였던 HSCEI가 중국 경기 경착륙 우려 속에 2016년 2월 7,505포인트로 곤두박질쳤던 것이 대표적인 경우다. 당시 필자가 보유하고 있던 ELS 중에 HSCEI가 7,485포인트까지 떨어지면 녹인을 찍는 상품이 있었는데 불과 20포인트 차이로 벗어났다. 아무튼 HSCEI가 폭락하면서 녹인을 찍은 투자자는 많았으나, 다행히 그때를 저점으로 반등하기 시작해 상당수 투자자가 숨을 돌렸다. HSCEI는 그해 바로 1만 포인트 인근까지 올랐으며, 2017년 내내 상승하다가 2018년 1월에 다시 1만 3,000포인트대를 되찾았다. 결과적으로 HSCEI 때문에 손실 상환된 ELS는 많지 않았다. 자, 이제부터 ELS 투자 원칙 6가지를 설명하겠다.

첫째, 종목형은 조심해야 한다. 종목형은 지수가 아니라 LG화학, 삼성증권 등 종목을 기초 지수로 발행하는 것이다. 종목은 지수보다 움직임 변동 폭이 크기 때문에 위험하다. 2018년 한 해 내내 삼성전자를 기초 지수로 한 ELS가 많이 발행됐는데 삼성전자를 투자 포트폴리오에 너무 담은 투자자들이 삼성전자 주가 하락으로 마음고생을 많이 했다. 물론 삼성전자가 반토막 이하로 떨어질 가능성은 높지 않다고 보는데, 그래도 종목형은 비교적 위험하다는 것을 인지해야 한다. 2011~2014년에는 종목형 ELS의 상당수가 손실 상환됐다. STX그룹 계열사 중 일부도 기초 자산으로 활용됐는데, 이 가운데 한 기업은 아예 상장 폐지가 되는 바람에 99% 손실로 상환된 비극의 ELS가 있었다.

둘째, 국제 유가나 금, 은을 기초로 한 DLS는 추천하지 않고, 원금보장형 ELS나 DLS는 원금만 주고 끝나는 비율이 높으므로 추천하지 않는다. 국제 유가에는 투기세력이 넘쳐난다. 2018년 상반기만 해도 WTI 국제 유가가 다시 100달러를 찍을 것이란 전망이 많이 나왔는데, 실제로는 하반기 들어 곤두박질치기 시작해 40달러까지 떨어졌다. 파생 상품 기초 자산으로 삼기에는 부적절하다.

셋째, 지수형으로 하되 비교적 과열 논란이 일어나지 않을 때 투자하길 권한다. 증시가 부진하다는 식의 기사가 많을 때 적립식으로 투자하면 비교적 안전하게 투자할 수 있다. 과거 사례들을 보면, 지수가 반토막 가까이 급락한 이후 추가 급락한 적이 많지 않다. 대체로 금융위기 사태가 터져도 반토막 정도에서 반등을 시작한다. 반토막 나는 경우도 10년에 한 번 정도에 그친다. 대부분 20~30% 떨어졌다가 반등을 시작한다. 그러므로 2019년 초가 어쩌면 ELS 투자 적기일 수도 있다. 2018년 말에 만난 금융 전문가들에게 2019년 투자 상품을 많이 문의했는데 대부분 ELS를 추천했다.

넷째, 녹인이 낮은 상품을 해야 한다. 녹인은 보통 65에서 35 정도다. 낮으면 낮을수록 원금 상환 가능성이 높다. 하지만 그만큼 수익률은 낮다. 이 때문에 필자는 45~50을 추천한다. 반토막만 나지 않으면 녹인을 찍지 않는 구조다. 2015년 HSCEI 폭락 때 녹인을 찍고 손실 상환된 '일부' ELS는 녹인이 65인 상품이 많았다. 녹인이 65라는 것은 고점 대비 35%만 빠져도 손해를 볼 수 있다는 뜻이다. 그리고 3년 간 35% 떨어질 가능성은 충분히 일어날 수 있는 일이므로 주의해야 한다.

다섯째, 녹인이 발생했을 때의 대처법이 있다. 필자는 ELS 기초자산 중에 반토막 이하로 떨어져 녹인이 발생하면, 그 기초 지수와 관련한 레버리지 상품에 투자하길 권한다. 매달 100만 원씩 ELS를 투자할 경우 녹인이 발생할 때 해당 기초 지수가 급등하면 손실이 만회되는 상품을 매매하라는 뜻이다. 이유는 앞에서 말한 대로 반토막 나면 추가로 급락하지 않고 반등을 시작할 때가 많았다는 사실 때문이다. 만약 이런 사태가 벌어지면 마치 세상이 망할 것 같다는 식의 기사로 도배되겠으나 절대 굴하지 말고 투자하라. 부자들은 이런 식으로 위기가 발생했을 때를 기회로 삼았다. 참고로 HSCEI의 상승 폭 2배로 움직이는 상품으로는 'TRUE레버리지 HSCEI ETN(H)'이 있고, 또 다른 H주식인 HSI의 상승 폭 2배로 움직이는 상품으로는 '삼성HSI레버리지(SAMSUNG HSI DAILY(2X)'가 있다. 유로스톡스50의 2배로 움직이는 상품으로는 'TRUE레버리지 유로스톡스50 ETN(H)', 'TIGER유로스톡스레버리지ETF' 등이 있다. 그 외에 다른 기초 지수가 50% 이하로 떨어졌다면 마찬가지로 검색해서 2배 변동 폭으로 움직이는 ETF나 ETN을 사면 된다.

마지막으로 ELS 투자 기간은 무조건 3년으로 인식하고 시작하라는 점을 조언하고 싶다. ELS는 6개월이나 1년 만에 조기 상환되는 경우가 많다. 그러다 보니 투자자들은 툭하면 ELS 투자 기간이 3년이란 사실을 잊는다. 하지만 2011년 초에 나온 ELS들은 거의 만기 3년을 채웠고, 2017~2018년에 발행된 ELS 중 상당수도 3년을 채우고 만기를 맞을 가능성이 높아지고 있다. 미리부터 투자 기간이 3년이란 사실을 인지해두지 않으면 기대했던 시점에 상환되지 않아 자금 관리에 애를 먹을 수밖에 없다. 또 하나 잊지 말아야 할 것이 3년 치 이자를 만기 때 한꺼번에 받으면 금융소득종합과세 대상이 될 수 있다는 점이다. 금융소득종합과세란, 이자 이익이 2,000만 원 이상일 때 추가로 세금 매기는 것을 말하는데 3년 치 이자를 한꺼번에 받는 구조 때문에 때로는 수천만 원 정도의 자산밖에 없는 사람들이 엉겁결에 과세 대상이 되고는 한다. 상환이 더딜 것 같으면 다른 가족 명의로 투자한다거나 하는 식으로 일시 상환 리스크를 피해야 한다. 상환 직전에 2,000만 원을 초과했다는 것을 알게 됐다면, 아예 증여하는 방안을 검토해볼 수도 있다.

# 채권에 대해 정확히 아는 분?

채권과 주식 간의 차이는 무엇일까? 채권은 부채이고 주식은 자본이다. 다만 이는 회계상 차이일 뿐이고, 투자자에게는 중요하지 않다. 투자자 입장에서 중요한 차이는 채권은 끝이 있고, 주식은 끝이 없다는 점이다.

채권은 만기가 되면 미리 약속했던 확정 이자를 준다. 주식은 끝이 없고, 주가 변동 폭에 따라 수익이 정해진다. 투자 시점에는 아무것도 약속받지 못한다. 이런 특징 때문에 2010년대 이후 기업들이 만기가 없는 채권, 즉 영구채를 발행해 자본 비율을 높이는 '꼼수'가 많았다.

주식은 20~40대에게, 채권은 50대 이후에 유리하다. 50대 이후는 고정 지출비가 많고 노후 대비를 안정적으로 가져가야 한다. 거울을 들여다봤을 때 흰머리가 좀 많이 보인다 싶으면 슬슬 채권 공부를 시작할 때다.

2018년 기준으로 큰 관심을 받은 채권을 꼽는다면 브라질 채권, 달러 표시 해외 채권, BBB등급 회사채, 전자 단기 사채 등이 있을 것이다. 이 가운데 달러 표시 해외 채권과 BBB등급 회사채(하이일드)는 2019년, 그리고 한동안은 추천하지 않는다. 달러 표시 해외 채권은 우리나라 기업이 해외에서 달러를 기반으로 발행하는 채권을 말한다. 달러로 찍어내기 때문에 달러가 강세를 보이면 미리 약속받은 이율은 물론 환차익을 챙길 수 있다. 하지만 달러 표시 해외 채권을 찍는 회사는 대체로 우량하다 보니 금리 수준이 낮다. 적은 금리를 떼먹으려다가 자칫 달러가 큰 폭으로 약세를 보이면 앞으로 벌고 뒤로 빠진다. 미국이 2018년에 4차례나 기준 금리를 올리면서 달러 강세가 나타났다. 그렇지만 2019년에는 금리를 1~2차례 올리는 데 그칠 것이란 예상이 나오고 있다. 금리 인상 기조가 마무리되면 달러는 보란 듯이 다시 약세로 전환할 것이다. 달러는 기축통화가 된 이후로 2008년 글로벌 금융위기 당시를 제외하면 꾸준히 약세 흐름을 보이고 있다. 적자를 내는 저성장 국가인 이상, 어쩔 수가 없다.

회사채는 금리가 어느 정도 높아진 상황에서 그만큼 부실 등급 기업들의 자금 조달이 힘들어질 수 있어 한시적으로 추천하지 않는다. 잘 나가는 일부 기업만 제외하고는 많이 어려운 상황이고, 회사채를 발행해 연명하는 기업 중 상당수가 저금리 유동성에 중독되어 있다. 일부 기업은 2019년 이후로 위기를 맞을 것으로 예상된다. 이와 동시에 국책은행들의 구조조정 부담도 높아지고 있어 만약 조금이라도 어려운 기업이 나오면 다른 개인 투자자, 기관 투자자의 '협조'를 요청할 가능성이 크다. 2019년 1월 현재 미국에서도 BBB등급 회사채의 부실 가능성을 경고하는 목소리가 계속 나오고 있다. 그림자 금융에 허덕이는 옆 나라 중국은 말할 것도 없다. 미국 제조업의 상징인 제너럴일렉트로닉스(GE)는 2018년 말 주가가 7달러로, 글로벌 금융위기 당시 기록했던 저점을 깨고 있다. GE는 2019년 연내 상환해야 하는 회사채가 많아 채권 전문가들로부터 예의 주시의 대상이 되고 있다.

2019년 1월 현 시점에서는 앞에서 얘기한 채권 중 브라질 채권과 전자 단기 사채를 추천한다. 이 가운데 브라질 채권은 수년간 우리나라 투자자들을 애먹인 투자처지만, 새로 출범하는 신정부가 구조 개혁에 관심이 높기 때문에 당분간은 기대할 만하다.

브라질 채권의 열풍은 2014년에 시작됐다. 2010년만 해도 헤알당 700원이던 헤알화 환율은 2014년엔 400원대 중반으로 40% 가까이 떨어졌다. 바닥을 찍었다고 보고 미래에셋대우, NH투자증권, 삼성증권 등 국내 증권사들은 연 10%에 달하는 이자, 브라질 정부와의 과세 협정에 따른 비과세 혜택 등을 내세우며 적극 홍보를 시작했다. 하지만 2015년 글로벌 신용평가사 스탠더드앤드푸어스(S&P)와 피치가 브라질 국가 신용 등급을 하향 조정하면서 손실이 발생하기 시작했다. 한동안 브라질 채권 잔혹사에 대한 지적이 많았으나 2016년 헤알화가 반등하며 브라질 채권이 연간 71%의 수익률을 내자 다시 프로모션이 시작됐다. 하지만 2017년에는 연 1%의 수익에 그쳤고, 2018년에도 8월 말 기준으로는 20%의 손실을 기록했다. 그나마 극우 성향의 자이르 보우소나루 후보가 대통령에 당선되면서 자유 시장 경제 기조가 살아날 것이란 기대감에 이후 환율이 280원대에서 안정적 모습을 보였다는 점이 다행스럽다. 자이르 보우소나루는 '좌파 트럼프'라는 별명을 갖고 있는데, 일단 브라질 연금 등에 대해 칼을 빼 들겠다는 기조를 보이고 있어서 글로벌 채권 투자자들이 열광하고 있다.

브라질 연금은 채권 투자에 있어 가장 큰 리스크다. 네이버 유명 블로그인 'Santacroce의 세상 이야기'에 따르면 브라질은 55세부터 연금을 받는다. 55세부터 기존 급여의 70%를 연금으로 받기 때문에 가장들은 50살만 되면 이제 할 일은 다 했다는 생각을 한다고 한다. 15년만 납부하면 연금 수령 자격이 생기고 배우자에게 승계도 된다. 이 때문에 고위 공직을 거친 은퇴자와 20대 젊은 여성의 재혼이 사회적 문제가 되기도 했다. 자이르 보우소나루는 최소한 이 연금에는 칼을 대야 한다고 인식하고 있다. 하지만 개혁이 쉽지 않을 것이란 지적도 나온다. 브라질 근무 경험이 있는 한 금융권 관계자는 "브라질은 경찰이 연금을 올려달라며 일부러 치안을 게을리해 조폭들의 도심 총격전이 벌어지는 나라"라고 했다.

아무튼 그럼에도 브라질은 자원의 나라이고 2019년에는 신흥국이 상대적 강세를 보일 것으로 예상되는 만큼 브라질 채권에도 관

4장 부자들이 은행 대신 택하는 알짜 상품  193

심을 가질 필요가 있어 보인다. 혹자는 브라질이 아예 국채를 갚지 않고 디폴트를 선언하는 상황까지 우려하는데, 브라질이 무너지면 남미 경제는 아예 무너진다. 그리고 미국의 브라질 투자 비중도 꽤 큰 편에 속하기 때문에 그런 극단적인 일은 벌어지지 않을 것으로 보인다.

2019년 1월에 미래에셋대우의 한 지점을 방문해 보니 브라질 채권(이표채) 중 잔존 만기 기준으로 6~10년 남은 물건의 경우 세후 투자 수익률이 8.12~8.46% 정도였다(환율 287.91원 기준). 브라질 채권은 만기 1개월~10년으로 상품을 파는데, 환차손 가능성이 있는 만큼 단기물은 추천하지 않는다. 헤알화 환율이 워낙 급변동하기 때문이다. 참고로 연 중개 수수료율은 0.3%라고 하는데, 깎아달라고 요구하면 0.15%까지 가능하다고 한다. 또 하나, 중도 상환 수수료는 없다. 환율이 급등하고 이 정도 수익으로 만족할 수 있겠다 싶으면 중도 환매하는 전략도 구사해볼 만하다.

장기물로 브라질 채권을 추천한다면, 단기물로는 전자 단기 사채를 추천한다. 전자 단기 사채(Asset Backed Short-Term Bond)란, 기업들이 만기 1년 미만의 단기 자금을 조달하기 위해 종이가 아닌 전자방식으로 발행하는 채권을 말한다. 최소 투자 단위는 1억 원이다. 보통 증권사에서 팔리는 전자 단기 사채는 건설사가 사업장 자금을 마련하기 위해 조달하는 자금이다. 증권사는 이 전자 단기 사채를 신용 보강하는데, 대출 약정보다는 대출 확약을 한 상품에 투자하는 것이 낫다. 이는 해당 사업장이 망해도 증권사가 갚아주겠다는 의미이기 때문이다. 전자 단기 사채를 구하려면 아무래도 미래에셋대우, 한국투자증권 등 대형사를 방문하는 것이 낫다. 특히 곧 돌려줄 전세금이 있거나 할 때 활용할 수 있다. 만기가 3개월이기 때문에 짧게 운용할 수 있다는 것이 큰 장점이다. 다만 증권사에서 중개하는 상품은 신용 등급이 높은 우량한 것들뿐이라 수익률은 높지 않다. 은행 예금보다 약간 나은 수준이다. 2019년 1월 기준으로 2%대 후반 금리를 받을 수 있다. 2019년 1월 기준으로 저축은행의 예금 금리가 6개월은 1.3~1.9%, 12개월은 2.1~2.9% 정도이니 나쁘지는 않은 수준이다. 더 높은 금리의 상품을 달라고 말할 수는 있지만, 이 경우 당연히 리스크가 높아진다. 모 건설 사업장의 전자 단기 사채의 경우 연 6.5% 금리 상품도 있었는데 리테일(개인투자자 대상)로 나온 즉시 다 팔렸다.

**06**

# 우면산터널을 지날 때 웃는 이유

서울 서초구와 과천을 잇는 우면산터널에 진입하면, 운전자들은 인상을 찌푸리면서 꼭 한마디를 남긴다.

"통행료가 뭐 이리 비싸?"

필자의 아내는 강동구 한 학원에서 부동산 수업을 들은 적이 있었는데, 집이 과천인 강사가 꼭 수업이 시작될 때마다 "우면산터널 통행료 내고 나면 수업료 남는 것도 없겠다. 무슨 통행료가 그렇게 비싼지…"라고 말했다고 한다.

우면산터널은 2004년 1월 개통 당시에 통행료가 2,000원이었고 (중·소형 기준), 2019년 1월 현재는 2,500원이다. 지금은 익숙해져서 투덜거림이 작아졌는데, 개통 당시만 해도 언론 보도가 줄을 이을 정도로 불만의 목소리가 높았다.

우면산터널은 왜 이렇게 비쌀까? 그리고 필자는 왜 '우면산터널을 지날 때마다 내가 웃는다'는 식의 제목을 붙였을까?

우면산터널 운영자(주인)는 우면산인프라웨이다. 한때 우면산인프라웨이의 최대 주주가 맥쿼리한국인프라투융자회사였다(지금은 최대 주주가 아니다). 보통 '맥쿼리인프라'라고 한다. 맥쿼리인프라라고 하면 아는 독자도 있겠으나, 그래도 낯선 이가 많을 듯하다.

맥쿼리인프라는 또 무엇이란 말인가? 맥쿼리인프라는 자본시장법과 민간투자법에 따라 2002년 12월에 설립된 인프라 투자회사다. 민자 방식으로 인프라 투자를 하기 위해 만들어진 회사다. 정부나 지방자치단체가 뭔가 공사를 벌이고 싶은데 돈이 없으면 민자 자금을 유치하곤 한다. 이때 앞으로 나서서 작업을 하는 곳이 맥쿼리인프라라고 생각하면 된다. 맥쿼리인프라는 자기 돈, 차입을 통해 광주제2순환도로 1구간과 3-1구간, 수정산터널, 백양터널, 인천국제공항고속도로, 천안-논산고속도로, 우면산터널, 서울-춘천고속도로, 마창대교, 용인-서울고속도로, 인천대교, 부산항 신항 2-3단계 등에 투자해놓고 있다.

우면산터널을 예로 들면, 맥쿼리인프라는 우면산터널 운영권을 30년 동안 갖고, 그 기간 동안 통행료를 받아 처음에 들어간 공사비를 충당한다. 30년 소유권 기간이 끝나면 그 이후에는 국가나 지자체로 귀속된다. 30년 동안은 맥쿼리인프라 마음대로 비싼 통행료를 받는 셈이다. 지금은 국가나 지자체가 나서서 운영권을 더 길게 해주는 대신 통행료를 인하하는 내용의 협의를 진행 중이다. 가끔 통행료 인하나 동결 뉴스가 나오는 것은 이 때문이다. 2018년 4월에 서울-춘천고속도로 통행료는 7,000원대에서 6,400원으로 낮아졌고 2020년까지 추가로 3,000원대로 낮춘다는 보도가 나왔는데, 이런 재계약이 사실은 통행료를 낮추는 대신 소유권을 늘려주는 것이다. 맥쿼리인프라는 당장의 수입은 낮아지지만 더 오랜 기간 수입을 올릴 수 있다.

맥쿼리인프라가 가장 유명했던 시기는 지난 2012년 때였다. 당시까지만 해도 맥쿼리인프라는 현대로템(현대자동차그룹 계열의 철도회사)과 함께 메트로9호선 지분 49.5%를 보유 중인 최대 주주였다. 2012년 4월, 메트로9호선은 지하철 요금을 1,050원(일반 기준)에서 1,550원으로 500원 인상하는 안을 추진했다. 9호선 적자가 극심하다는 이유에서였다. 이는 맥쿼리인프라가 지나친 수익을 거두는 것이란 반발로 이어졌고, 결국 서울시의 노력으로 요금 인상이 철회된 적이 있다.

당시 이 이슈는 정치적으로 이용된 면이 없지 않다. 일단 맥쿼리인프라가 더 많은 수익을 챙기려고 요금 인상을 추진했다는 얘기는 엄밀히 말해 틀렸다. 9호선 손실이 덜 난다고 맥쿼리인프라가 더 많은 돈을 가져갈 수 있게 계약된 상태가 아니기 때문이다. 반대로 얘기하면, 9호선이 적자가 아무리 많이 난다고 해도 맥쿼리인프라는 손해 보지 않게 되어 있다. 왜냐하면 최소 운용 수입 보장, 즉 MRG(Minimum Revenue Guarantee)라는 계약이 체결되어 있었기 때문이다. 맥쿼리인프라는 9호선 운용 성과에는 아무런 관심이 없었으며 단지 계약에 따라 요금 인상을 주도한 것뿐이었다. 결과적으로 맥쿼리인프라는 9호선 지분을 기관투자자들에게 매각했는데, 매각 대상이 9호선의 기존 주주이거나 맥쿼리인프라의 주주들이었다. '맥쿼리'라는 이름 석 자만 사라졌을 뿐인데, "우리나라의 혈세가 외국으로 새지 않게 됐다"라면서 환호성을 터뜨리는 코미디 같은 장면이 연출됐다.

당시 맥쿼리인프라는 9호선 매각 차익으로 284억 원을 벌었는데 연평균 투자 수익률로 13%에 이르는 수준이었다. 9호선 매각 덕분에 맥쿼리인프라는 2013년에 예상보다 많은 513원(분배금 수익률, 배당률 8.4%)을 지급할 수 있었다. 서울시 입장에서는 목돈을 한꺼번에 지급하고 최소 운용 수입 보장 때문에 조금씩 새는 돈을 막았다는 정도의 의미만 있었다. 주변 사람 중 절대 다수가 이 같은 이야기를 하면 믿지 못한다. "세금 누수를 막은 것 아니었어?"라고 되묻는다. 못 믿겠다면 맥쿼리인프라의 2012~2013년 주가 움직임을 살펴보라. 정말 맥쿼리인프라의 몫을 줄였다면 주가가 큰 폭으로 하락했을 것이다. 그런데 그렇지 않았다. 주가를 살펴보면 알겠지만, 맥쿼리인프라는 서울시 덕분에 주가가 올랐다.

맥쿼리인프라의 12개 인프라 자산 중 11개에 MRG 계약이 맺어져 있다. 심지어 최소 운용 수입 보장 계약에는 물가 상승률도 반영된다. 왜 이렇게까지 좋은 조건에 인프라 투자를 넘겼느냐고 묻고 싶다면, 우리나라의 정치 지형도를 보면 된다. 열이면 열, 정치인이 총선용으로 만든 공약을 이행하느라 급조된 인프라 투자 투성이다.

당장 다리는 놓고 싶은데 돈 나올 곳이 없으니 맥쿼리인프라 같은 곳과 계약을 했는데 하필이면 그것도 고금리 시절이던 2000년대 초반에 수많은 계약이 체결됐다.

정치인들의 삽질 때문에 혈세가 낭비돼 억울하다 싶으면 맥쿼리인프라를 사놓으면 된다. 2018년 말 기준으로는 주가가 많이 올라서 9,500원 안팎까지 상승했는데, 그래도 연 수익률이 4~5%는 나온다. 한국거래소에 따르면 맥쿼리인프라 투자 수익율은 2006년 상장 이후 연 9.2%(같은 기간 코스피 지수 평균 6.7%)를 기록했고 배당 수익률도 평균 5~7%에 달했다. 그리고 외국인 지분율은 25% 남짓이다. 맥쿼리인프라의 투자 수익 4분의 3은 내국인들에게 돌아간다는 점도 비난하기에 앞서 알아둬야 할 점이다.

하나 더 강조하자면 맥쿼리인프라가 아니더라도 인프라 펀드에는 관심을 둘 시점이라는 점이다. 2019년 1월 현재 남북경협에 대한 기대감이 계속 높아지고 있다. 대북 제재가 풀려서 우리나라가 북한 인프라 시장에 뛰어들게 된다면, 아마도 정부가 직접 모든 자금을 대기보다는 민간에 맡긴 뒤 남북한 정부가 MRG를 보장하는 형태로 진행될 가능성이 농후하다. 북한 인프라 투자는 거의 나라를 재건하는 수준이라서 자금 투자가 부담스러운 정도가 아니라, 아예 불가능한 수준일 것이다. 민자(민간투자)에 기댈 수밖에 없다.

맥쿼리인프라에 또 다른 호재가 있다. 맥쿼리인프라 운용사인 맥쿼리자산운용이 보수를 좀 적게 가져가기로 한 것이다. 맥쿼리인프라에 2018년 6월 경영권 분쟁이 붙었다. 플랫폼파트너스자산운용이 맥쿼리인프라의 운용사를 다른 운용사로 교체하자며 표 대결을 시도한 것이다. 당시 플랫폼파트너스자산운용은 '맥쿼리인프라는 현재 투자해놓은 자산을 관리만 하는 상황이라 수수료를 10분의 1로 낮출 수 있다'라면서 운용사 교체를 시도했다. 플랫폼파트너스자산운용의 시도는 안정을 택한 기존 기관 투자자들 때문에 실패로 돌아갔지만, 그래도 맥쿼리인프라는 소폭이나마 수수료를 낮췄다. 기본 보수를 시가 총액과 순차입금 합산금액의 1.1~1.25%에서 순차입금을 제외한 시가 총액의 1.1~1.25% 수준으로 낮춘 것이다. 이에 대해 플랫폼파트너스자산운용은 '터무니없이 찔끔 낮춘 수준'이라고 반박했는데, 이 논란을 의식한 것인지 맥쿼리인프라는 2019년 1월 18일 기본 보수요율을 0.85%까지 또 낮췄다. 필자가 생각하기에 맥쿼리인프라는 또 한 번 보수를 낮출 가능성이 있어 보인다. 다른 선진국의 인프라 펀드들도 수수료 인하 논란이 한창이기 때문이다.

# 나도 헤지펀드에 투자할 수 있다

　우리나라 신문, 특히 경제신문은 독자에게 불친절하다. 과거 신문 기자들은 "중학생이 이해하게 써야 한다"라고 말하곤 했다. 하지만 어느새 중학생이 이해할 수 있는 글이 많이 줄었다. 인터넷이 활성화된 시기가 20년을 넘어가면서 어느 정도는 '검색'해서 알고 있을 것이라고 짐작해 쓰는 경우가 늘었다고나 할까? 그런 만큼 SNS 등을 통해 전문가들의 품평을 접할 기회가 늘다 보니 전반적으로 기사의 난이도가 높아졌다. 모자란 지면을 설명으로 때려 넣을 수도 없으니 사실 진퇴양난이기는 하다. 어쨌든 이런 풍토 때문에 경제를 잘 알지 못하는 사람은 신문 읽기가 버겁다.

　그렇다고 포털 사이트가 친절한 것도 아니다. 과거에는 경제 용어를 넣으면 가장 잘 설명된 블로그 글이 뜨는 경우가 많았던 것 같은

데, 이제는 광고 혹은 무의미한 복붙(복사 후 붙여넣기) 수준의 글이 대부분이다.

우리나라에서 그 존재가 가장 잘못 알려진 것 중 하나가 헤지펀드다. 헤지펀드의 헤지(hedge)는 방어한다는 의미로, 현물 가격 변동의 위험을 선물 가격 변동으로 제거한다는 뜻이다. '위험 회피' 또는 '위험 분산'이라고도 불린다. 헤지란 원래 쐐기를 박는다는 뜻이다. 즉, 쐐기를 박아 가격이 움직이지 않도록 하는 것이다.

그런데 이 헤지펀드가 태평양 건너 우리나라에서는 조금 이상하게 쓰인다. 우리나라 기업을 공격하거나 약탈하는 해외 펀드로 인식할 때가 많다. 이는 미국계 헤지펀드 일부가 우리나라에서 대기업을 공격하고 배당이나 자사주 소각, 계열사 매각, 이사진 교체 등을 요구한 사례가 몇 차례 있었기 때문이다. 2015년과 2016년에는 삼성물산과 삼성전자, 2018년에는 현대자동차그룹을 공격한 엘리엇이나 1999년 SK텔레콤을 공격한 타이거펀드, 2003년 SK그룹과 붙은 소버린, 2004년 삼성물산을 공격했던 영국계 헤지펀드 헤르메스 등이 이에 해당된다.

간략히 얘기하면 이처럼 대기업을 공격하는 것은 헤지펀드의 주요 전략 중 하나이기는 하다. 기업에 배당을 요구하고 주가가 오르면 시장 상황과는 무관하게 수익을 낼 수 있다. 이외에 기업 실적이나 증시 일정 등 이벤트를 중심으로 매매하는 것을 이벤트 드리븐(Event-Driven)전략이라고 하고, 주식을 매수하면서 공매도도 치는 전략을 롱숏(Long-Short)이라고 한다. 모두 시장 상황과 무관하게 수익을 낼 수 있는 기법들이다. 이 때문에 자산가들이 헤지펀드에 관심을 갖는다. 우리나라 경제를 전망할 때 모두가 녹록지 않다는 것을 인정한다. 시장 상황과 무관하게 이익을 내야만 한다. 이는 지금 글로벌 트렌드여서, 2017년 말 기준 글로벌 헤지펀드의 잔고는 3조 2,000억 달러로 사상 최대치를 찍었다. 주가가 하락해도 펀드가 수익을 낸다고 하니 마법의 용어 같다.

유안타증권에 따르면 2017년부터 우리나라에서도 헤지펀드 시장이 무르익고 있다. 현재는 공매도전략을 함께 구사하는 롱숏펀드가 인기 있는 편이고 채권형펀드와 코스닥벤처펀드 등도 등장했다. 2019년 4월 말 기준 국내 헤지펀드 수는 1,188개이며, 운용 규모는 18조 10억 원에 이른다. 2016년 말 6조 6,000억 원이었던 헤지펀드 운용 규모가 2017년 말엔 12조 원을 넘었고, 2018년 들어서만 4개월 만에 6조 원이나 늘었다.

최창규 NH투자증권 애널리스트는 2018년 9월에 6개 헤지펀드 전략 중 어느 전략의 성과가 좋은지를 2017년 이후로 통계를 낸 적이 있다. 순위는 IPO, 메자닌, 롱온니, 멀티전략, 롱숏, 채권 순이었다. IPO는 공모주 투자이고, 메자닌은 상장사의 전환사채(CB)나 신주인수권부사채(BW)를 투자해 채권 수익을 추구하면서 주가가 오르면 주식으로 전환해 돈을 버는 전략이다. 멀티전략은 말 그대로 멀티로 전략을 쓰는 것이고, 채권형은 채권 투자를 하는 것이다. 롱온니는 공매도는 치지 않고 오를 것 같은 주식에만 집중 투자하는 전략이다.

참고로 여기서 필자가 가장 좋아하는 것은 롱숏이다. 최근에는 공매도 칠 주식을 구하기가 어려워 성과가 좋지 않았지만 그래도 중장기적으로 보면 가장 안정적일 것이다.

필자는 2013년 9월에 적립식으로 롱숏펀드에 들었다. 2013년 9월부터 2018년 12월까지 8.04%의 수익률을 기록했다. 사실 기대치에는 밑도는 편인데, 이는 몇 차례 부진한 시기가 있었기 때문이다. 2014년 11월에는 한 달에만 6.36%나 손실을 봤고, 2015년 중순에도 부진했다. 2014~2015년은 헤지펀드가 극히 부진했던 시절이다. 2018년 10월에 미국 시장이 급락 전환을 시작할 때에도 5.93%나 떨어졌다. 이렇게 한 번씩 크게 까먹기는 하지만, 중장기적으로 수익률은 나쁘지 않은 편이다. 만약 수익률이 떨어질 때마다 필자가 추가 납입을 했다면 성과는 훨씬 좋게 나타났을 것이다.

앞에서 이야기했듯이 펀드는 공모보다는 사모펀드가 운용 측면에서 절대적으로 유리하기 때문에 헤지펀드 스타일의 펀드를 찾고 있다면 사모펀드 가입을 추천한다. 다만 최소 가입 금액이 1억 원이라는 것이 문제다. 그래서 요즘은 사모재간접펀드가 유행한다. 사모재간접펀드는 소액으로 돈을 모아 사모펀드에 투자하는 형식이다. 공모펀드 매니저가 좋은 사모펀드를 찾아 투자하는 것이라고 생각하면 된다. 수수료가 다소 비싼 것이 흠이나 통상 500만 원이면 가입할 수 있다.

# 08

# 퇴직연금은 보수적으로 한다

보통 월급쟁이라면 노후 대비는 국민연금과 개인이 준비한 몇몇 연금(대부분 지인을 통해 강제 가입된 사례일 것이다), 그리고 퇴직연금으로 구성된다. 대부분 연금은 안정 지향적으로 운영된다. 우리나라는 보험 판매 루트가 대부분 '지인'이다. 지인이다 보니 저축성 보험 위주로 판매된다.

국민연금이야 태생적으로 안정 지향적으로 운용될 수밖에 없다. 이 때문에 퇴직연금만큼은 공격적으로 포트폴리오를 짜라는 조언이 나오는 경우가 많다. 상당수 월급쟁이가 퇴직연금 수익률은 수시로 확인하지 않는다. 수시로 보지 않으니 아예 공격적으로 운용하라는 조언이다. 자주 들여다보면 그만큼 불안하다. 공격적으로 포트폴리오를 짜고 내버려두면, 언젠가는 높은 수익률로 보답할 것이란 얘기다.

　아주 틀린 얘기는 아니라고 본다. 우리나라는 펀드 환매 시점이 너무 빠르다. 믿고 맡기려고 펀드에 드는 것이 아닌가. 6개월 정도 투자하다가 수익률이 기대에 안 찬다 싶으면 바로 환매한다. 그리고 그때 가장 '핫'하다는 펀드로 갈아탄다. 이렇게 할 거라면 아예 직접 투자를 하는 것이 낫다고 말하고 싶다. 펀드는 믿고 맡기는 것이 낫다는 판단 아래 하는 것이다. 기본적으로는 펀드매니저를 믿고 방치하는 게 현명하다. 퇴직연금은 방치될 가능성이 높으니 공격적으로 하라는 조언, 일견 타당하다.

　그렇다고 해도 퇴직연금을 공격적으로 하는 것은 너무 위험하다. 이 경우에는 내가 은퇴할 때쯤 연금 수익률이 괜찮을지가 문제다. 내내 상승하다가 내가 환매할 때쯤 금융위기가 터질 수 있다. 금융위기보다 문제인 것이 나라가 점점 저성장 모드로 진입하고 있다는 점이다. 2019년 현재 30대인 월급쟁이는 20년쯤 뒤 은퇴를 맞는다. 2039년이면 우리나라는 어떤 위치에 있을까? 인구가 꽤 줄어있을 텐데 노인들의 나라에서 성장 동력이 어느 정도로 확보되어 있을지 생각해봐야 한다. 퇴직연금의 가장 큰 문제는 환매(은퇴) 시점이 고정되어 있다는 것이다. 장기적으로 적립식 투자하는 건 괜찮은데 환매 시점이 고정돼 있다는 점 때문에 절름발이가 될 수밖에 없다.

　기업 대부분은 퇴직연금을 DB형(확정급여형)으로 해놓고 예금 위주로 한다. 공격적으로 했다가 수익률에 문제가 생기면 피곤해지기 때문이다. 군이 필자가 퇴직연금을 안정적으로 굴리라는 말을 하지 않아도, 다들 알아서 그렇게 하고 있다. 다만 금융회사나 스타트업 기업이라면 DC형(확정기여형)으로 하여 직원 개인에게 맡기는 경우도 있다. 혹시 자신의 회사가 DC형으로 돼 있다면 수시로 꼼꼼히 관리하거나 아예 안정 지향적으로 포트폴리오를 구성해놓으라고 조언하고 싶다.

다만 퇴직연금과 별개로 공격적으로 운용하는 연금 목적의 상품에 가입해둘 필요가 있다. 주거래 계좌 내에 평생 가져갈 만한 상품을 담아 두되 수시로 확인해야 한다. 너무 일희일비하지는 말고 좋은 상품이 생기면 갈아타는 것을 추천한다. 펀드 관리의 핵심은 '펀드 플로우'다. 돈이 몰리는 곳으로 나 또한 이동하는 것이다. 펀드 플로우는 증권사 글로벌 자산 배분 전략담당이 수시로 공지한다. 국제금융센터 사이트(www.kcif.or.kr)에 들어가도 볼 수 있다. 참고로 2018년 11월부터 북미 지역에서 자금 이탈이 극심해졌다. 국제 금융센터에 따르면 2018년 12월 19일 기준으로 최근 한 달간 북미에서만 460억 달러의 펀드 자금이 빠져나갔다. 반면 일본을 제외한 아시아로는 46억 달러가 유입됐다. 12월 13~19일만 봐도 북미에서는 139억 달러가 나왔고, 아시아로는 28억 달러 들어갔다. 글로벌 자금 흐름에 맞춰 펀드만 굴려도 사실 평균 이상의 수익을 낼 수 있다.

여기에 덧붙여 한마디 하고 싶은 말이 있다. 보험은 이름 그대로 보험 목적으로만 가입하라는 점이다. 우리나라는 보험 시장을 활성화시키려고 소득 공제 등 이런저런 혜택을 덕지덕지 붙여 놨다. 이 때문에 재테크용으로 보험 상품을 가입하는 경우가 많은데, 보험은 재테크와 맞지 않다는 점을 유념해야 한다. 또 지인을 통해 가입하는 상품은 대체로 사업비 비중이 높고, 꼭 필요한 상품이 아닌 경우가 많아 중도 해지하는 사례가 많다. 중도 해지 시 사업비는 돌려받지 못하기 때문에 마이너스 수익률을 기록할 때가 많다는 점도 보험 가입은 최소화해야 하는 이유 중 하나다. 가족력을 기반으로 보장성 보험을 일부 들고, 실손보험 정도만 가입하면 적당하다.

내가 무슨 연금을 들어놨는지 헷갈린다면? 그럴 때는 금감원을 노크하면 된다. 금융감독원의 통합연금포털(100lifeplan.fss.or.kr)에 들어가서 회원 가입을 하면 내가 들어놓은 연금은 물론이고 매해 예상 지급액까지 확인할 수 있다.

## 09

# 개미도 공매도 칠 수 있다

2018년에 가장 뜨거웠던 투자 기법은 공매도다. 증시가 부진한 영향으로 공매도 성공률이 돋보였다. 외국인 투자자들이 선호하는 공매도 종목은 대부분 30~40%의 수익률을 올렸다.

공매도는 주가가 하락하는 데 베팅하는 것이기 때문에 당연히 개인 투자자들은 좋아하려야 좋아할 수 없다. "공매도는 외국인만 배불린다. 금지해야 한다"라는 목소리가 꾸준히 이어졌다. 불에 기름을 부은 것이 2018년 4월에 삼성증권이 존재하지 않는 주식을 배당하는 사건이었다. 우리사주조합에 주당 1,000원을 배당해야 하는데, 담당 직원이 단순 실수로 원 대신 주(株)를 입력했다. 삼성증권이 주당 1,000원씩 배당한 점을 고려하면, 28억 원 대신 28억 주가 입고됐다. 참고로 삼성증권 발행 주식은 총 8,930만 주다. 어마어마한 규모의 주식이 오류로 입고됐고, 이 가운데 501만 주가 실제로 장내에서 팔렸다.

주가 폭락은 일차적인 문제였을 뿐이다. 그보다 증권 시스템에 대한 불신이 생겨났다. 증권사가 마음만 먹으면 가짜로 주식을 찍어내고 팔아치울 수 있다는 사실이 알려지면서 여론이 들끓었고, 공매도를 폐지해달라는 국민 청원에 20만 명 이상이 동의했다. 정부는 "우리나라에서는 공매도를 할 때 주식을 차입한 뒤 매도해야 하기 때문에(무차입 공매도 불허 규정) 삼성증권 사태와 같은 일은 공매도 시장에서는 벌어지지 않는다"라고 해명했지만 민심은 돌아서지 않았다. 금융위는 결국 '공매도는 기울어진 운동장'이라는 데 동의하고 제도 개선에 착수했다. 이제 불법 공매도를 저지르면 수익금을 토해내야 하고, 때에 따라서는 형사처분을 받을 수 있다. 금융위는 2018년 11월에 무차입 공매도를 저지른 사실이 적발된 외국계 증권사인 골드만삭스에 75억 480만 원의 과태료를 부과했다. 이는 공매도와 관련한 제재 중 사상 최대 수준의 과태료였다. 이 또한 삼성증권 사태의 여파라고 할 수 있다.

정부는 이제 개인 투자자들에게도 공매도의 문턱을 조금씩 낮출 계획이다. 외국인, 기관은 할 수 있는데 개인은 할 수 없다는 점이 '기울어진 운동장' 논란을 부른 또 다른 배경이었기 때문이다. 현재로서는 공매도할 주식을 차입한 뒤 갚지 못하는(매수하지 못하는) 사태가 벌어질까 봐 염려하는 기색인데, 분위기나 흐름 자체는 개인 공매도도 허용하는 쪽으로 바뀌고 있다.

지금도 공매도와 같은 포지션을 취할 수 있는 수단은 많다. 인버스(하락하는 데 베팅하는 구조)ETF도 있으나 ELW(주식워런트증권)도 있다. 매일경제용어사전에서는 ELW를 다음과 같이 설명한다.

특정 대상물(기초 자산)을 사전에 정한 미래의 시기(만기일 혹은 행사 기간)에 미리 정한 가격(행사 가격)으로 살 수 있거나 (콜) 팔 수 있는(풋) 권리를 갖는 유가 증권이다.

콜워런트로 예를 들면 1년 후에 만기가 도래하는 행사 가격 1만 원짜리 A사 주식을 1만 원에 살 수 있는 권리를 부여한다. 현재 이 콜워런트의 가격이 1,000원이라고 가정하면, 이때 A사 주식의 강세를 예상하는 투자가들은 두 가지 선택을 할 수 있다. 즉, 예전처럼 A사 주식을 현재 가격(1만 원)에 현물로 사거나 콜워런트를 1,000원 주고 사는 것이다. 1년 후에 A사 주식이 1만 3,000원으로 오른다면 주식을 산 투자자는 3,000원의 이익을 얻을 수 있다. 수익률 관점에서 30%의 이익을 얻은 것이다. 콜워런트 투자자는 A사 주식을 1만 원에 살 수 있는 권리를 만기 시점에 행사해서 A사 주식을 발행사로부터 1만 원에 매입한 후 거래소에 1만 3,000원에 되팔 수 있었을 것이다.

이익은 매도가 1만 3,000원에서 주식 매수 대금 1만 원과 콜워런트 가격 1,000원을 합한 금액을 뺀 2,000원이 된다. 하지만 수익률로 보면 1,000원을 투자한 콜워런트 투자자는 주식 투자자가 올린 30%의 수익에 비해 초기 자본 투자 대비 200%의 수익을 낸 것이다.

이해가 좀 가는가? 즉, 거래소 옵션 상품이 증시에서 현물처럼 거래된다고 생각하면 된다. 필자 또한 2008년 글로벌 금융위기 이후 ELW 단타로 재미를 좀 봤다. 흔히 ELW는 조금씩 벌다가 한 번에 망한다고 하는데, 가끔 재미 용도로만 치다 보니 아직까지 큰 손해를 본 적은 없었다.

ELW 매력이 빛을 발하는 분야는 종목형이다. 2018년의 또 다른 스타 주식인 삼성바이오로직스를 예로 들어보겠다. 삼성바이오로직스를 기초 자산으로 한 ELW 중에 한국DM92삼성바이콜이 있다. 삼성바이오로직스 ELW 중 거래가 활성화된 편이라 예로 들어본다.

주식에 관심 없는 독자라고 해도 삼성바이오로직스는 알고 있을 가능성이 높은데, 이는 삼성바이오로직스가 2018년 내내 이재용 부회장의 승계문제로 인해 회계분식을 저질렀다는 의혹을 받았기 때문이다. 삼성바이오로직스는 5조 원대 분식회계 혐의로 11월 증선위(증권선물위원회) 결정을 앞두고 연일 급락하다가 11월 13일에는 낙폭이 너무 컸고, 실제로 상장 폐지로 이어지는 대형 징계를 받지는 않을 것이라는 관측이 힘을 얻으면서 갑작스럽게 급등 전환했다. 삼성바이오로직스는 13일에는 9.81%, 14일에는 6.70% 올랐다. 그렇다면 한국DM92삼성바이콜은 어땠을까? 한국DM92삼성바이콜은 13일에는 100%, 14일에는 16.67% 상승했다. 10원이었던 ELW 가격이 14일 장중 한때는 45원까지 올랐다. 한국DM92삼성바이콜은 삼성바이오로직스 거래 재개 첫날이었던 2018년 12월 11일에도 42.86%, 13일에는 20% 급등했다. 반도체 고점 논란에 관심 있고, 실제로 반도체 전망을 부정적으로 봤다면 SK하이닉스나 삼성전자 풋을 사도 괜찮았을 것이다. 한국DR51SK하이닉풋의 경우 11월 말만 해도 20원이었던 주가가 12월에는 70원대로 올라섰다.

ELW 투자에 있어 종목형 ELW의 경우 가격이 10~100원인 초저가 주식이 많다는 점에 주의해야 한다. 10원 주식에 5원 변동 폭이면 무려 50%다. 기초 자산의 가격 변동 폭이 ELW에는 그대로 반영되지 않는다는 점이 문제가 될 수 있다. 이것 때문에 호가 단위를 1원, 혹은 그 이하로 대폭 낮추는 방안을 고민해야 할 텐데, 당국은 투기 심리를 부채질할 수 있다는 이유 때문인지 적극적이지 않은 상황이다.

사실 ELW 같은 파생 상품 투자는 적극적으로 권하기 어렵다. 선물 옵션과 같은 파생 상품은 누군가가 벌면 누군가는 반드시 잃는 구조다. 완벽한 제로섬이다. 주식처럼 전체적으로 지수가 상승하면 모두가 돈을 버는 그런 방식이 아니다. 선물 옵션 투자의 대가로 알려졌던 수많은 전문가가 결국은 파산했다. 이들은 대체로 메기, 미꾸라지 등 해산물의 닉네임이 붙어 있는데, 대부분 자취를 찾을 수 없다. 외국인, 기관은 자금력이 있다. 방향 예측에 한 차례 실패해도 계속 돈을 넣으면 궁극적으로는 승리한다. 반면 개미는 한두 번 이기더라도 한 번 질 때 크게 진다. 이런 구조 때문에 적극적으로 추천하기는 어렵다. 하지만 포트폴리오 다변화차원에서 알고는 있어야 하고, 소액으로 조금씩 만져보길 권한다. 의외로 자신에게 ELW 신(神)의 기질이 있을 수도 있다. 참고로 ELW에 투자하려면 기본 예탁금 1,500만 원을 넣고, 금융투자협회 교육 이수를 해야 한다.

ELW가 너무 위험하게 보인다면 ETF에도 관심을 가지면 좋다. 인버스ETF는 지수가 1% 하락하면 1% 상승하는 상품이다. 방향성이 확실하다고 판단될 때 일부 담으면 괜찮다고 생각한다.

# 5장
# 월급쟁이가 주의해야 하는
# 부동산에 대한 오해

우리나라 재테크 전문가들은 부동산과 주식을 나눠 생각한다. 부동산 전문가는 주식 시장을 거들떠보지도 말라고 하고, 주식 전문가는 부동산 투자를 투기꾼으로 폄하한다.

2018년에 부동산이 급등할 때, 부동산을 눌러야 그 자금이 증시로 유입될 것이라는 식의 주장이 여의도에서 많이 나왔다. 돈의 흐름을 증시로 트자는 식의 제언도 있었다. 하지만 모든 자산은 기본적으로는 같이 움직인다. 연기금 펀드매니저 출신인 양근모 대표가 설립한 투자자문사인 코어에셋인베스트먼트에 따르면, 개인은 코스닥 시장에 2014년 4월부터 2018년 10월까지 13조 원가량을 투입했다. 돈이 안 들어와서 증시가 부진했다고? 아니다. 돈은 들어왔는데 부진했을 뿐이다. 외국인이 팔고, 기관이 팔았기 때문이다.

또 하나, 개인 투자자가 매수한 투자금은 다 어디서 나왔을까? 부동산 등 자산 가격 급등으로 풍부해진 자금이 증시로도 기어들어 온 것이다. 혹자는 저금리 때문에 유동성이 늘었다고 하지만, 꼭 그런 것도 아니다. 저금리라고 유동성이 바로 풍부해지는 것은 아니다. 1억 원 하던 부동산이 3억 원이 되면, 3억 원을 기준으로 대출이 나오고(LTV 70% 산정 시 2억 1,000만 원 대출 가능), 이 대출로 은행 자산이 늘어나고 주가가 오른다. 이렇게 자산 가격 상승으로 유동성이 늘어나며, 이 유동성으로 인해 동반 강세가 나타난다. 다만 증시는 외국인 투자자가 끼어 있어 이들이 팔면 곧바로 고개를 숙인다는 것이 다른 점이다.

뒤에서 다시 강조하겠으나 풍부한 유동성 환경 아래에서는 자산 가격이 하염없이 곤두박질치기 어렵다. 가계 소득이 늘고, 유동성이 늘어나는데 어떻게 꼭 하나의 자산(부동산)만 부진할 수 있을까? 물론 대출 규제의 영향으로 부동산이 당장은 어렵겠지만 그래도 언젠가는 다시 상승장이 펼쳐진다.

부진의 골이 깊을 수는 있다. 하지만 부진이 이어지면 공급이 줄어들고, 줄어든 공급 때문에 상승이 일어날 것이다. 경기 부양차원에서 대출 규제가 다시 수술대에 오를지도 모를 일이다. 인구 감소는 큰 리스크 요인이지만, 인구 감소가 어떻게 영향을 줄지는 아무도 모른다. 미지의 공포 때문에 향후 30~50년 이상의 인생을 무주택으로 허비할 수 없다. 폭락론을 끊어버릴 때다.

# 01

## 나도 부동산 폭락론자였다 ①

# 기존 경제구조를 미워할 수밖에 없는 20대

매해 좁아지는 바늘구멍 같은 취업난을 뚫고 가까스로 사회생활을 시작하는 초년생들, 한숨 돌리고 나면 처절한 현실에 다시 한 번 좌절한다.

요즘 대형 증권사의 리서치센터 애널리스트 보조(RA)에 합격하면 연봉이 5,000만 원 정도라고 한다. 매일 새벽에 출근하고 늦은 시간까지 일해야 하는 것을 감안하면 박봉이다. 일만 하다가는 집 사고 결혼하는 것은 언감생심이다. 자정 가까이 일하고 취객 사이에서 힘들게 택시를 잡아 뒷좌석에 털썩 주저앉으면 '이렇게 살다 보면 희망이 있을까?'라는 생각을 잠시 한다. 물론 이런 생각 또한 대부분 스쳐 지나가고 현실에 함몰되어 정신없이 또 다른 하루를 보낸다. RA라고 하면 우리나라에서 상당히 좋은 직업군으로 꼽히지만, 대부분 RA는 그다지 희망차 보이지 않는다. 일도 많고, 미래도 불투명하다. 대부분의 RA마저도 이런데, 희망찬 하루하루를 보내고 있는 사회초년생이 얼마나 될까 싶다.

이들은 대체로 억울해한다. 기회를 모두 빼앗긴 상태라고 인식한다. 월급을 20년, 30년 모아야 서울 아파트를 살 수 있다는 보도가 이들의 마음을 대변한다. 때로는 '전쟁이 났으면 좋겠다', '멸망했으면 좋겠다'와 같은 극단적 심리를 표출하는 이도 만난다. 한 대형 회계법인에 들어간 20대 회계사도 "전쟁 나서 싹 망하고 새로 시작했으면 좋겠어요"라고 한 적이 있다. 2018년 초에 도널드 트럼프 미국 대통령과 김정은 위원장이 내 핵이 세니, 네 핵이 세니 치고받고 할 때 환호했던 사람도 많다.

다 그런 것은 아니겠으나 전반적으로 이렇다. 그래서 대체로 금융위기, 부동산 폭탄, 기존 경제구조 파멸과 같은 단어나 논리에 심취한다. 필자는 지금 당장 주가가 오를 수밖에 없는 이유 100가지와 주가가 떨어질 수밖에 없는 이유 100가지를 읊을 수 있다. 주가는 오를 이유도, 떨어질 이유도 많다. 부동산도 오를 이유도 많고, 떨어질 이유도 많다. 여기서 떨어질 수밖에 없는 이유를 줄줄이 되새기면서 주문 외우듯이 해봐야 그 사람은 한 방향에 베팅한 한 명의 투자자가 될 뿐이다. 세상은, 특히 경제는 그렇게 딱 부러지듯이 결정되지 않는다. 오를 때는 불안의 벽을 타고 오르고, 내릴 때는 과매도이기 때문에 반등할 것이라는 논리를 깨부수면서 내린다. 경제문제는 절대로 단순 명쾌하게 결론 나지 않는다. 경제문제를 단순하게 풀어내는 사람이 있다면, 잘 모르는 사람이거나 사기꾼이다.

2017~2019년을 뜨겁게 달군 이슈인 최저 임금 인상만큼 허무한 것도 없다. 2018년 말에 서울 잠실의 한 아이스크림가게에 갔다가 40분을 기다렸다. 대기자는 20명이 넘었는데, 아르바이트생 한 명이 일하고 있었다. 혹시나 하고 물어보니 역시나 "최저 임금 인상 때문에 사장님이 알바생을 줄였다"라는 답이 돌아왔다. 최저 임금을 인상하면 개개인 소득은 늘지만 사회 전체적인 소득이 늘어날지는 알 수 없다. 최저 임금만 올리면 소득 주도 성장이 될 것이라고 믿었다면, 미안하지만 세상을 너무 쉽게 본 것이다.

필자도 처음 사회생활을 시작할 때만 해도 억울했고, 기회가 없을 것이라고 생각했다. 사회생활을 시작하면서 1,000포인트였던 코스피 지수가 금세 2,000포인트를 넘어섰다. 투자금도 없는데 지수가 이렇게 빨리 오르다니, 억울했다. 하지만 2008년 금융위기가 터졌다. 돈이 모자랄 때 금융위기가 터진 것이 어쩌나 다행(?)인지…. 거기에다 자산 가격이 전반적으로 빠졌으니, 필자에게는 오히려 기회였다.

필자는 부동산에 투자하는 사람들을 투기꾼이라고 경멸했다. 집으로 돈을 벌겠다는 의식을 가지고 있는 것 자체가 문제라고 봤다. 지금도 이 같은 생각이 전혀 없는 것은 아니나 어쩌겠는가, 자본주의가 그런 것을…. 자본주의는 기본적으로 자본이 자본을 낳는 구조다. 자본주의 또한 노동을 신성시한다. 노동을 천대하는 것은 자본주의가 아니다. 자본주의를 잘못 배운 머저리일 뿐이다. 노동자가 있어야 자본주의가 유지된다. 노동만큼 신성한 것은 없으며 개개인의 중요한 행위다. 연 5,000만 원의 이자 수익을 받으려면 연 5% 세후 수익을 낸다고 해도 10억 원이 필요하다. 우리 몸뚱이는 10억 원의 가치가 있다. 노동은 무척 귀한 개념이다. 다만 노동은 자본주의의 근간이 아니다. 노동이 자본주의의 근간이었으면 자본주의가 아니라 '노동주의'라고 불렀을 것이다. 자본주의에서 자본이 중심인 것은 오랜 국가와 기업의 역사, 그리고 그사이 틈틈이 있었던 논의와 논쟁 끝에 만들어진 것이다.

나의 자본이 또 다른 자본을 낳는 시스템을 만들어야 한다. 노동만으로는 지속 가능한 나만의 세계를 구축할 수 없다. 몸은 늙고, 망가질 수도 있다. 부동산 폭락론에 너무 빠져들어 부동산을 도외시하고 주식에만 기웃거려서는 안 된다. 일단 부동산도 똑같은 투자 자산임을 인식하고, 내 경제 상황과 자산 시장의 상황에 맞게 투자처를 달리 가져가는 것이 중요하다.

# 02

## 나도 부동산 폭락론자였다 ②

# 솔직히 폭락론이 마음 편했다

ACRO RIVER PARK

가끔 듣는 하소연이 "우리 남편이 부동산 폭락론자다. 만나서 설득 좀 해달라"다. 반대의 경우는 거의 보지 못했다. 남편은 사고 싶은데 아내가 반대하는 케이스가 없었던 건 아니다. 그런데 이 경우는 대체로 "대출을 내면 불안하다. 빚내면 생활비가 모자라지 않을까? 지금도 둘이 벌고 행복한데 굳이…" 정도였던 것 같다. 부동산 폭락론은 액션영화도 아닌데 왜 꼭 남자들만 심취할까?

필자도 한때 부동산 폭락론자였기 때문에 필자 의식의 흐름을 추적해봤다. 그리고 폭락론자였다가 돌아선 이들과 대화도 많이 나눠봤다. 결론부터 말하자면 폭락론은 마음이 편하다는 장점을 갖고 있었다. 집 사는 것이 귀찮고, 어딘가를 알아보는 것이 귀찮고, 대출을 내야 하는 것이 귀찮고, 세금을 공부하는 것이 귀찮기 때문이다.

매일매일 집을 사자고 하소연을 하는 와이프에 반발감이 드는 경우도 많다. 나보다 잘난 것이 하나도 없는 친구가 집을 조금 일찍 샀다는 이유만으로 벌써부터 멀찍이 치고 나가는 것 같은 점도 배 아프다. 아직 안 샀으니, 좀 떨어졌으면 하는 심정이다. 거기에다 틈틈이 '현재 집값은 과열'이라는 보도가 나오니 나름의 지지자도 있다. "집 사서 가격 떨어지면 네가 책임질 거냐?"라고 하면, 대부분 아내는 씩씩대다가도 패배 선언을 할 수밖에 없다. 집을 사는 문제로 이혼 소송 직전까지 가는 부부를 본 적도 있다. 의외로 주택 구입 여부는 부부 사이 파탄의 트리거(Trigger)가 되곤 한다.

그런데 대체로 부동산 폭락론자는 공부를 많이 하지 않은 사람들이다. 때에 따라 '하락 가능성'을 지적할 수는 있다. 하지만 폭락할 수밖에 없다는 주장은 대체로 공부 안 하는 사람들이 하는 얘기다. 일례로 인구론을 꺼내는 사람이 있다. 인구가 줄어들면 부동산 가격이 버틸 수 있겠느냐는 것이다. 그럴 때 필자는 대구나 부산의 사례를 들거나 캐나다, 호주 같은 곳의 이야기를 한다. 인구가 줄었는데도 집값이 오르는 곳은 많다. 캐나다가 올랐으니 우리나라도 인구가 줄어들어도 오른다는 얘기를 하는 것이 아니다. 단지 인구론 때문에 망한다고 주장하려면 인구가 줄어든 사례와 집값 움직임을 근거로 대고, 설령 오른 나라라고 해도 그 나라와 우리나라 간의 다른 점을 조목조목 짚어야 하지 않나 싶다. 그냥 인구가 줄어드니 집값이 하락할 것이라는 주장은 요즘 같은 때에는 하나 마나 한 소리다. 공부를 하기는 했는데 대충 했거나 일단 폭락론을 믿고 싶은 상태여서 부동산에 큰 관심이 없는 경우다. 인구론에 근거한 폭락 우려감은 2009~2012년에 선반영이 됐다고 생각한다. 당시가 인구론 기반의 폭락론이 가장 극심했던 때다. 우리나라의 주택 가격은 이 영향으로 다른 나라들보다 훨씬 늦게 발동이 걸렸다.

때로는 공부를 많이 해서 폭락론에 심취하는 사람이 있다. 본인 성향이 부정적인 데다 자기 확신의 성향이 심한 케이스다. 취재차 만나다 보면 조금 극단적이다 싶을 정도로 현재 경제가 버블국면이라고 확신하는 사람들이 있다. 이런 사람은 자기 논리를 뒷받침하기 위해 많은 통계를 긁어온다. 하지만 이렇게 세상을 깐깐히게 바라보면 버블이 아닌 영역이 어디 있고, 제대로 돌아가는 시스템이 어디에 있을까 싶다. 분석을 잘하고 지적을 잘하지만 세상을 너무 부정적으로 바라보면 그 어떤 기회도 잡을 수 없다.

일본의 사례도 우리나라와 단적으로 비교하기 힘들다. 일본이 '잃어버린 20년'을 보낸 것은 사실이지만, 일본은 플라자 합의 이후 수출 불황을 타개하기 위해 금리를 너무 빠르게 내렸다가(5%→2.5%) 1989년 이후 버블을 잡는 과정에서는 너무 오랜 기간 3% 이상 고금리 정책을 폈고, 공급도 너무 많았다. 신도시도 너무 한꺼번에 때려 박았다. 일본은 1960년대부터 도심 주택난을 해소하기 위해 신도시 건설 정책을 폈다. 도쿄, 오사카, 나고야를 중심으로 전국 49개 뉴타운을 조성했는데 총 계획 인구는 468만 명, 이 중 다마뉴타운과 지바호쿠부가 각각 34만 명, 요코하마 고우호쿠와 쯔쿠바가 22만 명, 16만 명이었다. 산업은행 조사부는 일본 부동산이 폭락하기 시작한 시기가 1991년이었는데, 이후로도 지속적으로 공급을 늘렸고 2002년에는 고이즈미 준이치로 당시 총리가 도심 개발을 활성화한 영향으로 인해 젊은 인구의 도심 선호 현상마저 겹치면서 노인만 신도시에 남는 현상이 나타났다고 밝혔다. 2016년 기준, 도쿄시에 버려진 집만 해도 81만 채에 이른다. 재테크 전문가인 이재범, 김영기 소장이 집필한 《부동산의 보이지 않는 진실》에 일본의 경우 부동산 거품이 완전히 꺼진 뒤인 1996년에도 전성기 때와 같은 160만 호 신축 허가가 있었다는 내용이 담겨 있다. 버블 붕괴가 일본 사회에 끼친 해악을 집중 조명하는 미야베 미유키의 추리소설 《이유》에서도 이른바 '억션(1억 엔대 맨션이라는 일본어 조어, 10억 원대 초고가 아파트를 말함)'에서 살인사건이 났음에도 줄줄이 이어지는 추가 분양 때문에 입막음을 시도하려는 건설회사의 이야기가 짧게나마 언급된다.

우리나라는 정책 결정을 할 때 일본을 많이 참고한다. 우리나라 정부 당국자들이 바보는 아니다. 일본이 그랬다면 우리는 비켜 갈 수 있다. 중국 또한 우리나라를 많이 참고한다. 중국은 우리나라의 국제통화기금(IMF) 사례를 반면교사로 삼아 변동환율제로 '조금씩' 이동하고 있다. 그리고 세상에 나라가 일본 하나뿐인가? 일본 외에는 어느 나라도 그렇게까지 부동산 폭락을 경험한 나라가 없다.

앞에서도 이야기했지만 폭락론에 심취하는 주요 이유 중 하나가 대출의 귀찮음이다. 마이너스 통장 하나 쓰는 것과 달리 부동산 대출은 목돈을 빌려야 한다. 금리를 놓고 신경전도 벌여야 하고, 여러 은행을 방문해 밀고 당기기를 해야 한다. 대출을 내려면 신용카드를 발급하라고 하거나 펀드, 청약통장에 가입하라고 조건을 붙이는 경우가 많다. 더구나 미국 연방준비제도이사회가 금리를 올릴시 내릴지, 가산 금리가 어떻고, 대출 기간이 어떻고, 피곤한 것 투성이다.

요즘 대출은 거의 30년 만기다. '30년 뒤면 내 나이가 몇 살이지?'를 생각하다 보면 암담해진다. 내 인생을 걸었는데 집값이 하락하면 어떡하지? 아예 전세로 평생 사는 것이 안전하지 않을까? 지금 집주인은 그래도 괜찮은 사람인데, 오래 살 수 있지 않을까? 대부분 남자는 귀찮거나 불안하다. 그리고 의외로 변화를 무서워하는 사람이 많다. 대체로 겁쟁이다. 2년마다 전세 옮기는 것은 당장의 일이 아니니 귀찮지 않고, 주말에 집을 보러 나가는 것은 당장 해야 하는 일이니 귀찮은 사람이 다수다. 판단 장애는 또 얼마나 판단 장애인지, 대출을 변동 금리로 할지 고정 금리로 할지에 대해서도 오랫동안 고민한다. 고민하는 것인지, 단순히 오판할까 봐 두려워하는 것인지 구분하기가 힘들다.

간혹 부동산 투자를 체면과 연결 짓는 사람이 있다. 부동산 투자는 지나치게 세속적이며 우리 집안, 혹은 내 명성에 누가 될까 염려하는 식이다. 하지만 너무 그럴 필요는 없다. 우리는 유교 사회가 아니라 자본주의 사회에서 살고 있다. 유교문화가 돈을 지향하지 않는다는 인식 또한 편견이며 완전히 날조된 거짓이다. 계승범 서강대 교수의 책《우리가 아는 선비는 없다》에 따르면 조선시대를 대표하는 선비인 이황은 노비만 367명을 거느렸고 논과 밭을 각각

1,166마지기, 1,787마지기 가진 땅부자였다. 청렴의 상징인 황희 정승도 엄청난 땅부자였다고 밝혔다. 심지어 이들 고위급 선비들은 양민과 노비가 결혼하면 자녀는 무조건 노비가 되는 제도를 만들고 유지하도록 하여 지속적으로 조선의 노비가 늘어나게 하는 정책을 폈다.

한번 본인에게 물어보자. 마음 편하고 싶어서 폭락론을 지지한 것은 아닌지 말이다. 아니라고 반박하면 필자도 할 말은 없다. 하지만 40대를 목전에 둔 지금은 정치 성향보다 부동산 전망을 놓고 싸우는 동년배를 많이 본다. 토론이라면 귀동냥이라도 할 텐데, 듣다 보면 서로 딴소리를 하는 경우가 대부분이다. 일단 열린 자세로 공부를 해야 한다. 공부하다 보면, 본인의 뷰(View)가 나올 것이다. 공부하기 전에 목소리만 높일 거면 싸우자는 것과 다른 게 뭔가?

# 03

# 아파트 단지가 문화공간이 되고 있다

2019년 1월 현재는 이주가 마무리된 신반포 3차 아파트. 지금은 허름한 데다 밤에는 불이 들어오지 않아 유령 아파트처럼 보이지만, 이 아파트는 늦어도 2023년이면 래미안원베일리라는 이름의 반포 대장주로 우뚝 설 것이다. 결국 비용문제 때문에 좌절되긴 했지만 아파트 옥상에 인피니티 풀 수영장이 들어오는 것이 검토됐던 곳이다. 옥상 풀에서 수영하면서 와인 한잔 들고 한강 뷰를 즐길 수 있다면 또 하나의 고급 이미지를 굳힐 수 있었을 텐데 보유자도 아니면서 괜히 아쉽다.

래미안원베일리가 준공되면 아크로리버파크라는 이름은 잊힐 것이다. 그리고 래미안원베일리도 반포주공아파트, 압구정현대아파트 등이 재건축을 마무리하면 또 잊힐 것이다. 아파트는 조만간 인기

228

가 시들 것이 예고된 아이돌과 닮았다.

신반포 3차 아파트에서 30년간 살다가 재건축 때문에 인근 신축 아파트로 이사 간 한 지인은 "신축이 이렇게 좋은지 몰랐다"라면서 볼 때마다 야단이다. 일단 비가 와도 지하주차장으로 진입하면 돼 우산을 꺼내 쓸 필요가 없다. 마트에서 장을 봐 짐이 잔뜩인데, 소나기가 쏟아져 난처했던 경험은 구축 아파트에 사는 사람이라면 누구나 있을 것이다.

신축 대단지 아파트에는 카페, 사우나, 피트니스센터가 있고, 또한 독서실이 있는 경우가 많다. 상가와 붙어 있는 아파트는 폭우가 쏟아져도 비를 맞지 않고 장을 볼 수 있다. 수도권 모 신축 아파트에는 어린이집 버스가 들어오는 지붕 있는 정류장이 있다. 비가 내려도 우산 없이 지하도로 이동해 아이 손을 잡고 버스에 태울 수 있다. 고덕그라시움과 고덕아르테온은 지하철 상일동역과 연결돼 있다. 비를 맞지 않고 출근할 수 있는 셈이다. 직장이 효성그룹인 한 지인은 이 때문에 고덕그라시움 입주를 검토하고 있다. 서울 공덕역에 있는 효성그룹 본사가 지하철과 연결돼 있다. 이 지인은 고덕그라시움에 입주하면 우산 없이 살 수 있다는 것 하나 때문에 입주를 고민하고 있다.

아크로리버파크는 조식 서비스를 하고 있다. 딜리버리 서비스도 예약제로 운영하고 있어 다음 날 아침이 마땅치 않으면 전화로 예약하면 된다. 성수동에 있는 트리마제, 개포동에 있는 래미안블레스티지는 아예 처음부터 주방을 설계해 놨다. 주방이 있기 때문에 지속적으로 다양한 메뉴를 선보일 수 있다. 이를 보면 아파트는 계속 진화하고 있음을 알 수 있다.

신축 아파트의 장점은 작은 디테일에 있다. 그냥저냥 없어도 살지만, 있으면 조금은 편한 그런 것들이다. 그렇기 때문에 구축 아파트에 사는 사람들은 "그게 뭐라고 그러느냐?"라고 하지만 일단 시장의 흐름은 신축 아파트로 쏠려 있다. 소소하지만 확실한 장점이다.

신축 아파트 효과는 통계로도 입증된다. 대우건설에서 분양 관련 업무를 담당하는 조영광 주택마케팅팀 대리는 집필한《빅데이터로 예측하는 대한민국 부동산의 미래》에서 대구 지역 주택이 2016년에 평균 마이너스 2.4%를 기록했으나, 1~5년 정도 된 아파트는 2%대 상승률을 올렸다고 밝혔다. 사실 2015년 이후 서울 아파트 급등장은 신축이 주도했다. 신축 아파트와 신축 가능성이 있는 재건축 아파트가 끌고, 뒤이어 구축 아파트가 따라왔다. 신축 아파트 선호 현상은 작은 장점들이 결합해 만들어진 현상이다. 아파트는 잠만 자면 되는 곳이 아닌 문화공간이 되었다.

와이프는 아크로리버파크 내 커뮤니티시설 중에서 도서관을 가장 마음에 들어 한다. 우리 부부는 책이 교육에 가장 중요하다는 신념이 있어 자기 전에 아이들에게 2~5권의 책을 읽어준다. 아이 둘다 한글을 뗐지만 부모가 읽어주는 것이 정서적으로 좋다고 해서 필자 또한 피곤한데도 불구하고 자주 붙들려 간다. 와이프 본인도 책을 많이 읽는다. 이전 다른 곳에 살 때는 와이프가 책을 읽는 모습을 자주 보지 못했는데, 지금은 항상 밥 먹고 나면 각자 읽을 책을 집어 들고 자유시간을 보낸다. 예전에는 시간이 없어서 못 읽었다기보다는 빌리러 갈 시간이 없어서 읽지 않았다. 지금은 엄마와 아빠가 책을 많이 읽으니 아이들도 책 읽는 것을 좋아한다. 아이들이 가장 좋아하는 커뮤니티시설은 수영장이다. 튜브를 각자 장착하고 나면 워터파크가 부럽지 않다고, 우리 둘째는 이야기한다.

필자는 스카이라운지와 하늘도서관을 좋아한다. 특히 스카이라운지를 좋아한다. 커피 한잔하면서 다른 사람들의 사는 모습을 관찰하곤 한다.

**04**

# 부동산이 주식보다는 1,000배 쉽다

'전망'이라는 것은 어렵다. 증권가 애널리스트들이 꽤 자주 틀림에도 불구하고 높은 연봉을 받는 것을 보면 그만큼 전망이라는 것이 어렵다는 생각을 하게 된다. 하지만 이구동성으로 하는 이야기가 있다. 부동산은 그나마 쉬운 편이라고 말한다.

일단 주식 시장이 부동산보다 훨씬 어려운 것은 100% 팩트다. 주식은 돈이 들어온다고 해서 오르지 않는다. 일단 외국인. 그들은 외국인이라고 쓰고 외계인이라고 읽어야 한다. 그들의 행동 패턴을 짐작하기가 어렵다.

우리는 외국인의 스탠스를 파악하고 싶어 한다. 하지만 어렵다. 일단 그들은 환전을 하고 투자한다. 환전 때문에 본전에 팔아도 이익이고, 손절매를 하는 가격에 팔아도 이익이고, 때로는 고점에 잘 팔았어도 손해다. 그들은 달러 기준으로 전환해 계산하며(블룸버그는 달러 기준 지수를 따로 발표한다), 지금 매수한 현물이 롱 온니(오를 것이라고 예상하고 매수하는 것)전략 때문인지, 헤지 물량인지 우리는 파악할 수 없다. 또는 신흥국 동반 매수전략 때문에 별생각 없이 산 것인지, 해당 종목을 좋게 보는 것인지 알 수 없다. 외국인은 종잡을 수 없는 매매 패턴을 보이고 있으나 우리는 정확한 상황을 파악하기 어렵다.

우리나라 기관, 심지어는 개인 투자자들도 요즘에는 과거처럼 쉽게 파악되지 않는다. 내가 만약 1,000만 원을 어떤 공매도 주식에 투자했다고 해보자. 나는 돈을 넣은 것이지만, 내 투자금은 주가가 떨어지는 데 영향을 미친다. 돈을 넣는다고 오르지 않는 시장이 된 것이다.

좋은 종목을 고를 때도 이익만 본다고 되는 것이 아니다. 산업 전망, 진입 장벽이 높은지 낮은지, 배당 여력은 있는지, 오너 리스크까지 두루 살펴봐야 한다. 정말 좋은 기업이어도 오너가 어디 가서 갑질이라도 한번 했다가는 순식간에 상장 폐지 위기에 내몰린다. 회계 불투명성은 또 어떤가? 2019년부터는 지정 감사인제가 도입되고 감사 시간이 대폭 늘어난다. 아마 2019년 3~4월에 많은 기업이 감사과정에서 상장 폐지 위기를 맞을 것이다.

이에 비하면 부동산은 순진한 편이다. 일단 고가의 빌딩이 아니라면 주택 매매나 경매, 오피스텔 등은 모두 개인 투자자들끼리 치고받는 시장이다. 돈이 들어오면 오르고, 돈이 나가면 빠진다. 대출 금리가 오르면 분명한 악재이고, 물량 공급이 진행되어도 악재다. 뚜렷한 호재와 악재가 있어 패턴을 파악하는 것이 비교적 쉽다. 아파트는 짓는 데 3년은 걸리기 때문에 수요와 공급 간에 시차가 있으니 이것만 잘 챙겨 봐도 성공적인 투자를 할 수 있다.

정부 정책도 분명하다. 증시가 급락할 때도 정부는 간혹 증시 부양책을 내놓기는 하지만, 진정성 있는 대책은 아닌 경우가 많다. 그냥 투자자들을 어르기 위한 목적이다. 하지만 부동산 부양책이 나올 때는 정말로 올려야 할 때이고, 규제가 나올 때는 진심으로 진정시키고 싶을 때다.

부동산 전망이 쉽다는 것은 증권가 애널리스트들도 하는 얘기다. 2016년부터 채상욱 하나금융투자 애널리스트, 홍춘욱 키움증권 애널리스트, 이상우 유진투자증권 애널리스트들이 부동산 전망 시장에서 급부상했다. 기존과 달리 경제 지표를 둘둘 꿰고 있는 전문가의 등장에 시장은 환호했다. 그들의 책은 단숨에 베스트셀러가 되고, 그들은 강연 다니느라 바쁜 모습이다. 그들 중 한 명이 이런 이야기를 했다.

"부동산은 매크로(경기 지표)와 입지, 신규 분양 물량, 가계 소득 정도만 보면 됩니다. 얼마나 쉽습니까?"

**05**

폭락론이 틀린 이유 ①

# 인구 감소발 폭락론은 실체 없는 유령

부동산 투자에 뛰어들면서 가장 걱정했던 것은 인구론에 기반한 폭락 가능성이었다. 그때 하루 날을 잡고 서점에 눌러앉아 인구 통계학이나 부동산 폭락론에 관한 책을 다수 찾아봤다. 결론은 그다지 참고할 만한 서적이 없다는 것이다.

이번에 책을 준비하면서 다시 한 번 '인구+부동산' 키워드로 많은 책을 훑어봤는데 2013년과 달리 인구는 크게 걱정할 필요가 없다는 내용의 책이 절대다수였다. 하지만 이 또한 대체로 근거가 없었다. 해외 자료를 찾아본 책은 거의 전무하다시피 했다. 앞에서 소개한《빅데이터로 예측하는 대한민국 부동산의 미래》정도만 수치와 근거를 갖고 인구론을 일축했다.

결과부터 말하자면, 다른 선진국 국가 중 인구 감소의 영향으로 부동산이 하락한 사례는 없다. 홍춘욱 키움증권 애널리스트는 자신의 블로그인 '시장을 보는 눈'에서 이와 관련한 통계를 공개한 적이 있다. 주요 내용은 다음과 같다.

생산 활동 인구(16~64세)가 1985년부터 감소한 나라로는 프랑스와 일본, 독일이 있다. 이 세 나라는 남성이 너무 많이 죽어서 2차 대전 이후 별다른 베이비붐이 없었고, 이 때문에 1985년부터 생산 활동 인구가 줄었다. 세 나라는 1985년부터 소폭 조정을 받다가 이 중 프랑스는 대세 상승 국면에 진입히고 독일은 횡보 후 50% 올랐다. 주택 가격이 떨어진 나라는 일본이 유일했다.

그다음 2005년을 전후해 생산 활동 인구가 감소한 나라는 호주와 캐나다, 미국 등이다. 세 나라는 1945년 전쟁 직후 베이비

**[해외 주택 가격 지수]**

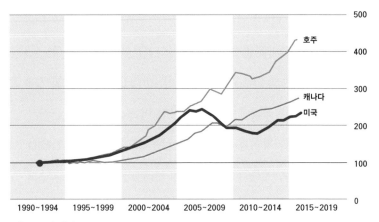

• 주: 1992년 3분기=100
• 출처: 〈이코노미스트〉

붐이 발생했고, 이로 인해 2005년 전후로 생산 활동 인구가 줄어들기 시작했다. 결과는? 세 나라 모두 마찬가지로 부동산 시장이 살짝 흔들리기는 했으나 대세 상승에 접어들었다. 그중 미국은 2008년 글로벌 금융위기가 터지면서 폭락했으나 이내 곧바로 반등해 전저점을 뚫었다. 캐나다는 꾸준히 오르고 있고, 호주는 버블이 걱정될 정도로 계속 급등했다. 세 나라는 대륙형 국가라 주택 공급이 상당히 용이한 편이지만, 그래도 집값은 올랐다.

일단 생산 활동 인구가 감소하면 잠시 주춤한다는 것은 인정하자. 대부분 나라가 생산 활동 인구의 감소 시점에 조정기를 맞이했다. 우리나라는 2016년부터 생산 활동 가능 인구가 감소했다. 그렇다면 집값은 왜 안 빠진 것일까? 이는 2009~2012년에 선풍적인 인기를 끌었던 부동산 폭락론 때문이라고 필자는 생각한다. 대부분 집값 폭락의 근거로 인구론을 제시했다. 이 때문에 인구 절벽 주장을 우리는 너무 진지하게 받아들였다. 그러다가 집값이 오르면서 인구 절벽 두려움이 사라진 것으로 보인다.

그렇다면 인구가 줄어드는데 왜 집값은 오를까? 필자는 이게 너무 궁금해서 다른 일 때문에 취재차 호주에 방문했을 때 전문가를 수소문해서 티타임을 한 적이 있다. 부동산 관련 투자업무를 담당하는 한 글로벌 IB의 담당자는 필자의 "인구가 줄어드는데 왜 집값이 오르냐?"라는 질문을 무척 황당하게 받아들였다.

"인구가 줄어들면 주택 공급이 줄어들겠죠. 어째서 기존 집값에 영향을 준다고 생각하십니까? 사람이 줄어도 살 곳은 필요합니다. 공동화되는 지역은 생길지 몰라도, 그 때문에 사람들은 더더욱 도심에 몰려들려고 할 겁니다. 도심 주택 가격은 빠질 수가 없습니다."

그에 따르면 인구 통계학적으로 부동산 시장을 분석하는 글로벌 전문가가 거의 없었다. 그들은 이 논리를 아예 말이 되지 않는다고 생각하기 때문에 공부를 할 필요를 느끼지 못하는 것이다.

부동산 전문가는 아니지만, 한 미래학자도 비슷한 견해를 밝혔다. 만약 지금 당장 인구가 급속도로 줄어든다고 해보자. 아마 외곽 지역 중 비인기 지역부터 하락할 것이다. 외곽 지역 중에서도 지하철 등 교통시설이 갖춰져 있는 그나마 인기 지역에 먼저 모여 살고, 비인기 지역은 은행 점포가 사라지고 이발소, 주유소가 없어지며 나아가 영화관과 마트도 없어지면서 공동화 현상이 나타날 것이다. 이 때문에 비인기 지역에 살면서도 여력이 있는 사람은 어떻게든 도심으로 진출하려고 시도한다. 비선호 지역, 그곳에는 돈 없는 노인만 남는다. 여력이 안 되더라도 버틸 만한 사람은 약간이라도 선호하는 이가 있는 지역으로 이동할 것이다. 그래도 인구가 계속 줄어들면 이곳 또한 비선호 지역이 되고, 이들 중 벌이가 뒷받침되는 사람들은 목숨 걸고 도심으로 진입하려고 할 것이다. 이런 과정을 거쳐 도심 지역 집값은 더 비싸질 것이다. 왜냐하면 도심 핵심 지역에 사는 사람들은 그 누구도 집을 팔려고 하지 않을 것이기 때문이다. 이것이 필자가 내린 결론이다.

일본에서도 이미 이 같은 현상이 발생하고 있다. 2008년부터 인구가 감소하고 있는 일본은 생산 가능 인구가 2000년 8,600만 명에서 2017년에는 7,600만 명으로 1,000만 명이나 감소했다. 하지만 도쿄도 인구만 놓고 보면 늘고 있다. 지방에서 사람들이 올라오기 때문이다. 도쿄도 인구는 2000년 1,200만 명에서 2017년에는 1,300만 명으로 증가했다. 도쿄도 중에서도 핫한 지역인 미나토구만 보면, 1995년 14만 명이었던 인구가 2018년에는 26만 명까지 늘었다. 일본의 부동산정보업체인 미키상사에 따르면, 도쿄 5개 중심구인 치요다구, 츄오구, 미나토구, 신주쿠구, 시부야구의 2018년 12월 기준 오피스 평균 임대료는 평당 2만 엔(약 20만 원)을 넘어섰다. 2013년만 해도 9%에 육박했던 공실률도 계속 떨어져 1.88%까지 하락했다. 임대료는 60개월 연속 올랐고, 공실률 또한 계속 내려가는 것이다. 역세권 인근의 대형 오피스인 프라임급 오피스로 따지면 2011년 이후 지속적으로 올라 임대료가 평당 3만 8,000엔에 달하는 상황이다.

도쿄로 몰리는 것은 일본 재계에서는 이미 확실히 고착화된 현상이다. 일본 시장조사업체인 데이코쿠데이터뱅크에 따르면, 1980년대 이후로는 땅값이 비싼 도쿄에서 타 지역으로 본사를 이전하는 것이 트렌드였으나 2014년부터 역전됐다. 2014~2017년에는 매해 100여 개 이상 기업이 오히려 도쿄로 들어오고 있다. 데이코쿠데이터뱅크는 도쿄로 본사를 이전하는 기업이 많아진 것과 관련해 '거래처와의 소통 강화, 인력 확보, 교통 편리 때문'이라고 밝혔다. 지방은 사람이 점점 줄어들어 공포감을 느끼고 있으나, 도쿄는 다르다. 물론 이 또한 인구가 10분의 1, 100분의 1로 줄어들면 무용지물이기는 하다. 집중으로 인한 중심지의 '수혜'는 일시적 현상이다. 하지만 어찌 됐든 우리나라 인구는 현재 늘고 있다. 자연적으로 급감하는 시기는 우리 다음 세대 이야기다. 이런 극단적인 미래를 예상하면서 폭락론에 심취해 있을 것인가?

코스닥 기업이 1,000개라고 해보자. 이 가운데 100개 기업이 퇴출당해도 지수 자체에는 큰 영향을 미치지 않는다. 점점 작아지다가 궁극적으로 퇴출되는 것이고, 상장 폐지가 되면 거래가 안 될 뿐이다. 집도 똑같다. 비선호 지역의 주택들은 점점 하락하고, 나중에는 아예 거래가 안 되는 일이 나타날 것이다. 하지만 선호 지역들 때문에 전체 지수는 꾸준히 우상향한다.

우리나라에도 이러한 사례가 있다. 인구가 꾸준히 줄고 있는 대구와 부산 등의 사례가 대표적이다. 통계청과 부동산114에 따르면 2014년 1~10월 기준으로 대구는 인구가 1만 4,779명 줄었다. 하지만 아파트 가격은 같은 기간 평균 9.75% 올랐다. 이는 무슨 이유 때문일까? 2000년부터 2015년까지 대구는 연평균 1만 4,308가구가 새로 입주했는데, 2014년 대구 입주 가구는 평균 대비 35%나 줄었다. 반면 세종시는 이 기간 인구가 2만 144명 증가했지만 입주 물량이 582% 늘어나 아파트 가격은 0.61% 내렸다. 인구보다는 입주 물량 영향이 크다고 볼 수 있다. 인구가 줄어들면 그에 맞춰 입주 물량이 줄어들 것이다. 그렇게 되면 선호하는 신축 아파트의 숫자 또한 줄어 가격이 급등할 가능성이 있다. 사람 수에 맞춰 집을 짓는다는 것인데, 이래도 어려운가?

거듭 이야기하지만 국가 경제가 성장하고 가계 소득이 증가하고 물가도 오르고 유동성도 풍부한데 왜 집값이 반토막이 난다는 말인가? 지금부터 정신없이 집을 지어대지 않는 이상 폭락할 수 없다.

핵심 지역에 대한 선현상은 지금도 나타난다. 필자가 자주 들여다보는 통계 중 하나가 바로 초등학생 연령이다. 이건 따로 숫자를 찾아놓은 전문가가 없어서 필자가 직접 했다. 참고로 필자는 서초구와 강남구 지역을 탐방 다니면서 '왠지 아이들이 많은 것 같다'라는 느낌이 들어 직접 조사했다.

서울연구데이터서비스(data.si.re.kr)에 따르면, 서울시 전체에서 8살 인구는 2010년 8만 7,174명에서 2016년 7만 6,968명으로 11.7% 감소했다. 전체 인구는 1,031만 2,545명에서 993만 616명으로 3.7% 감소했다. 전체 인구가 3.7% 줄어들 때 초등학생 저학년인 8살 인구는 11.7% 감소했는데, 한창 어린아이를 키우는 30대 중후반 인구가 수도권으로 많이 이탈했다는 사실을 알 수 있다. 집값 급등과 전세난 등의 여파다.

그런데 놀라운 것은 같은 기간 서초구 8살 아이는 3,864명에서 4,550명으로 17.8%, 강남구 8살 아이는 4,200명에서 4,806명으로 14.4% 증가했다는 것이다. 대부분 30~40대가 집값 급등 때문에 수도권으로 밀려나는데, 정작 집값이 가장 비싼 지역인 서초구와 강남구에서는 8살 인구가 늘었다. 이것은 대체 무슨 의미일까?

물려받았든 본인의 능력이든, 일단 능력이 있으면 강남 2구(강남구, 서초구) 진입을 노린다. 서초구 중에서도 집값이 가장 비싼 반포 1동, 반포 2동의 8살 아이가 가장 많이 늘었다. 반포 1동은 260명에서 393명으로 51.2% 늘어났고, 2동은 239명에서 353명으로 47.7% 증가했다. 이들이 매매인지, 전세인지는 중요하지 않다. 저학년 학부모들이 강남구와 서초구를 선호한다는 것이 핵심이다. 이미 능력이 되는 사람은 될성부른 지역으로 모이기 시작했다. 이 때문에 초등학생 아이를 키우는 엄마들은 "초등학교가 너무 비좁다", "학교를 늘려 달라"고 구청에 민원 전화를 하며 아우성친다. 인구감소는 최소한 여기에서만큼은 남의 얘기다.

혹시 8살 아이들만 무슨 특별한 사정 때문에 나타난 현상 아니냐고? 아니다. 6∼12세 인구 모두 전반적으로 늘었다. 전체 인구는 제자리걸음을 하는 와중에 6∼12세 인구가 유독 늘었다는 것은 저학년 부모가 어떻게든 강남이나 서초구에 진입하려고 애를 쓰고 있다는 것이다. 간혹 재테크 전문가 중에 돈이 없을수록 핵심 지역에 아파트를 사라고 조언하는 사람이 있는데, 이행하기 너무나 어려운 조언이지만 그래도 맞는 말이다.

# 06

## 폭락론이 틀린 이유 ②

# 왜 90대 노인도 집을 살까?

ACRO RIVER PARK

2018년 말에 만난 한 세무사는 한 80대 노인의 안타까운 사연을 전했다. 이 노인은 죽기 전에 재산을 정리해야 한다고 생각하고 강남의 다가구주택을 50억 원에 팔았다. 자녀들에게 깔끔하게 돈으로 나눠주는 것이 낫다고 생각한 것이다. 세무사는 이 얘기를 듣자마자 "아, 파시기 전에 저한테 오시지 그러셨어요. 안타깝습니다"라고 말했다.

왜 세무사는 안타깝다고 말한 것일까? 답은 바로 세금 때문이다. 증여세를 내든 상속세를 내든 다가구주택처럼 시가가 잘 형성되지 않는 자산은 공시지가 기준으로 세금을 책정할 수 있다. 너무 꼼수를 부리면 세정당국에 걸리지만, 그래도 어느 정도는 눈감아준다.

증여나 상속의 제1원칙은 자산 그대로 넘기는 것이다. 공시지가는 토지, 임야, 주택에 따라 천차만별인데 특히 다가구주택의 경우 통상 시세의 절반이다. 만약 이 노인이 집을 팔지 않고 물려줬으면 20억어 원의 가치를 기준으로 세금만 내면 됐을 텐데, 굳이 팔았기 때문에 먼저 가격 상승분에 대한 양도세를 내야 하고 추후 자녀들은 받은 현금 기준으로 증여세나 상속세를 납부해야 한다.

이런 구조이기 때문에 우리나라는 나이가 들어도 상속 목적으로 집을 사는 사람이 있다. 강남에서 20년 넘게 건물 중개를 하는 한 부동산업자에 따르면, 한 90대 노인은 지금도 임대료 수입을 모아 틈틈이 다가구주택과 아파트, 빌라를 매입한다고 한다. 그 또한 강남 부동산은 영원히 하락하지 않을 것이라는 믿음이 있어서 주택만 사는 것이 아니다. 주택이 절세에 유리하기 때문에 사 모으는 것뿐이다. 부동산은 고정돼 있고, 임대 수입이 덤으로 딸려온다. 가장 안전한 투자처라고 보는 것이다.

부동산이 한창 뜨거웠던 2018년 8월, 강남권의 한 30평형대 아파트가 20억 원에 팔렸다. 당시 다른 30평형대가 27억 원~28억 원에 매매될 때다. 20억 원은 20평형대만 살 수 있는 가격이다. 이 당시 전용면적 59제곱미터(24평형) 두 물건이 각각 21억 원, 21억 5,000만 원에 팔렸다. 30평형대가 20억 원에 매매됐다는 것은 너무 헐값에 판 사례였다. 왜 이렇게 싸게 팔았을까? 확인된 내용은 아니지만 인근 공인중개사들에 따르면 증여 물건이라고 한다. 증여할 때는 가격을 시세보다 낮춰도 세무서가 어느 정도까지는 눈감아준다. 현금보다는 아파트 증여가 나은 셈이다.

상속이나 증여뿐 아니라 임대 수입을 목적으로 고령층이 집을 사는 사례도 많다. 한국은행이 2018년 1월에 발간한 '세대별 가계 부채의 특징 및 시사점'이라는 보고서에 따르면 임대 주택 보유자 중 60대 이상이 차지하는 비중은 2013년 31.1%에서 2016년 35.8%로 늘었다. 또 2016년 기준 60대 이상이 보유한 임대 보증금 부채 규모는 189조 400억 원으로 전체 임대 보증금 부채의 34.3%를 차지했다. 60대 이상 가구의 주택 관련 부채 총액(315조 5,000억 원) 중 60%가 임대 보증금 부채였다. 이 때문에 보고서는 '중장년 임대 보증금 부채문제가 심각하다'라는 식으로 이어졌는데, 사실 이들은 대출금을 임대 수입으로 메운다. 남기 때문에 투자하는 것뿐이다.

2014~2018년 중에 나타난 급등장의 또 다른 특징은 30대 투자자들이 진입했다는 점이다. 필자만 해도 그런 사례이고, 주변에도 집을 산 30대를 많이 본다. 《진보정권 시대 대한민국 부동산의 미래》에서 저자들은 최근 급등장을 에코세대의 주택 구입 때문이라고 말했다. 에코세대는 1979년부터 1992년 사이에 태어난 20~30대로 6·25 전쟁 이후 많이 태어난 베이비붐세대(1955~1963년)의 자녀세대다. 이들이 부모를 보고 주택 구입에 뛰어들었다는 것이다. 2018년 12월에 KB경영연구소가 발표한 '2019 KB부동산 보고서'에 따르면 30대 다주택자 중 최근 5년 사이 집을 산 다주택자가 전체의 76%였다. 30대 다주택자는 시세 차익이 목적이라고 한 응답 비율이 47%였는데, 60대는 이 비율이 19%에 불과했고 대신 상속 및 증여가 31%에 달했다.

우리나라는 나라를 운영하는 시스템이 부동산에 유리하게 되어 있다. 상속 및 증여 때문이다. 부동산 투자자가 너무 많기 때문에 정부는 부동산 급락 정책을 펼 수 없다. 정부가 내놓는 모든 부동산 대책은 안정 대책이지, 급락 대책이 아니다. 자고로 투자는 투자자가 많은 시장에서 해야 한다.

인구론도 이 때문에 우리나라에는 맞지 않다. 통상 인구론을 들고 올 땐 생산 활동 인구(16~64세)를 들고 오는데, 우리나라는 60대 이상 투자자가 많다. 집을 사는 세대는 16~64세가 아니라 35세부터 죽을 때까지다. 35세부터 죽는 시점까지 계산하면, 우리나라는 앞으로도 계속 인구가 늘어난다. 우리나라는 2018년에 고령 사회에 진입했다. 우리나라 예상 총인구 감소 시점은 2027년인데, 35세 이후 인구가 감소하는 시점은 이보다 더 뒤로 간다. 평균 수명이 늘어나는 추세임을 감안하면 총인구 감소 시점은 더 뒤로 늦춰질 수도 있다. 더구나 인구가 줄어든다고 해도 서울과 수도권 인구가 줄어들지는 봐야 한다. 서울 인구는 계속 줄어들고 있긴 하다. 하지만 수도권까지 포함하면 당연히 늘고 있다. 서울에 살다가 하남, 미사, 남양주, 김포, 광명 등으로 빠지고 있을 뿐이다. 채상욱 애널리스트는《오를 지역만 짚어주는 부동산 투자 전략》에서 이를 '서울 세력권'이라고 표현했다. 채 애널리스트에 따르면 2015년 기준으로 인천에서 서울로 통근 및 통학하는 인구는 19만 1,000명으로 전체의 11.5%, 경기도에서 서울로 통근 및 통학하는 인구는 128만 명으로 전체의 17.8%다. 지자체별로 보면 직장이나 학교 때문에 매일 서울로 들어오는 경기도 주민 비율이 35% 이상으로 높은 곳은 과천과 광명, 하남, 구리였다. 남양주와 의정부, 분당(성남), 수정(성남), 고양, 부천 등도 30% 안팎으로 높은 편이었다. 전체 총인구가 감소하면, 서울 세력권의 인구 추이는 어떻게 될까? 모여 살아야 한다고 판단하고 지방에서 올라올까? 아니면 동반 감소할까? 필자도 궁금하다.

이와 동시에 생산 가능 인구와 활동 인구를 구분해서 보라는 점을 강조하고 싶다. 블로그 '에스티마의 인터넷이야기(estimastory.com)'에 따르면, 일본의 경우 2012년 이후 2018년까지 생산 활동 가능 인구는 470만 명이 줄었지만, 실제로 일을 하는 사람 수는 440만 명이 증가했다. 인구는 감소 추세지만 기업 경쟁력이 버티면서 오히려 활기는 살아난 셈이다. 〈닛케이신문〉은 일본 수도권 사철(민영회사에서 운영하는 지하철) 9개사의 승객 수가 2016년부터 2018년까지 3년 연속 사상 최고치를 경신했다고 보도했다. 고용 환경 개선 때문이라고 한다. 우리나라도 생산 가능 인구 감소 때문에 활동 인구가 줄어들지 아닐지는 아직 좀 더 지켜봐야 한다.

# 10년 차 부부 증감률과
# 집값 곡선이 왜 비슷한가?

ACRO RIVER PARK

10년 차 부부 증감률과 주택 가격 추이가 의외로 비슷하다. 무슨 말인고 하니, 결혼한 지 10년쯤 되면 주택 매수 시장에 들어온다는 얘기다. 이건 그래프부터 봐야 한다. 다음 그래프를 보자. 10년 전

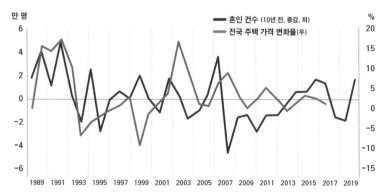

• 출처: 블로그 '시장을 보는 눈'

혼인 건수와 주택 가격 상승률이다.

보는 사람에 따라 '별로 안 맞는 것 같은데'라고 하는 사람도 있으나 일단 대부분 전문가는 상관관계가 있다고 보고 있다. 부동산 시장에 대해 통계적으로 분석하기로 유명한 저자가 쓴《서울 아파트 마지막 기회가 온다》에서도 상관관계가 상당히 높다고 판단했다.

왜 10년 차가 되면 주택을 구입할까? 일단 아이를 출산하면 대부분 부모는 그전까지와는 전혀 다른 삶을 살게 된다. 시즌 1이 멜로물이었다면 시즌 2는 공포물이다. 아이를 키우는 일이 얼마나 힘든지를 몸소 깨닫게 된다. 툭하면 아프고 툭하면 다치고, 시시때때로 '내가 아이를 제대로 키우고 있는 것인가?'라는 고민을 하게 되는 것은 둘째 문제다. 여기서 가장 중요한 것은 사회 시스템적으로도 아이를 잘 키울 수 있게 뒷받침돼 있지 않다는 점이다. 예를 들어 아이를 어린이집에 처음 보낼 때부터 고난이다. 저출산이 심각하다고 난리인데 어째서 우리 아이가 갈 어린이집 빈자리는 도통 나지 않는 것인지. 어린이집에 허덕대고, 유치원 들어갈 때 한 번 더 마음 졸이고, 초등학교 때까지 고생하고 나면 이런 마음이 든다.

"아, 정착해야지. 힘들어서 이사 못 가겠다."

"이제 겨우 유치원에 들어갔는데, 또 이사 가야 한다고? 나는 싫어. 차라리 이 근처에다가 집을 사자. 응?"

때로는 부부 둘만 살 때는 만족스러웠던 곳이 아이 키우다 보면 도저히 있을 곳이 아니라는 생각이 들 때가 있다. 부부 둘만 살 때는 대부분 맞벌이다. 밤에만 집에 있기 때문에 그 동네를 정확하게 파악할 수 없다. 아이가 생기면 그때서야 흡연자는 왜 이리 많고, 유흥가는 왜 그리 많은지 두 눈을 시퍼렇게 뜨고 들여다보게 된다. 10대 청소년이 골목에서 욕이 99%인 대화를 친구와 주고받으며 담배 피우는 모습이라도 보게 되면 그날 밤 남편은 바가지를 박박 긁히기 시작한다. 그럴 때 이제 부부 소득과 대출 조건 등을 맞춰 이른바 학군이 좋다고 하는 곳으로 이사하게 된다.

저출산 때문에 점점 학군이 중요하지 않아질 것이라는 얘기를 하는 사람이 있다. 그런데 이는 2명의 아이를 키우는 아버지 입장에서 전혀 공감되지 않는다. 최근에 드라마 〈SKY 캐슬〉이 선풍적인 인기를 끌었다. 아이를 서울대 의대에 보내기 위해 수십억 원을 들여 입시 코디네이터를 고용하는 등 치열한 현장을 담아낸 드라마다. 너무 과장된 것 아니냐는 시청자 반응이 많은데, 사실 이것도 지역에 따라 반응이 미묘하게 다르다. 강남구 대치동에서 아이들을 키우는 부모들은 "오히려 너무 축소돼 있다"라고 말한다.

학군 선호를 너무 세속적으로 바라볼 필요는 없다. 조금이라도 더 좋은 환경에서 아이를 키우고 싶은 것은 기본적인 욕심이기 때문이다. 공부시키려고 들들 볶으려고 하는 것이 아니라 대부분은 '그나마 여기가 낫겠지', '강력범죄는 없겠지' 하는 마음으로 이삿짐을 꾸린다.

좀 일찍 집을 산 부부들은 10년 차쯤 됐을 때는 평수 넓히기를 고민한다. 아이들이 쑥쑥 크고 있기 때문에 한 번 갈아타야 한다는데 부부 사이에서 공감대가 형성된다. 2018년에 나온 9·13 대책으로 인해 사실 갈아타기도 쉽지 않게 됐다. 대출은 얼마 나오지 않고, 새로 집을 사면 기존 집은 서둘러서 팔아야 한다. 때마침 거래가 확 줄었기 때문에 적정 가격을 받고 팔 수 있을지 자신하기 어렵다. 이 때문에 2018년 9월부터 2019년 1월 현재까지는 갈아타려던 사람들이 멈춰 있는 상황이다.

갈아타기가 시작되면 중대형 인기가 더 높아질 가능성이 있다. 갈아타기가 많아져야 가전제품, 이삿짐센터, 인테리어, 부동산 중개 등의 시장이 활성화된다. 뒤에서 다시 얘기하겠지만 문재인 정부 내에서도 내수 부양차원에서 규제가 소폭 완화될 가능성이 있다. 가장 중요한 것은 바로 대출이다. 10억 원 아파트에 7억 원 대출을 받은 가계를 예로 들면, 지금은 12억 원 아파트로 이사해도 대출금은 4억 8,000만 원밖에 받지 못한다. LTV 규제가 70%에서 40%로 대폭 강화됐기 때문이다. 원리금 상환 여력이 충분하다면 대출은 내주는 것이 맞는다고 본다.

다시 혼인 얘기로 돌아가자. 2019년 1월 기준으로 딱 10년 전인 2008~2009년에는 혼인 건수가 대폭 줄었다. 이때 증시 급락으로 돈이 없어 결혼을 미뤘던 지인이 있었다. 이를 감안하면 2019년 부동산 시장은 부진할 가능성이 있다. 다만 앞의 그래프가 10년 단위로 딱딱 맞는 것이 아니니 참고 정도로만 해두자.

## 08

폭락론이 틀린 이유 ④

# 허리띠 졸라매서 집 사는 국민들

ACRO RIVER PARK

이러니저러니 해도 2014~2018년 집값 급등은 대출 규제 완화 때문이다. 대출 때문에 집값이 오른 것은 아닐지라도 최소한 대출이 풀렸기 때문에 적잖은 평범한 시민이 '나도 살까?' 하고 관심을 갖고 접근할 수 있었다.

2014~2015년 당시 관가에서는 '만사최통'이라는 말이 유행했다. 세상만사가 모두 최경환 당시 경제부총리로 통한다는 뜻이다. 그만큼 최 부총리의 힘이 셌다. 금융위원장은 대출 규제를 완화했고, 한국은행 총재는 기준 금리를 내렸다. 최 부총리는 "척하면 척 (금리를 내리라는 의미라는 것을 한은 총재가 알아들을 거다)"이라고 말했고, 이주열 한은 총재는 "(금리 정책은) 내리는 쪽보다는 올리는 쪽에 가깝다"라고 한때 저항했으나 결국 굴복했다.

기본적으로 금융위원회나 한국은행은 금융 안정을 중시한다. 금융위원회는 마음대로 할 수 있다면 기본적으로 대출 규제를 강화하고 싶어 한다. 대출이 너무 많이 풀리면 사고가 터질 수 있기 때문이다. 공무원과 일을 해본 사람이라면 누구나 느낄 텐데, 그들은 '사고'를 제일 싫어한다. 사고를 싫어하기 때문에 되도록 아무것도 안 하고 싶어 한다. 격렬하게 아무것도 안 한다. 가계 부채를 걱정하는 그들은 최소한 무척 원해서 LTV와 DTI 등 대출 규제를 완화했던 것이 아니다.

어쩔 수 없이 대출 규제를 완화했던 임종룡 당시 금융위원장이 택한 방법은 분할 상환 정책으로의 유도였다. 그때까지 우리나라 대출자는 이자만 갚았다. 1억 원을 대출하면 이자만 물다가, 만기가 되면 또 다른 은행으로 갈아타 다시 이자만 냈다. 임종룡 위원장은 이 구조를 바꿔야 한다고 봤다. 바로 대출을 받자마자 원금도 함께 갚기 시작하는 분할 상환 정책으로 말이다. 30년 분할상환대출이라고 하면 30년에 걸쳐서 이자는 물론이고 원금도 함께 갚는다. 이렇게 하면 설령 대출 총액은 늘어날지라도 '빚은 갚아야 하는 것'이라는 인식이 뿌리를 내릴 수 있을 것이라고 생각했다. 어려운 상황에서 내린, 그나마 정확한 대책이었다. 이때 나온 대책 중에 안심전환대출이라고 있다. 안심전환대출은 이자만 갚는 주택담보대출을 받은 사람들을 2%대 고정 금리, 분할상환대출로 유도하기 위한 전환 대출 상품이다. 시중은행, IBK기업은행, 지방은행 등 16개 은행에서 2015년 3월 24일부터 상품을 판매했는데, 1차분은 나흘 만에

20조 원이 전액 소진됐고 3월 30일부터 2차 판매를 실시해 14조 원가량이 팔렸다.

분할상환대출은 비교적 자리를 잡았다. 2018년 10월 한국은행이 나이스평가정보로부터 100만 명 이상의 표본집단을 제공받아 분석한 바에 따르면 은행 주택담보대출 중 분할상환대출 비중은 지속적으로 증가하는 추세다. 2012년 1분기 66%였던 분할상환대출 비중은 2018년 1분기에는 82%로 높아졌다. 다만 이는 일시 거치 분할상환대출(3~5년간 이자만 갚다가 그 이후부터 원금 상환이 시작하는 구조)이 포함돼 착시 현상이 나타난 숫자로 보인다. 체감상 분할상환대출 비중이 이렇게까지 높아지지는 않았다.

분할상환대출로의 유도는 원칙상 맞는 방향이지만 이 때문에 일부 대출자들의 경우 부담이 커졌다. 아파트 거주민을 기준으로 2012~2017년 가처분소득은 15% 증가했는데, 원리금 상환액은 72%나 증가했다. 분할상환 때문에 당장 가계가 은행에 건네줘야 하는 돈이 급증한 것이다. KB금융경영연구소의 '가계 주거 비용 현황 및 주요국 비교'에 따르면 정부의 분할 상환 확대 정책의 영향으로 국내 가계 전체의 연간 처분 가능 소득 중 연간 원리금 상환액이 차지하는 비중은 2011년 16.3%에서 2016년 24%로 5년간 47% 상승했다. 2017~2018년은 훨씬 더 많이 늘었을 것으로 보인다.

어떻게든 집을 사고 싶어서 생활비를 극도로 아끼는 가계가 늘어났다. 주택 가격이 오르면 기존 보유자는 좋지만, 대출을 받아 집을 사는 것이 기본 중의 기본이 되면서 가계 전체적으로는 현금 흐름이 악화했다. 집을 산 사람들은 대출 이자 때문에 여행을 끊고 문화 생활을 줄인다. 바짝 조인 허리띠를 또 조인다. 가계 전체적으로는 재무구조가 상당히 우량하지만, 아무도 돈을 안 쓰는 것은 이런 영향이 있다고 본다.

대출금 갚느라 바쁘다 보니 내수 부진이 우려되고 있다. 한국은행이 매달 진행하는 소비자 동향조사에 따르면 2018년 12월 기준으로 소비 지출 전망은 고정비가 높은 반면, 조정 가능한 항목은 부진했다. 주거비(105), 교통·통신비(108), 의료·보건비(113), 교육비(103) 등 경기 상황과 관계없이 고정적으로 지출해야 하는 항목은 기준치인 100을 웃돌았고 내구재(94), 외식비(90), 여행비(88), 교양·오락·문화생활비(91) 등 경제 상황에 따라 조정할 수 있는 항목은 모두 100을 밑돌았다. 반드시 지출해야 하는 항목을 제외한 탄력적 소비는 줄이겠다는 것이 대체적인 소비 심리인 것으로 확인된다.

앞에서 필자는 우리나라 사람들이 특별히 부동산에 대한 애착이 큰 것은 아니라고 말했다. 다른 예를 하나 들면 우리나라는 개인투자자들의 직접 투자 비율이 선진국에 비해 월등히 높다. HTS를 깔고 직접 투자에 나서는 사람이 많다는 뜻이다. 그렇다면 우리나라 사람은 주식에 대한 애착이 아주 큰 것일까? 딱히 그렇다고는 볼 수 없다.

우리나라 사람들의 경우 부동산에 대한 애정이 깊은 것이 아니라 부동산을 사야겠다고 마음먹은 사람들의 애착이 큰 것이다. 또한 부동산을 좋아하는 사람들의 애착이 큰 것이다. 둘은 비슷하면서도 다른 얘기다. 우리나라 사람들의 부동산 사랑이 남다르다면 산술적으로 자가 보유율이 높게 나와야 한다. 하지만 우리나라 가구의 자가 보유율은 57% 수준이며, 서울만 놓고 보면 2017년 기준 48.3%밖에 안 된다. 해외를 보면 싱가포르와 대만, 스페인 등은 자가 보유율이 90% 안팎이고 영국과 미국, 일본 등은 60~70%대다. 우리나라 사람들의 부동산 사랑이 남다른 것이 아니라 부동산에 대한 관심 수준이 남다른 것이다. 우리나라 사람들만큼 폭락론을 열렬히 환호하는 국민들 또한 별로 없다. 부동산을 사야겠다고 마음먹은 가계는 생활비를 쪼개고 쪼개 쓰는 것을 마땅히 감내한다. 즉, 부동산을 좋아하는 사람은 아무리 말려 봐도 소용이 없다. 대출을 막아도 큰 소용이 없는 것 같다.

2018년 국정감사 과정에서 더불어민주당 이학영 의원실, 바른미래당 이태규 의원실 등이 우리나라 대부업과 저축은행 대출 금리를 조사해 발표했다. 이들은 고금리 차주가 너무 많다는 식으로 보도자료를 배포했는데, 사실 자세히 보면 재미있는 현상이 하나 드러난다. 바로 금리 10% 미만 대부업 대출이 의외로 늘고 있다는 점이다. 이들에 따르면 전체 차주의 약 2.8~9%가 10% 미만 금리로 대부업이나 저축은행 부동산 대출을 이용하고 있다. 10년 전에는 이 비율이 1%도 되지 않았다.

10% 미만 대부업 대출자가 많아졌다는 것은 무엇을 의미할까? 정부의 중금리 대출이 활성화된 영향일까? 아니다. 바로 비교적 우량한 담보물(아파트)을 갖고 대부업체에 노크하는 대출자가 많다는

것이다. 이는 정부가 은행 대출의 문턱을 높이면서 나타난 현상이다. 특히 9·13 대책으로 인해 다주택자이고 한 채를 대상으로 대출을 받은 상황이라면 나머지 담보물(주택)은 시세가 비싸고 빚이 없더라도 추가 대출을 받을 수 없게 됐다. 대부업자 입장에서 담보물 20억 원~30억 원짜리 아파트에 대출이 하나도 없다면 대출을 내줄까? 안 내줄까? 이들 입장에서는 땅 짚고 헤엄치기와 같은 대출이다. 마진이 적은 편이라 그렇지, 내주기만 하면 아무 신경을 쓸 필요가 없는 대출이다. 군이 문신 있고 양복 입은 '형님'을 집 앞으로 보내지 않아도 된다. 이자가 연체되면 담보물을 처분하면 그만이다.

2018년 말에 강남구 한 신축 아파트에 가봤더니 아파트 공지문 게시판에 대형 금융사인 척하는 대부업자 광고물이 붙어 있었다. 즉, 자산 가치는 충분한데 제1금융, 제2금융 대출을 받지 못해 대부업을 찾는 사람이 그만큼 많다는 것이다. 이들은 대체로 집만 있는 자산가인 경우가 많으나, 때로는 부동산 투자를 위해 일시적으로 대출을 낸 사람들이다. 필자 주변에도 신축 아파트 매입 이후 모자란 잔금을 치르기 위해 자가를 담보로 대부업 대출을 받은 사람이 있다. 대출 규제 강화 때문에 나타나는 코미디 같은 현상이다. 그런데 어쩌겠는가? 이토록 부동산에 대한 사랑이 뜨거운데….

# 이 많은 집,
# 한꺼번에 다 팔면 누가 사냐고?

ACRO RIVER PARK

　예전에 한번 부동산 전망을 놓고 전문가라는 사람과 설전을 벌인 적이 있었다. 참고로 필자는 2014~2016년까지만 해도 강세론자였으나 2019년 1월 현재는 마음이 조금 바뀌었다. 이에 대해서는 바로 뒤에서 말하겠다.

　부동산 하락을 지지하는 한 전문가는 우리나라 아파트 숫자를 거론하면서 이 아파트들을 한꺼번에 팔면 버틸 수 있겠느냐고 했다. 필자 입장에서는 다소 황당한 주장이다. 그런데 우리나라 아파트 숫자가 너무 많고 한꺼번에 매물로 나오면 급락할 것이라는 주장을 심심치 않게 듣는다. 이건 기본적으로 부동산 하락론자가 부동산 상승론자들이 부동산을 얼마나 좋아하는지를 몰라서 하는 얘기다.

　이들은 절대 집을 팔지 않는다. 아니, 팔면 어디로 간단 말인가?

사실 자기 집에서 살던 사람 중에는 죽어도 전세로는 다시 살기 싫다고 하는 사람이 많다. 전세는 불편하다. 뭐 하나 고장 나면 집주인이랑 실랑이해야 하고, 만기 때 나가라고 하면 다른 곳 알아보기도 귀찮다. 전세만 사는 사람은 이런 상황을 잘 의식하지 못한다. 자기 집에서 살아본 적이 부모와 함께 살던 어린 시절을 제외하면 많지 않기 때문이다.

　모두가 한꺼번에 팔면 당연히 시장은 못 버틴다. 2018년 11월에 국민연금 위탁운용사가 코스닥에 상장된 인터넷 광고 대행업체인 나스미디어 주식을 한꺼번에 팔아 하루 만에 20% 급락하는 사건이 있었다. 이날 국민연금 위탁운용사는 44만 2,577주나 팔았다. 이는 나스미디어의 최근 한 달간 거래량 2만 4,370주의 18배에 달하는 물량이다. 이렇게 물량이 쏟아지면 버티지 못한다. 그런데 주식과 부동산은 다르다. 주식은 다 팔아버려도 잘 집은 있지만, 부동산은 다 팔아버리면 갈 곳이 없다.

　2018년 10월 이후 하락장이 펼쳐지면서 "이제 부동산은 끝났다. 거래가 감소하기 때문에 너희는 팔 수도 없다"라고 주택 보유자들을 놀리는 하락론자가 많아졌다. 하지만 주택 보유자들은 별로 팔 생각이 없다. 2019년 내내 시장이 하락할 수는 있겠으나 딱히 팔아도 새로 갈 곳이 없어서다. 대출은 막혔고, 어차피 거래가 부진하기 때문에 내가 갈아타고 싶은 곳으로 갈 수 있으리라는 확신도 없다. 주택 보유자 중에도 2019년에는 내릴 것이라고 보는 사람이 많다. 하지만 팔지 않는다. 일단 아직까지는 부동산을 계속 보유하면 언젠가는 오른다는 모습을 보여주기도 했다. 한국건설산업연구원은 2018년 11월에 개최한 '2019년 건설·부동산 경기 전망 세미나'에서 2019년 주택 매매 가격과 전세 가격이 각각 1.1%, 1.5% 하락할 것이라고 전망하면서도 자산가들이 주택을 매도하지는 않을 것이라고 봤다. 허윤경 연구위원은 "고가 주택 시장의 수요자인 고소득층과 자산가들이 안정적 소득과 자산을 기반으로 주택을 매도하지 않고 장기 보유를 선택할 것"이라고 했다.

　2018년 서울 시내 주요 아파트 거래량을 살펴본 결과, 대략 전체 세대수의 5%만 거래되어도 많이 거래된 것으로 나타났다. 1,000세대 중 꼭 팔아야 하는 상황이어서 판 사람은 어느 정도나 될까? 2018년에는 주택 가격이 많이 올랐기 때문에 차익 실현차원으로 판 사람이 다수이고, 팔았어도 다른 데 산 사람이 많을 것이다. 현 규제가 계속 유지된다는 전제하에 2019년에는 거래량이 확 줄어들 수밖에 없다.

# 10

# 나름 2019년 부동산 시장을 전망해보다

ACRO RIVER PARK

2018년 말에 나온 2019년 부동산 시장 전망 기사를 보면 대체로 하락을 점친다. 부동산 전문가나 PB, 공인중개사 할 것 없이 대체로 하락 가능성이 높다고 보고 있다. 개인적으로 전문가들에게 물어보면, 세무사들 정도만 2019년 부동산 시장이 강세일 수 있다는 견해를 밝히고 있다. 홍춘욱 애널리스트, 이상우 애널리스트도 상승 가능성이 있다고 했다. 부동산 인기 칼럼니스트인 '빠숑' 김학렬 소장, 유명한 블로거인 분석전문가 등은 약보합이 지속될 것으로 보면서도 3~4월쯤 변곡점이 나타날 수 있다고 보고 있다.

필자는 2019년 부동산 시장이 소폭 강세일 수 있다고 생각한다. 이유는 하나다. 2018년 9·13 대책으로 인해 너무 급격히 방향이 틀어졌기 때문이다. 인위적인 대책으로 조금 더 올랐어야 하는 부동산이 꺾인 것이라 2019년에도 소폭이나마 오를 수 있다고 본다.

다른 건 몰라도 대출 규제는 다소 치졸했다고 본다. 대출을 해주지 않으면 당연히 집을 못산다. 선진국 대부분은 LTV가 80~110%다. 차주가 건전하고 담보가 확실하다는 전제하에 얼마든지 대출을 내준다. 우리나라처럼 40%로 제한하고, 2주택자 이상의 경우에는 대출을 아예 금지시키는 대책은 전례가 없다. 손발 다 꽁꽁 묶어놓고 "와, 이겼다" 하는 것과 다를 바 없다. 부부싸움을 한 부부로 가정해보자. 싸웠다는 이유만으로 와이프가 용돈을 끊어버리면 남편은 어떤 심정일까? 겉으로는 "잘못했다. 화해하자"라고 할지 몰라도 앙금이 남는다. 백이면 백, 다시 터진다.

필자에게 전권만 준다면 대출 규제 같은 것을 하지 않고도 강남 집값은 얼마든지 꺾을 수 있다. 현재는 재건축 시 지자체 조례에 따라 임대 주택 공급 비율이 정해진다. 그런데 2018년 12월에 정동영 민주평화당 대표가 낸 법안에는 임대 주택 공급 비율을 법으로 정하는 도시 및 주거 환경정비법 개정안이 있다. 용적률의 25~40% 범위에서 국토교통부 장관이 고시하는 비율에 따라 임대 주택을 건설하도록 하자는 것이다. 만약 필자라면 용적률 규제를 1,000%까지 완화하고, 늘어나는 세대를 모두 임대 주택으로 하는 방안을 제시할 것이다. 1,000세대 강남 아파트가 기존에는 용적률 300% 규제에 따라 30층, 1,500세대 정도로 재탄생했다면, 임대 주택 공급을 대폭 늘려 100층, 5,000세대 아파트로 바꾸게 하는 것이다. 그리고 이 가운데 3,500세대를 임대 주택으로 하면 더 많은 사람이 강남의 편의성을 누릴 수 있고, 집값은 잡힌다. 교통 체증이 심해져서 강남 비선호 현상이 나타날 것이다. 이런 식으로 강남 재건축 아파트를 모두 임대 주택화시키면, 주거 불안을 해소할 수 있고 집값도 잡을 수 있다. 굳이 그린벨트를 풀어 신도시를 공급하고, 그 때문에 보상금을 출혈할 필요가 없다. 필자 얘기가 틀렸는가?

그렇다면 정부는 왜 이런 방법은 검토조차 하지 않는 것일까? 왜냐하면 이 방법은 기존 주택 시장에 어마어마한 충격을 줄 것이 틀림없기 때문이다. 정부가 사유 재산을 침탈할 수 있다는 우려가 싹트고, 자산가들이 공포에 질린다. 사회주의혁명 이후 자산가들이 서구 사회로 탈출했던 것 같은, 그런 참담한 현상이 21세기 대한민국에서 나타날 것이다.

궁극적으로 정부는 부동산을 안정시키고 싶어 하지, 폭락시키고 싶어 하지는 않는다. 폭락시켰다가는 큰일 난다. 당장 경기가 망가지고 은행 부실이 심화될 것이다. 은행이 100억 원을 굴린다면 자기 돈은 8억 원~10억 원뿐이다. 부동산 대출 비중 중 상당한 수준이 부동산 담보 대출인데, 부동산 가격이 급락했다가는 금융위기가 발생한다. 집 없는 사람은 좋다고? 말도 안 되는 소리다. 집값이 급락하면 전세 세입자들도 타격을 입는다. 전세 세입자는 결국 무이자로 집주인에게 목돈을 빌려준 처지다. 돈은 빌려줄 때는 앉아서 빌려주고, 받을 때는 서서 받는다. 집값이 폭락하면 당연히 전액을 돌려받기 어려워진다. 그리고 그 수혜는 현금 부자들이 싹 쓸어간다. IMF 위기 이후 10억 원 부자는 100억 원 부자가 됐고, 100억 원 부자는 1,000억 원 부자가 됐다는 말이 있다. 결국 위기는 부자만 살찌운다.

용적률을 대폭 완화해 임대 주택을 공급하자는 말은 사실 재건축 보유자들 입장에서는 가슴 철렁한 소리일 것이다. 무서운(?) 소리를 해서 미안한 마음이다. 설령 이 같은 방안이 검토된다고 해도 어마어마한 저항에 부딪힐 것이다. 모든 재건축 보유자를 적으로 돌리는 행동이기 때문에 정치권에서 직접 거론하기는 버겁다. 현실성은 없는 얘기이니, 행여나 진짜로 될까 봐 걱정하진 마시기 바란다.

아무튼 대출 규제 정책은 치졸하다. 아무도 못 사게 하면 못 사는 사람 입장에서는 약간 불만이 있겠지만 어차피 집값이 떨어진다면 오케이다. "안(못) 샀는데 다행이다"라고 할 것이다. 갈아타려는 사람도 못 갈아타서 불편하긴 하지만 어쨌든 오케이다. 이렇게 시장을 막아버리면 아예 불만도 없어진다. 아무도 움직이지를 않으니까. 하지만 말했듯이 팔다리 잘라버리면 그게 대책인가? 거래는 유지하면서 집값을 진정시켜야 대책이다. 어렵지만, 그래도 정공법으로 갔어야 한다.

시중에 유동 자금은 넘쳐난다. 지금은 어디로 가야 하는지 간만 보고 있다. 한 세무사는 이렇게 말했다.

"대부분 언제 주택을 다시 사야 하는지 묻고 있어요. 팔아야겠다고 하는 고객은 없습니다. 다들 대기만 하고 있으니 하락하더라도 얼마나 빠질지는 모르겠습니다."

다만 2019년에 강세장이 펼쳐진다고 해도 거래는 터지지 않는 강세장일 가능성이 크다. 거래가 터지면 받아줄 만한 주체가 없다. 다들 아직 이 정도 가격대에 익숙해지지 않았기 때문이다. 설령 강세장이 나타나도 지속적이고, 폭발적이기는 어렵다. 라면을 갑자기 1만 원으로 올리면 라면을 너무너무 먹고 싶은 사람은 사 먹겠지만, 대부분 가격 저항 때문에 차라리 안 먹고 만다. 라면을 안 먹어도 안 죽기 때문이며, 부동산을 안 사도 당장은 전세로 살면 되기 때문이다. 2019년에는 강세장이 나타나도 이처럼 따로 노는 강세장이 될 것이다. 필자는 개인적으로도 2018년 이후로는 지인들에게 "당장 집을 사지는 마라"고 말한다. 왜냐하면 지금 가격은 분명 매수자와 매도자 간의 눈높이 차이가 크기 때문이다. 간간이 거래는 되겠지만, 매수 대기자들이 '지금 이 가격이 적정 시세'라는 것을 인정하려면 결국 시간이 필요하다.

만약 2019년에 부동산이 오르지 않는다면 2020년이나 2021년쯤엔 반짝 강세장이 나올 것이다. 시장의 에너지는 분명히 부동산에 쏠려있다. 돈이 넘치고 있는데, 부동산으로 가면 안 될 것 같아 멈춰 있을 뿐이다. 2018년 9월 이후부터 1년 넘게 가격이 고정돼 있다면, 슬슬 매수 대기자들도 그 가격대에 익숙해질 것이다. 그사이 저가 급매물이 나온다면, 여력이 될 경우 실거주용으로 한 채 정도는 매수하는 것을 추천한다. 몸을 누일 자기 집은 필요하다.

2019년에도 부동산이 부진하다면 건설사는 공급 대책을 뒤로 미룰 것이고, 결국 신축 아파트가 부족해 기존 집값이 오르는 현상이 나타날 것이다. 역사는 돌고 돈다.

# 6장
## 정부 관계자라고 생각하고 부동산 정책을 분석한다

"상대방의 입장에서 생각해라."
어렸을 때부터 부모님에게서 무척 자주 들은 얘기다. 그런데 이것만큼 명언이 없다. 세상 모든 것은 상대방 입장에서 생각해봐야 한다. 그래야 정확한 사정을 파악할 수 있고, 실수를 피할 수 있다. 재벌 3세 등 고위급 자제분들이 이걸 너무 못해서 요즘 우리나라가 시끄럽다.

대부분 사람은 너무 단순하게 생각한다. 이명박 정부에서 경기 부양책이 나오면 "MB는 분명히 자기 재산 늘리려고 한 걸 거야"라고 하고, 박근혜 정부에서 부동산 부양책이 발표됐을 땐 "친박들이 대부분 다주택자라 그래"라고 구시렁거렸다. 아주 틀린 얘기는 아닐지 몰라도, 이는 너무 정치인이나 국회의원, 고위 관료를 모르고 하는 얘기다.

이런 것들도 상대방 입장에서 생각해봐야 한다. 그래야 자기 표밭을 의식해서 하는 것인지, 아니면 진심으로 나라 경제를 생각해서 하는 것인지 판단이 된다. 내가 청와대에서 일하고 있다고 가정하고 세세히 들여다보면 눈에 보이는 것들이 있다. 이번 장에서는 그와 관련된 얘기를 하고자 한다.

# 01

## 임대 주택으로 등록하면 양도세 안 내는 정책이 왜 나왔나?

2017년 8월 2일, 휴가를 즐기고 있던 기자들이 갑자기 노트북 앞에 앉아야 했다. 김현미 국토부 장관이 8·2 대책을 들고 나왔기 때문이다.

국회의원 출신인 장관은 대체로 힘이 강력하다. 김현미 장관은 휴가를 즐기다가 대책을 발표하려고 부랴부랴 복귀한 것으로 알려졌다. 김현미 장관이 국회의원이 아니라면, 아마도 당시 김동연 경제부총리 겸 기획재정부 장관이 대책을 발표했을 것이다. 김현미 장관이 숟가락을 놓지 않았던 이유는 8·2 대책이 최소한 청와대 사람들이 생각하기에는 아주 잘 만들었다고 보였기 때문이다. "부동산 잡을 사람은 나야 나"라는 욕심이 김현미 장관을 브리핑석 앞에 서게 했다.

실제로 8·2 대책은 강력한 내용이 많았다. 하지만 결정적인 구멍이 하나 있었다. 바로 임대 주택 등록과 관련한 부분이다. 그리고 그해 12월 13일 발표된 '임대 주택 등록 활성화방안'이 불에 기름을 부었다. 여기에는 다주택자여도 85제곱미터 이하이면서 공시지가 6억 원 이하인 주택을 신규 취득한 뒤 임대 주택으로 등록하고 8~10년간 임대하면 취득세를 면제해주고 양도세는 70~100% 깎아주는 내용이 있었다. 심지어는 종합부동산세와 재산세 과세 대상에서도 제외된다. 쉽게 얘기하면 비교적 저렴한 소형 평수 아파트를 사서 임대를 주면 아예 없는 셈 쳐주겠다는 얘기다. 결과적으로 말하면 이 대책으로 인해 다주택자가 소형 평수 아파트를 싹쓸이하면서, 소형 평수 선호 현상이 더 심해졌다. 이것 때문에 집값이 더 올랐다는 얘기도 많이 나왔다. 한 지인은 필자에게 이 대책을 보고 2017년 12월부터 2018년 10월까지 1,000채의 아파트를 산 사람이 있다고 했다. 어차피 종부세 대상에서 제외되고 양도세도 내지 않는다고 하니, 부동산에 인생을 건 것이다. 소형 평수 급등 현상이 안 나타나려야 안 나타날 수가 없었다. 강남 아줌마들이 송파를 시작으로 강동, 중랑, 강북, 성북, 은평, 서대문, 구로 등으로 싹쓸이에 나섰다. 필자 주변에도 2018년 한 해 동안 구로, 강서에서만 아파트 8채를 한꺼번에 산 사람이 있다.

김현미 장관은 약 1년 뒤, "미처 생각지 못했던 부분이 있었다"라면서 실기였음을 인정했다. 현 정부가 부동산 대책을 내놓으면 집값이 오른다는 치명적인 비아냥도 이 때문에 나왔다. 결국 정부는 임대 주택 등록 혜택을 사실상 없었으며, 2019년 1월 7일에 발표한 세법 후속 시행령 개정안에서는 임대 주택사업자를 대상으로 거주하는 집에 대해서는 첫 거주 주택에만 양도세를 비과세히는 땜질식 처방을 내놨다. 임대 주택사업자 혜택이 너무 많다는 지적이 나오자 어떻게든 혜택을 줄이려고 머리를 맞댄 느낌이랄까….

자, 그렇다면 이들은 왜 이런 대책을 내놨을까? 왜 이런 부작용을 미처 떠올리지 못하고 과도한 혜택을 부여했던 것일까? 이는 2008년 글로벌 금융위기 이후 계속됐던 전세난 때문이다.

기본적으로 현재 여당 지지자는 주택 보유자보다 전세 세입자가 많다. 자신들의 지지층이 전세난으로 고통받은 사례를 많이 취합했던 것으로 보인다. 임대 주택으로 등록한 주택이 늘어나면 전세 세입자들은 당연히 안정적으로 오랜 기간 살 수 있다. 임대 주택에 등록하면 재계약 시 임대료를 5% 초과해 올릴 수 없기 때문이다. 지지층을 위해 내놓은 대책이 종국에는 큰 타격을 입힌 셈이다.

이 대책을 만든 사람이 김현미 국토부 장관인지 김수현 당시 사회수석(2019년 1월 현재 정책실장)인지 알 수는 없지만, 솔직히 말해 순진했다는 속내를 지울 수 없다. 개인적으로 김수현 실장이 교수 시절에 쓴 《부동산은 끝났다》를 참 재미있게 읽었다. 우리나라 부동산 시장을 스마트하게 잘 진단했지만, 그럼에도 투자자 마음은 잘 모른다는 인상을 받았다. 그들은 투자자를, 그리고 시장을 잘 몰랐다. 싸움에서 이기려면 나를 알고 적을 잘 알아야 하는데, 책을 읽는 내내 적을 정확히 파악하지 못하고 있다는 인상을 받았다. 역시나 정책 결정과정에서 이것이 드러났다.

임대 주택 등록 활성화방안은 이제 슬슬 힘을 발휘할 것이다. 임대 주택에 등록하면 첫 번째 임대 계약은 집주인 마음대로 할 수 있지만, 그다음부터는 임대료를 5%까지만 올릴 수 있다. 2019년 1월 현재는 전세 시장이 약세여서 그렇지, 만약 2019~2020년에 국지적으로 전셋값이 반등하는 장이 나오면 임대 주택에 등록된 아파트는 전세 세입자들로부터 큰 인기를 끌 것이다.

2018년 9월 기준으로 임대 주택에 등록된 주택은 123만여 채다. 전체 민간 주택의 17%에 불과하다고 하는데 2018년 10~12월에 임대 주택으로 등록한 주택이 있을 것이고, 2017~2018년 착공에 들어간 아파트 분양권 등도 2019~2020년까지 순차적으로 임대 주택에 등록하는 물량이 있을 것으로 보인다. 이 정도면 충분히 전세 시장을 억누를 가능성이 있다. 만약 다시 전셋값 이상 급등 현상이 나타난다면, 이때의 전셋값 안정 정책이 좋은 정책이었다고 다시 찬사를 받을 것이다. 또 하나, 정부는 120만여 명의 공격적 부동산 투자자들을 데이터베이스(DB)화했다. 이 자료는 추후 어떤 식으로든 활용할 수 있을 것이다.

## 02

# 정부 정책에는 저항하지 마라

노무현 정부와 문재인 정부의 부동산 안정 대책이 시장에 별다른 영향을 주지 못할 때마다 투자자들은 비웃었다. "정부는 시장을 이기지 못한다"라고 했다. 정부가 아무리 힘을 써봐야 결국에는 시장이 이긴다는 것이다. 그런데 이는 사실일까? 필자는 전혀 그렇게 생각하지 않는다. 정부 또한 시장에서 뛰는 하나의 플레이어다. 정부도 시장 안에 있다. 때로는 띄우려고 하고, 때로는 가라앉히려고 한다. 이쪽이 지고 있을 땐 이쪽에서 뛰고, 저쪽이 지고 있을 땐 저쪽편에서 뛰는 선수다. 심판이 아니다.

만약 정부가 작정하고 부동산 가격을 떨어뜨리려고 한다면 얼마든지 할 수 있다. 앞서 얘기한 대로 경기를 의식해 결정하다 보니 때로는 전혀 안 먹히는 상황에 다다르는 것이다. 9·13 대책을 발표한 김동연 당시 경제부총리는 "만약 이번에도 과열이 진정되지 않으면 또 다른 대책을 내놓겠다"라고 했다. 시장에서는 추가적으로 나올 수 있는 대책으로 1가구 1주택 양도세 면제를 평생 1회로 한정하거나 일시적 1가구 2주택 조건을 더 강화하는 내용이 담길 것이라는 예상이 나왔다. 대출 규제도 훨씬 더 강화될 가능성이 있었다. 어떤 정책이든 효과는 확실히 있었을 것이다. 정부를 너무 화나게 하면 안 된다. 진짜 작정하고 덤비면 투자자는 결코 이길 수 없다.

과거 노무현 정부 시절에 집값이 계속 급등하자 일부 전문가는 "시장을 이기려고 하지 마라. 주택 공급을 늘려라"라고 주문했다. 집이 모자라 집값이 오른다는 주장이 계속됐던 것이다. 노무현 정부가 공급을 적게 한 정부는 아니다. 당시 추진된 2기 신도시는 경기 김포(한강), 인천 검단, 화성 동탄 1·2, 평택 고덕, 수원 광교, 성남 판교, 서울 송파(위례), 양주 옥정, 파주 운정 등 수도권 10개 지역, 충남 천안·아산의 아산신도시, 대전 서구·유성구의 도안신도시 등 총 12개 지역에 달한다. 수도권 지역만 한정해서 본다면 이 당시에 제때, 그리고 효과적으로 건설된 신도시는 판교신도시 정도에 불과했다. 대부분 큰 의미가 있는 수준이 아니거나 지연됐다. 무엇보다 강남권 급등을 가라앉힐 목적으로 추진된 위례신도시가 더디게 진행됐다. 그러자 일부 전문가들은 더 빨리, 더 많이 공급해야 한다고 주문했다.

이때 만약 일부 전문가 주장대로 공급량을 확 늘렸다면 어떻게 됐을까? 당시는 2008년 글로벌 금융위기가 목전에 있던 시절이었다. 만약 노무현 정부 초기 때부터 주택 공급을 큰 폭으로 늘렸다면 기존 주택의 낙폭은 훨씬 컸을 것이다.

모든 정책에는 명과 암이 있다. 노무현 정부에서 돌다리 두드리듯 공급 정책을 편 덕분에 우리는 다른 선진국들과 비교해 금융위기 후폭풍을 안전하게 넘어갔다. 공급을 크게 늘렸다면 짓다가 흉물로 남은 건물과 아파트가 지금보다 훨씬 많았을 것이다. 2008년 이후 수많은 중견 건설사가 도산했다. 국내 100대 건설사 가운데 워크아웃, 법정관리, 채권단 관리, 부도, 폐업 등 절차에 들어간 건설사가 45곳에 달한다. 중견기업뿐만이 아니다. 일부 대기업도 위태위태했다. 2009년에는 누구나 아는 대형 건설사의 부도설이 끊이지 않았다. 2007년 10월에 20만 7,500원이었던 한 대형 건설사의 주가는 1년 뒤인 2008년 10월 28일 한때 2만 4,700원까지 추락했다. 부동산 경기는 얼어붙었고, 2013년까지 회복 기미를 보이지 못했다. 이 때문에 최경환 당시 부총리가 부양책을 만지작거렸다. 침체 국면이 너무 길어지고 있다고 판단했을 것이다.

다시 노무현 정부 때로 돌아가 보자. 이때 만약 너무 많은 신도시와 도심 개발이 진행됐다면 후폭풍이 어마어마했을 것이다. 건설사 부도로 은행마저 무너졌을지 모를 일이다. 세상에 칼로 무 자르듯 완벽하게 좋은 정책도 없고 완벽하게 나쁜 정책도 없다. 당장 먹히지 않는다고 해서 정부 정책을 너무 비난하는 것은 아마추어들이나 하는 일이다.

2018년 종부세 인상 등 다주택자에 대한 세금 강화 정책이 결정됐다. 2019년부터 당장 손에 쥐는 고지서의 금액이 전년과는 차이가 있을 것이다. 특히 공시지가 현실화로 세 부담이 2배 이상 나오는 다가구주택 등이 많을 듯하다. 2019년 1월 7일에 발표된 기획재정부의 세법 후속 시행령 개정안이 이 같은 내용을 담고 있다. 1가구 1주택 양도세 면제 기준이 강화됐고, 종부세 과세표준을 계산할 때 80%로 적용하던 공정시장가액비율을 매해 5%씩 인상하겠다고 했다. 세율마저 올랐기 때문에 1주택자여도, 지가나 아파트 가격이 오르지 않아도 부과되는 세금이 큰 폭으로 늘어난다. 혹자는 "1주택자는 양성해야 하는 것 아니냐? 정부가 무주택자 양성을 꾀하고 있다"라고 비판하는데, 어느 정도는 사실인 듯하다. 이에 대해서는 뒤에서 다시 언급하기로 하겠다. 아무튼 앞서 나온 단독주택 공시지가 대폭 인상과 함께 1주택자여도 세금 부담이 커질 전망이다.

수많은 사람이 실제로 닥치기 전까지는 체감하지 못한다. 필자는 정책 효과가 대략 6개월에서 2년은 지나야 반영된다고 생각한다. 앞에서 2019년 부동산 시장에 상승장이 펼쳐질 수 있다고 했는데 이는 단기 전망이고, 앞으로도 현 정부가 강하게 부동산 규제책을 유지한다면 오래 지속될 수는 없을 것이다. 다만 필자는 그보다는 정부 스탠스가 변화할 가능성이 있다고 보고 있다.

# 03

# 그래도 규제는 곧 풀린다

필자는 2019년만 한정해서 보면 의외의 상승장이 나타날 수 있으나 매수자와 매도자 간의 눈높이 차이가 크고 거래량이 뒷받침되지 않아 대세 상승으로 이어지기는 어려우며, 특히 현 정부의 규제 정책이 유지된다면 상승장이 지속될 수 없다고 앞서 전망했다.

하지만 변수가 하나 있다. 규제 정책이 문제인 대통령의 임기 말(2022년 5월)까지 지속되기 어렵다고 생각한다. 만약 정치적 결단 등으로 규제 정책이 2022년 5월까지 지속된다면, 그다음 정부는 경기 부양차원에서라도 규제를 일부 완화할 수밖에 없다. 경기 부양과 세수 확보, 두 측면에서 바라보면 지금 규제는 너무 강하다.

일단 지금 정부는 돈이 넘친다. 세뱃돈 두둑하게 받은 아이와 같다. 정부가 과도한 수준으로 흑자 살림을 하고 있어 경기 기여도에서 마이너스가 나올 정도다.

기획재정부가 2018년 12월 11일에 발간한 '2018년 12월 월간 재정동향'에 따르면 1~10월 국세 수입은 263조 4,000억 원으로 2018년 예산안이 상정한 세수 예상치 268조 1,000억 원에 거의 근접했다. 예산안의 세수 전망치 대비 실세 세수를 의미하는 진도율은 98.2%다. 10월 말까지 사실상 2018년 재정 지출에 필요한 세금은 다 걷혔다는 의미다. 11~12월에 걷히는 세금은 세수 초과분이 된다.

그렇다면 세수가 어디서 늘었을까? 일단 법인세가 전년 같은 기간보다 19.9% 증가했다. 2018년 1~10월 동안 걷힌 법인세는 68조 원으로 전년(56조 7,000억 원)을 이미 큰 폭으로 웃돌았다. 법인세는 왜 이렇게 늘었을까? 반도체 슈퍼 사이클(장기 초호황) 때문이다. 삼성전자가 2018년 8월에 공시한 상반기보고서에 따르면 2018년 상반기에 납부한 법인세 중간 예납액만 6조 1,000억 원이다. 법인세 중간 예납은 기업의 일시적 법인세 납부에 따른 자금 부담을 분산하기 위해 전반기 6개월분의 법인세를 사업연도 중간인 8월에 납부하도록 하는 제도다. 상반기에만 6조 원을 낸 만큼 전체 법인세는 약 12조 원으로 추정된다. SK하이닉스 또한 상반기 중간 예납액으로 2조 7,000억 원을 납부했으니 총 5조 원의 법인세를 납부할 것으로 예측된다. 두 회사의 법인세만 17조 원이란 얘기인데, 이는 두 회사가 2018년 초에 납부한 2017년 법인세(10조 6,000억 원)와 비교해도 60%나 늘어난 수치다. 우리나라 기업이 납부한 전체 세수의 20%가 두 회사가 낸 법인세일 것으로 추정된다.

그런데 2019년 경기 전망은 좋지 않다. 1분기는 반도체 비수기이고, 2분기 이후 어느 정도로 회복될지 알 수 없다. 미국과 중국의 무역 분쟁으로 인해 우리나라 기업 경기가 나빠질 가능성이 높다는 점, 2018년 말부터 미국 경기가 침체 국면으로 들어갈 수 있다는 분석이 나오는 점 등도 부담 요인이다. 2018년 말에 증권가는 상장 기업의 2019년 예상 실적이 2018년 대비 후퇴할 가능성이 높다고 봤다. 6년 만의 역성장이다. 약 0~5% 감소가 대체적인 의견이다. 그런데 증권가는 보통 향후 실적을 긍정적으로 내다본다. '0~5% 감소할 것이라고 본다'라는 것은 대략 20% 이상 나빠질 수도 있다는 의미다. 우리나라는 평균적으로 애널리스트 추정치보다 20% 이상 실적이 나쁘게 나오는 어닝 쇼크 현상이 일반화되어 있다. 이를 감안하면 세수 호황은 2018년이 고점이었을 가능성이 크다.

부동산도 2019년에는 2018년보다 나빠질 것이다. 정부 입장에서 보면 부동산에서도 적지 않은 세수가 확보된다. 부동산 비중은 어느 정도나 될까?

한국납세자연맹이 2018년 7월에 발표한 자료에 따르면 우리나라의 (2015년 기준) 재산 관련 세수는 총 48조 6,000억 원으로 전체 세수의 12%를 차지하는 것으로 집계되었다. 이는 OECD 평균인 6%보다 2배가 많다. 재산 관련 세수인 48조 6,000억 원은 재산세 9조 3,000억 원, 종부세 1조 4,000억 원, 상속세 1조 9,000억 원, 증여세 3조 1,000억 원, 등록면허세 1조 8,000억 원, 증권거래세 4

조 7,000억 원, 취득세 20조 1,000억 원 등으로 구성된다. 이 가운데 재산세나 종부세는 정부가 과세 확대 계획을 밝혔기 때문에 예년보다 늘어날 것이다. 하지만 2015년 기준 20조 1,000억 원이었던 취득세는 현 규제가 계속된다는 전제하에 2019년에는 뚝 끊기게 된다. 물론 취득세는 지방세라 단순 비교하기는 좀 그렇지만, 취득세가 늘어나야 양도세 또한 늘어나기 때문에 국정 운영에도 타격이 있을 것이라고 봐야 한다. 재산세와 종부세를 합쳐봐야 취득세의 절반밖에 되지 않는다. 법인세가 줄어들고 취득세가 줄어들면 국정 운영에 부담이 생길 수밖에 없다. 한승희 국세청장은 2019년 1월 2일 신년사에서 "대내외 경제 불확실성 등을 감안할 때 금년 세입 여건은 쉽게 낙관할 수만은 없다"라고 했다.

부동산은 경기에 미치는 영향이 크다. 건설업이 국내총생산(GDP)에서 차지하는 비중은 2017년 3분기 말 기준으로 4.5%였는데, 부동산 규제 영향으로 2018년 3분기에는 4.23%로 쪼그라들었다. 2018년 3분기 GDP 성장률이 전기 대비 0.6%에 그쳤고, 건설업은 마이너스 0.3%p를 기록했다. 건설업이 GDP 성장률을 마이너스 0.3%p 깎아 먹었다는 얘기다. 부동산은 건설업에만 영향을 미치는 것이 아니다. 김수현 정책실장도 부동산이 GDP에서 차지하는 비중은 못해도 20%일 것이라고 말한 바 있다. 대표적으로 은행, 보험, 증권사 등 금융업에 많은 영향을 준다. 당장 부동산 규제책으로 은행업이 앓아누울 가능성이 높다. 한국금융연구원은 2019년 은행 이익이 전년 대비 2조 원 이상 줄어들 것이라고 예상했다. 은행 수익성은 악화될 수밖에 없는데, 이로 인해 우리나라 대표 고임금 직장인인 은행원들의 소비 축소 등이 이어질 가능성이 높다. 이외에도 부동산이 얼어붙어 이사를 다니지 않으니 가전제품이 덜 팔릴 것이고, 인테리어 수요도 감소할 것이다. 공인중개사나 이삿짐센터 직원들도 손가락을 빨게 될 것이다.

통상 사람들 대부분은 이사를 할 때 지갑을 쉽게 연다. 부동산이나 인테리어에 많은 돈이 들어가니 자연스레 소비 욕구가 툭 터져 나온다. 3,000만 원짜리 인테리어를 하고 나면 100만, 200만 원짜리 소파는 그 자리에서 별 고민도 않고 구매를 결정하는 식이다. 우리나라 경기에서 이사가 중요한 이유는 이 때문이다.

일자리 창출에도 악영향을 미친다. 한국건설산업연구원은 2018년 5월에 발표한 '건설 동향 브리핑'에서 2018년 사회간접자본(SOC) 예산이 전년 대비 3조 1,000억 원(14%) 감소함에 따라 건설 일용직 일자리 3만 206개, 건설 기술자 일자리 1만 2,884개가 사라질 것이라고 예상한 바 있다.

반면 돈 쓸 곳은 늘었다. 만 5세 이하 아동에게 월 10만 원씩 지급하는 육아수당이 신설됐고, 기초노령연금 인상과 공무원 증원 등이 추진 중이다. 국민연금과 기초연금을 합쳐 매월 90만 원~100만 원 정도 노후 소득을 보장하는 내용의 국민연금제도 개편안은 2018년 12월 말 국무회의를 통과했다. 흔히 "복지는 만들 수 있지만 없애는 것은 불가능하다"라고 말한다. 이를 감안하면 세수 부족은 2019~2020년에 크게 와닿을 수 있다.

정부는 2018년까지 최저 임금 인상 등 소득 주도 성장을 기치로 내걸었는데, 2019년에는 다소 변화할 조짐이 감지되고 있다. 수도권 광역급행철도망 GTX(Great Train Express)가 본격화되고 현대자동차그룹이 서울 강남구 삼성동에 글로벌비즈니스센터(GBC)를 지을 수 있도록 허가도 났다. 이외에도 일부 지자체 사업의 예비 타당성 조사 면제 등이 추진 중이다. 민간 투자를 활성화할 것이라고 계속 얘기하고 있다. 정부의 진의가 어느 정도 수준인지는 2019년 1월 현재는 파악하기 어려우나, 그래도 이런 사정들을 감안하면 기대를 할 정도는 돼 보인다.

## 04

# 임대 주택, 진보정권이 더 적극적인 이유

김수현 정책실장은 세종대 교수 시절에 쓴 《부동산은 끝났다》에 진보정권이 임대 주택 공급에 더 적극적인 이유를 자세히 소개했다.

내 집을 갖는다는 것은 단순히 주택을 마련했다는 것 이상의 의미를 갖는다. 내심 집값이 오를 것이라고 기대해도 되는 위치에 올랐으며 또한 대출금이 있다면 거기에 매인다는 의미다. 더구나 집을 가진 계층과 그렇지 못한 계층 간에는 투표 성향에서도 차이를 보인다. 짐작하다시피 자가 소유자는 보수적인 투표 성향을 보이며 그렇지 않은 경우에는 진보적인 성향이 있다. 영국에서는 관련 연구가 많은데, 보수당과 노동당의 투표 성향이 뚜렷하게 갈라진다. 보수당이 자가 소유 촉진책을 편 것은 정책적으로 계산된 것이라는 뜻이다. 미국의 부시 정권이 자산 소유 사회를 주창하면서 자가 소유를 촉진한 것은 그만한 이유가 있다. (중략) 결국 부동산은 경제 정책이지만 나아가 사회 정책, 그자체가 정치이기도 하다. (중략) 노무현 정부가 국민 임대 주택을 연간 10만 호씩 공급했던 기조를 이명박 정부가 되돌렸다.

2016년 4월, 20대 총선 강남구을에서 더불어민주당 전현희 후보가 당시 김종훈 새누리당 후보를 꺾은 것은 사실 이로 인한 영향이다. 2011년에는 세곡동 보금자리주택(공공 임대) 인구가 약 4,000명에 불과했으나 이후 지속적으로 개발되면서 2016년 기준으로는 4만 명을 넘겼다. 세곡동은 전현희 후보에게 1만 1,291표, 김종훈 후보에게 7,100표를 던졌다. 김종훈 후보는 개포 1동과 수서동에서만 승전했고 나머지에서는 모두 패했다. 사실 공공 임대 때문에 전현희 후보가 이겼다고 단정하는 것은 전 후보의 승리를 다소 폄훼하는 것이기는 하다.

전현희 후보는 19대 총선에서 정동영 후보에게 밀려 송파구갑으로 전략 공천을 받았지만 본인이 거부하고 계속 강남구을 지역에서 활동했다. 이 때문에 20대 총선에서는 첫 번째로 전략 공천을 받을 수 있었고, 끝내 승리를 거머쥐었다. 본인이 열심히 했기 때문에 승리할 수 있었던 것이다. 물론 임대 주택 공급으로 지역적 색채가 바뀐 것을 무시할 수는 없다.

주택 보유자는 인근에 임대 주택이 공급되는 것을 싫어한다. 자산 가치 상승에 안 좋은 영향을 미치기 때문이다. '더불어 잘 살아야 한다'라는 가치 때문에 전문가들이 대놓고 말하지 않을 뿐, 관련 연구도 많이 나와 있다. 문재인 정부가 3기 신도시 공급 지역으로 일산 인근인 대곡지구, 서울 강동구 인근인 하남시 감북지구 등을 검토한다고 알려지자 주민들이 거세게 반발했다. 일산 시민들은 '서울 집값이 급등했는데 왜 애먼 일산을 괴롭히냐?'라는 시선으로 바라봤고 강동구는 이미 임대 주택 공급량이 2만 가구에 달해 엄청난데 또 조성하는 것은 형평성에서 어긋난다고 주장했다(2018년 12월에 3기 신도시로 남양수 왕숙, 하남 교산, 과천, 인천 계양 등이 지정되었다). 송파구에 있는 성동구치소 자리에 임대 주택을 건립할 수 있다는 소식이 전해졌을 때는 송파구 주민들이 서울시장, 송파구청장을 상대로 소환 투표를 하겠다면서 반발했다.

필자는 주택 정책은 기본적으로 사는 것이 아니라 사는 곳이 되어야 하는 게 바르다고 생각한다. 임대 주택을 지속적으로 공급할 필요는 있다. 다만 만만한 지역 한곳에 다 넣으면 형평성 논란이 나오게 마련이니 신중하게 접근해야 한다. 국회 입법조사처에서 일한 경력이 있는 최준영 법무법인 율촌 전문위원은 도심의 용적률 제한을 대폭 풀자고 제안한다. 최 위원은 기고문을 쓸 때마다 '주택을 공급할 땅이 없다는 것은 잘못된 선입견'이라고 강조한다. 그는 〈시사 저널〉에 한 기고문에서 이렇게 밝혔다.

최근(2018년) 서울 아파트 가격 상승을 주도한 지역은 업무

지역 인근에 위치한 마포, 용산, 성동이었다. 도심에 주거 지역이 공급된다면 업무 지역과 도보로 이동 가능한 지역이기에 수요는 충분히 보장된다. 도보로 충분히 이동할 수 있는 가까운 거리이므로 차량 이동은 줄어들게 된다. 학생 수 부족으로 인해 폐교 위기에 처해 있던 도심의 오래된 학교들은 다시금 살아나게 되고, 저녁에도 사람들의 온기가 느껴지는 새로운 공간으로 변화가 가능하다. 도심에 주거 지역이 공급된다면 이런 꿈같은 변화는 자연스럽게 가능할 것이다.

100% 동의한다. 더 나아가 도심은 임대 주택을 짓기에 최적지다. 도심지라면 청년층은 직장이 가까워 선호하게 마련이고 임대를 싫어하는 주택가 반발이 없어 비교적 수월하게 임대 주택을 공급할 수 있다. 젊은 사람들이 전세난에 떠밀리고 거주지 리스크가 높아진다면 나라 경쟁력에도 안 좋은 영향을 미친다. 이런 이유가 있기 때문에 도심지 임대 주택 공급을 반대하는 이는 없을 것이다.

서울시도 이처럼 인지하고 있는 것인지, 2018년 12월 31일에 도시 정비형 재개발사업의 주거용 비율을 90%로 확대하는 방안을 발표했다. 주거용 비율 90%를 적용하면 용적률(800%) 중 주거용 용적률이 기존 400%에서 720%까지 높아진다. 민간사업자는 늘어난 주거 비율 중 절반에 의무적으로 전용면적 40제곱미터 이하 공공 주택을 건설해야 한다. 하지만 서울시의 이 조치만으로는 부족하다. 서울시는 2028년까지 누적 1만 6,810가구를 공급할 수 있을 것이라고 했는데, 사업자 입장에서는 용적률 인센티브가 아주 크다고 할 수 없고, 용적률 완화 특례가 3년간 한시적으로만 적용될 예정이라 실제 혜택을 받을 수 있는 사업지는 많지 않을 것으로 관측된다.

여기에 덧붙여, 임대 주택을 노리는 젊은 층에게도 하고 싶은 이야기가 있다. 임대 주택 입주자 입장에서 언젠가는 자산을 늘려 자가를 갖겠다는 욕심이 있다면 임대 주택을 군이 선호할 필요는 없지 않나 싶다. 어차피 잠깐 싸게 머무를 뿐, 임대 기간이 끝난 뒤에는 다시 혹독한 부동산 시장으로 내몰리기 때문이다. 저렴하게 살면서 목돈을 모아 집을 사겠나고 하는데, 몸 누일 곳이 있으면 현실에 안주할 때가 많다. 대부분의 경우 그사이 집값이 오른다.

2018년 판교신도시 10년 공공 임대 주택 거주자들의 반발이 대표적이다. 10년 공공 임대 주택은 입주자가 10년 동안 임대로 살다가 의무 임대 기간 종료 후 분양 전환으로 받을 수 있는 아파트다. 전환 가격은 공공 주택특별법에 따라 전환 시점의 감정 평가 가격으로 결정되는데, 대부분 시세대로 책정된다.

2009년 판교에 한국토지주택공사(LH)와 민간 건설사가 각각 3,952가구, 1,692가구를 공급했는데 2019년 분양 전환을 앞두고 거주자들이 "분양가가 너무 비싸다"라면서 시위를 벌였다. 분양가를 둘러싼 논쟁은 여기에서 군이 거론하지 않겠다. 결과론적이지만 일단 임대로 살면서 매수할지, 말지를 결정하겠다고 생각한 것이 분양자들 입장에서는 패착이었다.

사택을 받는 회사 직원들 사이에서도 이런 일이 흔하게 일어난다.

군인들도 마찬가지다. 한 지인은 2003년 3대 1의 경쟁률을 뚫고 투표로 사택에 당첨됐는데, 뒤돌아보니 오히려 사택을 받지 못한 동기들의 자산이 꽤 늘어나 있다는 사실을 알게 됐다고 한다. 사택에 당첨되지 못해 아예 집을 산 직원들이 오히려 재미를 본 사례다. 우리는 이런 경우를 흔히 본다. 결혼 이후 부모와 함께 산다고 하면 이런 이유들로 찬성하지 않는다.

# 도시 재생은 현 정부의 정책방향

도시 재생(도심 재생)은 문재인 대통령의 공약이었지만 집값 상승에 기름을 부을 수 있다는 이유로 2019년 1월 현재 서울권에서는 사실상 전면 중단돼 있다.

일단 도시 재생이 무엇인지 복기해보자. 문재인 대통령은 대선 운동 당시 매년 10조 원, 5년간 50조 원의 공적 재원을 투입하는 도시 재생 뉴딜사업을 밝혔다. 당시 문 후보는 매년 100여 개의 노후 마을을 지정해(5년간 500개) 아파트 수준의 공공시설을 갖춘 열린 공동체를 만들겠다고 했다.

도시 재생은 동네를 완전히 철거하는 재개발 등 현재 도시 개발 정비사업과는 다르다. 기존 모습은 유지하면서 낙후된 도심 환경을 개선하는 사업이다. 이를테면 동네마다 아파트 단지 수준의 마을

주차장, 어린이집, 놀이터, 무인 택배센터 등 각종 기반시설을 설치하는 것이다. 정부는 기반시설 확충에만 집중하고, 주택 정비는 저리의 대출을 내주고 집주인이 직접 하는 식이다. 문재인표 도시 재생사업은 재원 마련이 가능하겠느냐는 지적과 기존 마을을 부수지 않고 공공시설을 넣을 공간이 있느냐는 물음표로 이어졌다. 하지만 시도 자체는 나쁘지 않다고 본다.

도시 재생의 대표적인 성공 사례는 일본이다. 일본에서는 2001년 고이즈미 준이치로 내각 출범 이후 긴급 경제 대책의 일환으로 종합적이고 강력한 도시 재생 정책이 추진됐다. 이에 따라 도시 중심부에서 마루노우치 개발, 도쿄 미드타운 등 대형 도시 재생 프로젝트가 활성화됐다. 일본 정부에 따르면 2002~2011년 동안 62개의 도시 재생 긴급 정비 지역에서 총 7조 엔의 투자가 일어났고, 133만 명의 일자리가 생겼다.

일본에서 왜 도시 재생이 시작됐을까? 일본은 압축적 경제 성장으로 급격한 도시화가 이루어졌다. 이후 주택 부족 때문에 신도시 건설이 빠른 속도로 진행됐고, 이로 인해 원거리 통근에 따른 직장인들의 불만이 이어졌다. 그전까지 일본은 도심 기능 분산 정책을 펴고 있었다. 주택가가 교외로 이동하면서 베드타운문제가 심각해지자 도심에 있던 행정 기능을 교외로 옮긴 식이다. 신도시를 살리기 위해 도심 내 시설을 바깥으로 보냈다. 하지만 이 때문에 도심이 오히려 버려지는 문제가 발생했다. 도심은 인구 감소 현상이 심화되고 생활환경 악화문제가 대두됐다.

고이즈미 내각은 도쿄가 세계적인 도시 경쟁에서 밀리게 됐고 나아가 국가 경쟁력이 저하되고 있다고 판단해 도시 재생을 시작했다. 대표적인 성공 사례가 도라노몬힐스다. 2017년에 현장 탐방을 다녀온 장문준 하이투자증권 애널리스트에 따르면, 도라노몬힐스가 들어선 지역은 본래 1946년 도시 계획에 따라 폭 100미터인 도로로 개발이 결정된 지역이다. 도쿄도는 낡은 건물들이 들어서 있던 도라노몬 일대를 재개발하고 순환간선도로도 뚫으려 했지만 낮은 사업성과 지역 주민의 반대로 오랜 기간 사업 추진이 어려웠다. 이런 상황에서 민간 사업자로 참여한 모리빌딩이 도로를 건물 밑으로 들어가게 일체화해 설계하고 그 위에 오피스, 숙박, 쇼핑시설 등이 복합된 초고층 빌딩을 세워 토지 효용성을 높이자는 아이디어를 냈다.

도쿄도는 이 아이디어를 채택하고 인·허가와 용적률 관련해 다양한 인센티브를 제공했다. 그리하여 총사업비 2,300억 엔이 투입돼 2014년에 도심 재생과 교통문제 해결이라는 두 마리 토끼를 잡은, 높이 247미터의 초고층 복합빌딩인 도라노몬힐스가 탄생하게 됐다. 개발이 난항을 겪으며 급속하게 노후화되어가던 도라노몬 일대는 도라노몬힐스의 개장으로 활기를 띠기 시작했다. 개장 1년 이후 도라노몬역의 유동 인구는 7% 이상 증가했으며 이 일대 지가는 34.4% 상승했다.

도쿄역 동부의 니혼바시지구도 성공 사례다. 이 지역은 에도시대 상인들이 모여 살던 마을이었다. 일본 주요 도로의 기점이자 상업 중심지로 자리 잡았던 이곳은 이후 일본은행 본점과 도쿄증권거래소 등이 자리 잡으며 일본의 대표적인 금융가로 발달하게 됐다. 그러나 1960년대 수도고속도로 건설 이후 인근에 위치한 마루노우치지구나 긴자에 비해 경쟁력을 잃기 시작하더니 버블 경제의 붕괴에 따라 빠르게 쇠퇴했다. 니혼바시 지역은 오래된 점포가 많이 남아 있어 일본의 역사와 전통을 가장 잘 느낄 수 있는 지역으로 손꼽힌다. 또 일본사람들은 에도시대를 다양한 문화가 번창했던 황금기로 생각하는 경향이 있는데, 이를 감안하면 에도시대 중심지였던 니혼바시 지역의 문화적 가치는 크다고 할 수 있다. 이 지역을 기반으로 성장한 미쓰이부동산은 지역 활성화를 위해 도시 재생전략을 도입하되, 단순한 개발이 아니라 에도시대의 문화적 정취를 간직한 지역의 장점을 결합하는 재생 프로젝트로 진행해야 한다고 봤다. 2005년 미쓰이 본사 빌딩을 시작으로 2010년부터 코레도 무로마치 1~3차 복합빌딩이 순차적으로 준공되며 오피스뿐 아니라 호텔, 리테일 등 다양한 기능이 모이게 되었다. 신축된 빌딩 근처에는 1000년 역사를 지닌 푸쿠토구 신사(神社)를 재건하고 공원으로 조성했다. 빠르게 쇠퇴하는 구도심 이미지가 강해지던 이 지구는 고층 복합 문화시설을 통해 에도시대 문화를 세련되게 반영해 젊은 사람들이 모여드는 공간으로 거듭나게 되었다.

일본이 도시 재생으로 얻은 것만 있지는 않다. 도시 재생으로 인해 젊은 층의 도심 선호 현상이 심화됐고 이 때문에 신도시 등 외곽에서는 거주민 초고령화가 가속화됐다. 우리나라 또한 도시 재생

사업을 진행하면서 나타난 일본의 이런 현상을 참고한 뒤 세부 사안을 결정해야 할 것이다.

문재인 정부 내에서 당장 도시 재생이 본격화될 것 같지는 않다. 앞서 얘기한 대로 자칫 잘못 발표했다가는 집값 급등을 부를 수 있기 때문이다. 아마도 임기 내에 도심이라든가 강남권이라든가 선호 지역에다가 공급을 늘리는 정책을 큰 폭으로 펼 것 같지는 않다. 하지만 언젠가는 밟아야 할 과정이다.

일본은 신도시 개발 등 도시 역사가 우리나라보다 20~30년 앞서 있다. 일본이 2001년 도시 재생을 시작했으니 우리나라도 곧 본격화할 수밖에 없다. 이미 도심 경쟁력은 나락으로 떨어지고 있다. 삼청동을 시작으로 북촌, 평창동, 연희동, 방이동 등 일부 지역은 외국인 관광객이 찾으면서 살아날 조짐을 보였는데, 대부분 단기에 그치고 있다. 이제는 투자자들도 인지하기 시작해서 상권이 뜬다고 땅값이 큰 폭으로 치솟지는 않고 있다. 대체로 도심 지역이라고 하면 철거 예정지로만 인식할 뿐이다.

일본은 부동산 개발과 투자에 대한 부정적 인식이 거의 없다. 이 때문에 부동산 디벨로퍼가 투입돼 본격적으로 개발할 수 있었다. 좀 폄하해서 말하면 일본의 도시 재생은 될 수밖에 없는 사업이다. 국가 경쟁력이 존재하는 상태에서 이런저런 정치적 이유와 버블 경제 후유증, 고령화로 도심만 망가져 있던 상황이었기 때문이다. 부동산 투기꾼을 도와준다는 삐딱한 시선이 없으니 도심을 살리기 쉬웠고, 살아난 도심의 선호도야 당연히 높을 수밖에 없다.

우리나라도 이럴지는 봐야 한다. 우리나라는 기본적으로 개발에 대한 적대감이 크다. 아직까지는 부작용에 대한 인식이 더 많다. 하지만 금싸라기 땅을 계속 내버려둘 수는 없다. 언젠가는 해야 한다. 개인적으로 도시 재생에 기대하는 바가 크다.

**06**

# 빠른 속도로 추진하는 것이 마땅한 GTX

2018년 8월, 사상 초유의 피해를 안길 것으로 우려됐던 태풍 솔릭이 수도권에는 별 영향을 미치지 않고 동해안으로 빠져나가자 대부분 언론이 '다행이다'라는 표현을 썼다. 물론 수도권 입장에서는 다행이지만, 이미 제주도와 전라남도 등에는 1,000밀리미터가 넘는 비가 쏟아졌고 인명 피해도 속출한 상황이었다. 지방 거주민들은 '다행'이라는 표현과 관련해 "만날 서울 중심으로만 보도한다"라고 화를 냈다. 사실 지역민 입장에서는 불편할 수 있는 상황이기는 하다.

우리나라는 확실히 서울 중심, 수도권 중심이다. 도시 인프라도 무조건 서울 중심이다. 신도시에서 서울을 가거나 서울에서 신도시를 갈 때는 교통이 그럭저럭 확충돼 있는데, 수도권에서 수도권으로 가는 것은 불편하다. 일례로 일산서구청에서 안양시의 평촌 학원가를 간다면 자동차로 47킬로미터를 달려 1시간이면 도착한다. 하지만 대중교통을 이용하면 대화역까지 걸어간 뒤 대곡역에서 경의중앙선으로 갈아타고 이촌역에서 4호선으로 갈아타고 평촌역에서 내려 마을버스 5-5를 타야 한다. 2시간을 이동해야 도착할 수 있다. 부천에서 평촌은 30킬로미터 정도로 비교적 가깝지만 대중교통으로 이동하면 1시간 20분쯤 걸린다. 이외에도 수도권 간 이동은 불편하다. 애초에 서울 접근성만 따지고 도시 계획을 세웠기 때문이다.

GTX는 이러한 불편함을 해결하기 위한 교통망이다. 2007년에 경기도가 국토부(당시 국토해양부)에 제안해 추진됐다. 기존 수도권 지하철이 지하 20미터 내외에서 시속 30~40킬로미터로 운행되는 것에 비해 GTX는 지하 40~50미터의 공간을 활용해 노선을 직선화하고 시속 100킬로미터 이상(최고 시속 200킬로미터)으로 운행하는 구조다.

GTX는 3개 노선이 있는데 A노선은 경기 파주 운정~화성 동탄역, B노선은 인천 송도~경기 마석역, C노선은 경기 양주~경기 수원역으로 운행한다. A노선과 C노선은 모두 예비 타당성 조사를 거쳐 통과됐으며, B노선은 현재 예비 타당성 조사를 심의 중이다. A노선은 2018년 12월 27일에 착공식도 가졌다. A노선이 개통하면 경기 고양 일산에서 서울 삼성동까지 이동 시간이 80분에서 20분으로 단축된다. 동탄에서 삼성역까지도 현재 60분(M버스)에서 22분으로 대폭 줄어든다. C노선 개통 뒤에는 수원역에서 삼성역까지 이동 시간이 78분에서 22분으로 단축된다. B노선을 이용하면 송도에서 서울역까지 27분 안에 닿는다. GTX와 비슷한 사례로 영국 크로스레일이 있다.

우리나라 사람은 집값 급등만 얘기하는데, 외국 주요 도시로 눈을 돌리면 상황이 훨씬 심각하다. 일례로 샌프란시스코에서는 직장을 하나만 갖고 있으면 월세를 낼 수 없는 수준이라고 한다. 우리나라 대기업의 해외 법인에서 근무하다가 실리콘밸리에 있는 기업으로 이주했는데, 월세를 감당할 수 없어 밤에 우버 운전자로 근무하는 사람이 있다. 우리나라 사람들이 거의 다 아는 미국 실리콘밸리 대기업에서 연구직으로 일하고 있지만 퇴근 후 우버를 통해 운전대를 잡거나 한국인 관광객이 오면 여행 가이드로 뛴다는 것이다. 직장에서 월 1,000만 원 이상 받고 있으나 이 돈이 고스란히 월세로 나간다. 이 때문에 투잡으로 살거나 차에서 노숙하는 것이 요즘 추세라고 한다. 심지어 대기업에 다니는데 홈리스이고, 홈리스이면서 반려견까지 키우는 지인도 있다는 것이 이 사람 얘기다.

영국 런던 또한 마찬가지다. 영국과 관련한 해외 토픽을 보면, 출근 시간에 4시간을 쓰거나 런던 길거리에서 노숙하는 멀쩡한 직장인, 회사에서 쪽잠을 자는 직장인 이야기를 접할 수 있다. 모두 런던 집값 급등 때문이다. 영국 정부가 이 때문에 추진한 것이 바로 크로스레일이다.

크로스레일은 런던 생활권 동·서부를 가로지르는 광역급행철도 건설사업으로 사업비는 148억 파운드다. 유럽 최대 인프라 사업으로 불릴 만하다. 2009년 5월에 건설을 시작해 2019년 말 개통할 것으로 예상된다. 이 노선은 서쪽 레딩 지역에서 출발해 히드로공항, 런던 도심을 지나 동쪽 셰필드까지 118킬로미터를 잇는다. 이중 도심을 지나는 42킬로미터 구간은 GTX처럼 지하 20~40미터 대심도 지하터널로 건설한다. 나머지는 기존 철로를 이용한다. 정거장은 41개다. 노선명은 여왕 이름을 따 엘리자베스라인으로 정했다. 런던시는 연간 2억 명이 이 노선을 이용할 것으로 보고 있다. 이용객이 늘면서 런던 시내 철도 이용률도 10%가량 증가할 전망이다. 〈한국경제신문〉에 따르면 현지 은행 및 리서치업체들은 크로스레일 주변으로 부동산 가격이 크게 뛰었다는 내용의 보고서를 잇달아 내놓았다. 로이드뱅크가 2016년에 발표한 조사에 따르면 크로스레일 주변 평균 집값은 2014년 34만 4,000파운드에서 2016년 42만 1,000파운드로 2년 새 22% 상승했다. 런던의 평균 집값 상승률(14%)보다 8%p 높은 수치다. 크로스레일 주변 집값은 개통 시점이 다가올수록 더 올랐다. 2008년부터 2016년까지 8년간 집값 상승률을 비교하면, 크로스레일 주변이 50% 상승률을 기록해 런던 평균(58%)보다 낮았다. 그러나 2011년부터 2016년까지 집값 상승률은 35%로 두 지역이 같았다. 2013년부터 2016년까지는 크로스레일 주변이 31% 오르며 런던 평균 상승률(24%)을 뛰어넘었다.

우리나라 또한 GTX 인근 지역은 부동산 가격이 선방하고 있고, 본격적으로 건설을 시작하면 더 오를 것으로 예상된다. 2018년 하반기 일산 집값이 생각보다 강했는데 이는 GTX 기대감 때문이라고 볼 만하다. 현지 중개업소에 따르면 일산 동구 기준으로 9·13 대책 이후에만 집값이 3,000만 원 안팎 올랐다고 한다. 하지만 전체적인 집값은 안정될 가능성이 높다. 대부분 사람은 지하철 등 철도가 개통하면 인근 집값이 뛰는 데만 관심을 기울이지만, 전체 집값은 안정된다는 게 전문가들 설명이다. 철도망 건설이 사실상 도심 인근에 택지를 공급하는 효과가 있다는 것이다. 홍춘욱 애널리스트는 자신의 블로그에 '1913년부터 1960년까지 일본을 제외한 주요 선진국 11개국 부동산 가격은 거의 오르지 않았다가 1960년대부터 급격히 올랐는데, 이는 이때부터 철도 건설이 중단됐기 때문이다. 철도 건설은 택지 공급의 효과가 있으며 수요 분산 효과를 일으킨다. 철도 건설 중단이 집값을 끌어올렸다'라고 밝혔다.

결국 집값 안정과 직장인의 편의성 측면에서는 철도를 확충하거나 도심을 개발해 직주근접이 가능한 주택을 많이 공급해야 한다. 일부 인근 거주자들이 수혜를 입는다는 이유만으로 개발을 등한시하는 것은 결국 동반침체에 빠지는 길로 이어진다. 인프라 투자는 경기 진작에도 큰 도움을 준다. 크로스레일은 영국 정부에도 상당한 수혜를 안겨줬다.

# 7장
# 월급쟁이에게 지금 필요한
# 부동산 인사이트

이번 장에서는 평범한 월급쟁이가 부동산 매수 시점을 어떻게 잡아야 하는지에 대해 얘기해볼까 한다. 점점 투자자들이 똑똑해지고 있어서 과거처럼 수치로 증명될 때 들어가면 다소 늦다. 하지만 너무 일찍 들어갔다가 마음고생 하는 경우를 많이 봤기 때문에 돌다리 두드리듯 확인하고 매수하는 것을 추천한다.

당연한 얘기지만 남들이 모르는 절대적인 노하우를 필자가 갖고 있는 것은 아니다. 노하우를 전수한다기보다는 합리적인 투자 포인트를 점검하는 차원에서 읽어주기 바란다.

# 01

# 전세가율 반등을 확인하라

2018년 9월에 9·13 대책이 나온 후 매수 대기자들은 "왜 이렇게 안 떨어져요?", "별로 안 떨어지는 것 같은데요?", "하락하긴 한 건가요?"라고 묻곤 했다. 그런데 이는 당연하다. 주택 보유자 입장에서 생각해봐야 한다. 사람은 누구나 사상 최고가로 팔고 싶어 한다. 그리고 짧은 시간 안에 호가가 뚝 떨어졌다면, 급하지 않은 이상은 버틴다. 주식 투자자들이 한 번 고점을 찍은 종목은 이내 하락 전환해 본전 아래로 떨어진다고 해도 팔지 못하는 것과 똑같다. 고점에 팔지 못한 것이 너무 아쉬워 대체로 일단 '버티기'의 길을 택한다.

또 하나, 지금은 급매로 던져야 하는 사람이 많지 않다. 2019년은 좀 분위기가 달라질 것 같은데 아무튼 2018년 말까지는 급매로라도 팔아야 하는 사람이 많지 않았다.

이유가 무엇일까? 일단 오래된 용어 하나를 꺼내자. 2010년 정도만 해도 무척 자주 나왔던 '하우스 푸어'라는 용어다. 하우스 푸어는 집은 있지만 돈이 없는 사람이다. 집 하나 때문에 대출 이자를 내느라 허덕이는 사람이다. 그런데 이 하우스 푸어가 2018년 때까지는 많지 않았다. 왜? 일단 금리가 아직 높지 않은 수준이었다. 미국이 2018년에 4차례나 금리를 올리긴 했지만, 투자자들을 대상으로 설문조사를 해보면 대출 금리가 약 5%까지 도달하지 않는 이상은 버틸 만하다고 판단한다고 한다. 고정 금리 비중이 많아졌다 보니 당장 내가 내는 대출금은 변동 없는 사례가 많다. 아직 금리는 공포스러운 수준이 아니다.

또 하나, 가계 부채 건전성이 많이 좋아졌다. 과거와 달리 집 1채 있다고 대출을 무턱대고 내주지 않고 있으며, 서울 지역에서는 소득까지 깐깐히 본 다음에 대출을 내준다. 이 때문에 대출에 허덕이다가 급매로 던지는 사람이 지난 하락기와 비교하면 많이 줄었다. 2012~2017년에 금융당국이 열심히 일한 영향이다.

다만 이는 2018년까지의 얘기다. 2019년에는 역전세난 때문에 다른 모습이 나타날 것이다. 이는 2014년 이후 선풍적 인기를 끌었던 갭 투자 때문이다. 5억 원짜리 아파트를 4억 원 전세를 끼고 사는 것이 유행처럼 번졌다. 전세는 집주인 입장에서는 이자율 0%의 대출이다. 그 어느 통계기관에서도 대출로 잡지 않지만, 실상은 대출받은 돈이나 다름없다. 이 또한 '하우스 푸어'다. 그런데 2018년 말부터 꺾이기 시작한 전셋값은 2019년 내내 부진할 가능성이 높다. 갭 투자를 했던 투자자들은 모자란 돈을 마련하지 못해서 팔아야 할 수밖에 없는 상황이다.

이미 시작됐다. 부동산114에 따르면 2018년 12월 21일 기준으로 서울 아파트 전셋값은 일주일 새 0.09% 내려 글로벌 금융위기가 한창이던 2009년 1월 둘째 주(-0.21%) 이후 가장 많이 폭락했다. 전세금을 돌려주기 힘든 집주인도 많은 것으로 보인다. 주택도시보증공사(HUG)의 전세금 반환 보증보험 가입이 2018년 1~11월 동안 7만 6,326건을 기록해 전년 전체 실적(4만 3,918건)의 2배에 가까웠다. 진셋값 폭락이 2018년 4분기부터 본격화됐으니 당연히 연말 결산 기준으로는 숫자가 더 늘어났을 것이다.

〈한국경제신문〉에 따르면 모 지역에서 300채 이상 갭 투자를 했던 집주인이 주택 가격이 하락하자, 전셋값 밑으로 집값이 하락한 물건은 2019년 1월 이후 고의로 경매 신청을 해 손실을 세입자에게 떠넘겨 문제가 되고 있다. 집값이 2억 원, 전셋값이 1억 9,500만 원인 집이 있을 경우, 집값이 1억 8,000만 원 밑으로 하락하면 아예 경매로 떠넘겨 손실을 500만 원으로 확정하는 식이다. 이 갭 투자자는 오른 주택은 팔고, 내린 주택은 경매로 넘기는 식으로 법을 악용하고 있다고 한다.

금융을 전문으로 취재하는 한 후배 기자는 2018년 말 전세난을 보여주는 재미있는 사례를 하나 들려줬다. 신축 아파트와 전세 얘기다. 통상 신축 아파트의 첫 전세는 기존 다른 아파트 전세보다 저렴하다. 한꺼번에 대량의 전세 매물이 나오다 보니 시장에서 더디게 소화되는 영향 때문이다. 그래서 전세금이 뚝 떨어져 잔금을 맞추지 못하는 분양권 보유자가 많은데, 일부 P2P 대출업체가 이들에게 접근해 법인이 전세로 들어간 척 꾸며주고 잔금을 대납할 수 있게 도와준다는 것이다. 이후 집주인은 전셋값이 회복되면 새로 전세 세입자를 구하고 P2P 대출업체에서 빌린 돈을 상환한다는 것이다. 집주인은 전셋값이 회복될 때까지는 P2P 대출업체에 대출 이자를 물면서 버텨야 한다. 전셋값이 곧바로 회복하면 괜찮은 방법이 되겠으나 끝이 아름답게 잘 마무리될지는 모르겠다. 현재로서는 '2019년 내내 전셋값이 부진할 것이다'라고 생각하는 것이 합리적이다.

전세는 매매가를 예상하는 데 있어 중요하다. 주택 매매 가격의 추이는 투자 수요가 포함돼 있지만, 전세는 사는 곳으로서의 경쟁력을 온전히 보여준다. 인근에 집이 많으면 빠지고, 집이 모자라면 오른다. 글로벌 금융위기 이후의 전세난은 집이 모자라서 나타났던 현상이고, 2019년 1월 현재는 집이 넘치고 있어 전셋값이 빠질 뿐이다.

2018년 12월 31일에 입주를 시작한 송파구 가락동의 헬리오시티는 2018년 초만 해도 전용면적 84제곱미터 기준 전셋값이 10억 원대였으나 그해 말에는 5억 원대에도 거래 계약이 체결됐다. 헬리오시티에 이어 강동구 고덕동에도 2019년 입주 물량이 대량으로 대기하고 있기 때문에 동남권 역전세난은 심화할 수밖에 없다. 이 외에도 래미안블레스티지 등 강남구 개포권 아파트들이 잇따라 새로 집주인을 맞는다. 부동산114에 따르면 서울의 2019년 아파트 입주 물량은 5만 2,341가구에 달하는데, 이는 2018년 입주 예정 물량인 2만 7,034가구의 2배 가까이 되는 수준이다. 2008년(5만 6,186건) 이후 최대치다. 이 가운데 고덕동과 명일동에만 6월 래미안명일역솔베뉴(1,900가구), 9월 고덕그라시움(4,932가구), 12월 고덕롯데캐슬베네루체(1,859가구), 고덕센트럴아이파크(1,745가구) 등 대단지가 연달아 입주한다.

하지만 모두가 고통스러워할 때가 투자 시점이다. 아마 2019년 말부터 2020년 말 사이, 전셋값이 반등하는 시점이 나올 것이다. 안 나온다면 2021년까지 대기하면 된다. 2020년에는 2만 3,893가구가 입주하고 2021년에는 고작 1만 497가구만 집들이를 한다. 2018년 이후 인·허가가 잘 나오지 않고 있어 산술적으로 2021년 이후에는 집이 모자를 가능성이 높다. 입주 물량이 점차 감소하고 있기 때문에 대기하다가 전세가율 반등이 나올 때 들어가는 것이 안전한 투자 시점이다.

앞서 얘기한 대로 부동산은 우리나라 대표 투자처이며, 가장 활성화된 시장이다. 모두가 죽게 내버려 두지는 않는다. 아직 부동산 투자 심리는 완전히 꺾이지 않았다. 전셋값이 오르기 시작한다면 시장에 쏟아진 매물이 다 소화됐다는 의미다. 그때부터는 투자 심리가 서서히 살아날 것이다.

전세가율 반등은 지표로 확인하는 것도 좋지만, 틈틈이 관심 있는 지역의 공인중개사사무소를 찾아가면서 확인하기를 권한다. 사장님이 힘들어 죽겠다는 얘기를 하지도 않을 정도로 불황이라면 완벽한 투자 시점이다. 그때가 되면 공포물이 두렵지 않을 정도로 신문에 심각한 이야기들이 도배되겠지만, 거듭 말하지만 쫄지 마시라. 부동산을 수시로 찾고, 공인중개사들로부터 전세 가격 동향을 계속 확인하면 된다.

자고로 집은 불황 때 사야 한다. 으름장을 놓으면서 매수인 입장을 즐길 수 있을 때 사야 한다. 필자만 해도 처음 반포 집을 살 때 중개 수수료 200만 원을 매도인이 대신 내줬고, 점심값과 교통비까지 받아냈다. 열심히, 꼼꼼히 기회를 찾아보자.

## 02

# 집값 적정 여부를 확인할 수 있는
# PIR과 월세 소득률

현재 집값이 버블인지를 확인하는 지표 중에 PIR이 있다. 소득 대비 주택 가격 비율(Price Income Ratio)로, 매수자들이 버는 돈과 집값을 단순 비교하는 것이다. PIR이 5배라면 집을 사는 데 5년 모아야 한다는 의미이고 10배라면 10년 걸린다는 의미다. 《대한민국 아파트 부의 지도》를 집필한 이상우 유진투자증권 애널리스트가 자주 얘기하는 지표다. 그는 "2018년 6월 기준 전국 PIR이 5.69배인데, 4년 전에는 5.3배였으니 그동안 오름폭이 아주 크다고 볼 수는 없다. 집값이 가파르게 상승해도 소득 수준이 그만큼 올라갔기 때문에 PIR 지표로 보면 집값이 비싸지 않다는 뜻이다"라고 했다.

소득이 늘어나고 있다는 이야기는 사실일까? 사실이다. 통계청에 따르면 2011년 4분기부터 2017년 4분기 사이 가계의 처분 가능

소득은 12.5% 증가했다. 가계 소득이 줄어 울상이라는 얘기가 많으나 사실 숫자로 보면 이는 잘 체감되지 않는다. 홍춘욱 애널리스트는 좋은 직장이 많이 늘어나고 있는 것도 그간 부동산 가격 상승에 영향을 미쳤다고 밝혔다.

2018년 7월, 우리나라에는 고용 쇼크가 휘몰아쳤다. 그해 7월 신규 취업자 수가 5,000명 증가하는 데 그치면서 무려 8년 6개월 만에 1만 명을 밑돈 것이다. 문재인 정부 지지율이 꺾이기 시작한 배경 중 하나였다. 하지만 고용 계약 기간이 1년 이상인 상용근로자는 27만 1,000명이나 증가했다. 상용근로자 또한 6월(36만 6,000명)과 비교하면 줄어든 것은 사실이지만, 그래도 견조한 수치는 보여준 것이다. 그렇다면 근로자는 어디서 줄었을까? 세세히 보면 임시근로자가 10만 6,000명 감소했고, 일용근로자가 12만 2,000명 감소했다. 또 고용원이 없는 자영업자가 9만 9,000명 줄었다. 업종별로는 사업시설 관리, 사업 지원 및 임대 서비스업에서 10만 1,000명 줄었다. 도매 및 소매, 숙박업에서도 각각 3만 7,000명, 4만 2,000명 줄었다. 결국 최저 임금 인상, 경기 둔화로 저소득층이 큰 타격을 입었지만 대기업 직원이나 증원된 공무원들은 주택 매입을 고민할 정도로 가계 살림이 좋아졌다는 의미가 된다. 얘기가 조금 돌아갔는데, 아무튼 가계 소득이 나쁘지 않았고 이 때문에 집값이 올랐다는 정도만 기억하면 된다.

다만 PIR은 신뢰도를 조금 의심받는 지표이기는 하다. 조사기관에 따라 제각각으로 나오고, 다른 나라의 경우 우리나라만큼 부동산 시세가 지역별로 잘 제공되지 않아서 착시 현상이 나타나기 때문이다. 일례로 도쿄는 도쿄도(都) 행정구역으로 23개의 구와 26개의 시 등으로 구성되는 광범위한 개념이다. 주변 지역이 모두 포함되기 때문에 서울에 비해 주택 값이 낮게 나올 수밖에 없다. 뉴욕의 경우에도 도심에서 약 120킬로미터 떨어진 뉴저지와 펜실베이니아 일부까지 포함해서 발표된다. 서울이라면 강원도 인제와 충북 진천군까지 서울 집값 통계에 들어가는 식이다. 이를 감안하면 서울과 도쿄 간의 PIR을 단순 비교하는 건 억지다. 앞에서 이상우 애널리스트가 전국 PIR 수치를 들고 실명한 이유는 이 때문이다. 그래도 PIR만 확인하면 보는 이에 따라 눈높이 차이가 커서 부족하다. 또 하나 지표로서 추천하는 것이 있다. 바로 월세 소득률이다.

앞에서 주식을 살 때 배당을 고려해야 한다고 밝혔다. 배당 수익률이 4% 이상이라면 아주 우량한 투자처이고, 혹시나 급락장이 펼쳐진다고 해도 버틸 수 있다는 이유에서다. 그리고 부동산에도 이를 접목할 수 있다. 당장 내가 사는 이 집, 혹은 사려고 하는 집을 월세로 내줬을 때 얼마에 나갈지를 봐야 한다.

아크로리버파크를 예로 들어보자. 아크로리버파크 전용면적 59제곱미터는 월세 가격이 300만 원~320만 원(보증금 1억 원 기준)에 형성돼 있다. 만약 20억 원에 매수하고 월세를 준다고 가정하면 연수익률은 1.92% 정도다. 사실 높은 편이라고는 할 수 없다. 더구나 20억 원짜리 아파트를 매수함에 따라 지급해야 하는 세금 증액분을 고려하면 완전히 헛다리 잡는 투자다. 하지만 아크로리버파크는 프리미엄 이미지가 형성된 경우이고, 다른 서울 시내 신축 아파트라면 4% 안팎을 얻을 수 있는 투자처가 적지 않다. 지방으로 눈을 돌리면 투자할 만한 곳은 훨씬 많아진다. 아크로리버파크는 주식으로 따지면 배당은 하지 않지만 성장 가능성이 있다고 보이는(믿는 사람이 많은) 투자처로 이해하면 될 것이다.

미군 기지가 용산에 있을 때, 일부 이촌동 대형 평수 아파트의 경우 임대 소득이 월 900만 원까지 발생했다고 한다. 이를 보면 월세 투자에 있어 중요한 것은 법인이 대신 대납하는 지역인지 여부다. 일본의 경우 렌트비를 기업이 내주는 사례가 워낙 많은데 전체 거주민의 3% 이상이 이런 경우라고 알려졌다. 우리나라에서도 사실 이런 경향이 조금씩 나타나고 있다. 2018년 9월에 한 법인이 아크로리버파크 전용면적 84제곱미터 1채를 30억 원에 매입했다. 사택으로 쓸 계획이라고 알려졌는데, 우리나라도 다른 선진국처럼 도심지에는 기업 대납의 렌트 시장이 열릴 가능성이 있어 보인다. 이것 때문에 다시 한 번 직주근접, 도심 지역 내 투자처를 찾는 것이 중요하다. 기업이 렌트비를 대납해주면 집주인 입장에서도 월세를 내라고 채근하지 않아도 돼 편리하다.

끝으로 하나만 더. 자, 그래서 월세 소득률이나 PIR로 봤을 때 우리나라 주택 가격은 과열이 심각한 상황일까? 무주택자들한테 돌 맞을 소리지만 필자는 그렇지 않다고 본다. 김수현 정책실장도 저서에서 'OECD 통계로 보면 우리나라 집값 상승률은 높지 않은 편인데, 그럼에도 국민들의 좌절과 고통이 컸다'라며 아쉬움(?)을 토로했다.

숫자로 보면 2000~2006년 우리나라 주택 가격 상승률은 주요 18개국 중 15위를 기복했다. OECD 홈페이지에서 2015~2017년 수치를 봐도 우리나라는 하위권이다. 아마 우리나라는 서울 등 일부 수도권만 올랐기 때문에 착시 효과가 나타난 것일 수 있다. 그래도 국가별로 보면 많이 오른 편이 아닌 것은 분명한 사실이다.

도시별로 보면 다르다. 김형근 NH투자증권 애널리스트에 따르면 2018년을 기준으로 서울의 PIR은 21.1배에 달한다. 다른 선진국 주요 도시인 뉴욕(11.3배), 도쿄(13.1배), 밴쿠버(16.2배)보다 높다. 하지만 이는 앞에서 말한 것처럼 각국의 도시 개념이 달라 단순 비교가 어렵다. 얘기했듯이 도쿄나 뉴욕은 너무 광활한 땅을 다 포함하고 있기 때문이다. 애매한 기준 때문에 우리나라는 상승론자와 하락론자가 "우리나라가 제일 많이 올랐다", "우리나라는 덜 올랐다"라면서 말다툼을 하며 평행선을 달리고 있다.

# 15~20년 차 아파트가 반등하면
# 확실한 대세 상승

ACRO RIVER PARK

 

필자는 당연히 신축 아파트를 좋아한다. 여유가 된다면 주변에도 신축 아파트에 살라고 조언한다. 대단지 아파트에는 최소 3~10개의 놀이터가 있다. 대체로 국공립 어린이집이 있으며 요즘은 지상에 차가 다니지 않도록 제한해 사고가 날 가능성이 크게 줄었다. 상가가 바로 옆에 있다면 초등학생 1~2학년이어도 횡단보도를 건너지 않으니 무리 없이 혼자 학원에 갈 수 있다. 어린아이를 키우는 입장에서 좀 더 좋은 환경이 주어지는 셈이다.

요즘은 어느 주택가나 주변에 신축 주택이 한두 개 있다 보니 '몸테크'를 하려는 부모는 예전보다 힘이 더 든다. 재건축을 노리고 입주한 지 30년 이상 된 아파트에 들어가 사는 것을 몸테크(몸빵+재테크)라고 하는데, 아이들이 "왜 우리 집만 낡았어? 짝꿍 ○○네는 엄청 좋단 말이야"라고 항의하는 경우가 있다. 2015년 이후 신축 선호 현상은 이 때문에 더 확산했을 것이다.

그런데 신축은 부족하다.《빅데이터로 예측하는 대한민국 부동산의 미래》를 보면, 2017년 기준 수도권 아파트는 10채 중 1채만이 입주 5년 이하 신축이며 전체 주택의 76%가 입주 10년 이상의 중고 주택이라는 내용이 나온다(자꾸 중고 주택, 신축, 강남 등으로 편 가르기를 해서 독자들에게 미안한 마음이 드는데, 좀 세속적이라고는 해도 솔직한 내용이니 양해를 부탁드린다. 거부감이 들 수 있으나, 너무 두루뭉술하게 표현하면 정확히 하고 싶은 얘기가 전달되지 않을 수 있어 좀 강하게 표현하고 있다).

다시 본론으로 돌아가서, 신축 주택은 부족하고 아직까지는 중고 주택이 대부분이다. 중고 주택을 참고로 삼아 신축 주택에 투자하길 권한다. 중고 주택이 아직은 절대 다수이기 때문이다. 신축 주택이 처음 가격 급등을 견인하면 중고 주택이 따라갔다가, 중고 주택이 어느 정도 따라붙으면 신축 주택이 다시 도망가는 현상이 나타나고 있다. 만약 2020년 이후 상승장이 전개된다면 이번에도 똑같은 형태로 진행될 가능성이 있다. 중고 주택 반등 국면이 신축 주택 매수 시점이라고 할 수 있다.

《빅데이터로 예측하는 대한민국 부동산의 미래》에 따르면 2008년 중고 주택 가격은 신축의 85% 수준이었다. 그러다가 2012년 강남의 중고 주택 가격이 신축의 94%까지 따라왔다. 일단 전세가가 오르는 상황에서 신축 주택 가격은 비싸니 중고 주택을 매수하는 투자자가 많아졌고, 그 결과 신축 주택과의 가격 갭이 줄어든 것이다. 2012년에 입주한 강남구 역삼동 개나리SK뷰와 2006년에 입주한 개나리푸르지오의 시세가 이런 움직임을 보여준다. 2014년까지 개나리푸르지오는 10억 원선, 개나리SK뷰는 11억 원 선을 유지하다가 2015년 하반기에 개나리푸르지오가 11억 원 선으로 치고 올라갔다. 개나리SK뷰의 95% 수준까지 다다랐다. 그러다가 2016년 들어 개나리SK뷰가 다시 치고 올라갔다. 격차는 다시 10% 이상으로 벌어졌으나 개나리푸르지오 또한 계속 따라갔다.

2019년 이후에 다시 상승장이 찾아온다면 마찬가지 현상이 벌어질 것이다. 신축 주택은 가격이 너무 비싸기 때문에 대부분 투자자는 입지상 큰 차이가 없다고 보이는 대체재를 찾으려고 한다. 그렇게 중고 주택이 오르면 신축 주택이 다시 오른다. 그렇게 계속 갭 메우기를 하면서 부동산 상승 국면이 다시 시작된다.

## 04

# 신도시는 주의,
# 그러나 이미 지하철 땅 판 곳 인근은 추천

2018년 12월에 개통한 지하철 9호선 3구간(종합운동장역~중앙
보훈병원역). 인근에 살지 않는 사람은 신문에서 개통 소식을 보고는
'연장됐는가 보다'라고 생각하고 넘어가겠지만, 중앙보훈병원역 인
근에 사는 둔촌동 주민들이나 석촌역 인근에 사는 주민들은 그동안
애가 닳았을 것이다. 3구간이 2009년 착공한 이래 무려 9년 만에
개통했기 때문이다. 송파구 방이동의 한 주민은 "2005년쯤부터 착
공 얘기가 나왔고, 거주민들은 2010년이면 탈 줄 알았다. 아이가 대
학 다닐 때쯤이면 타고 다닐 수 있겠거니 생각했는데, 그 아이가 벌
써 초등학생 부모가 됐다"라고 하소연했다.

도시 계획은 생각보다 훨씬 지연된다. 절차도 복잡하다. 일반인
들은 예비 타당성 조사만 넘어가면 건설될 것이라고 생각하는데 그

이후로도 기본 계획 수립과 국토부 승인, 기본 설계와 실시 설계 등을 거쳐야 한다. 중간에 싱크홀이 발생하거나 지하에서 유물이라도 나오면 모두 일시 정지된다. 예타(예비 타당성) 통과 이후만 따져도 10년 이상 걸리는 것이 보통이다. 중간에 돈이 모자라 덩그러니 방치되는 일도 많다. 서울 영등포구 양화동과 마포구 상암동을 잇는 월드컵대교가 대표적이다. 월드컵대교는 2010년 4월에 착공했는데 2020년 8월에야 완공될 예정이다. 원래 2002년 한·일 월드컵 개최를 기념하는 의미에서 '월드컵대교'라는 이름이 붙여졌으나 개통 시기가 2020년이다 보니 "2022년 카타르 월드컵 대회 개최를 축하한다"라는 조롱 섞인 표현과 함께 '카타르월드컵대교'라고 불리기도 한다.

다시 본론으로 돌아가서, 그렇다면 왜 주민들은 예타만 통과하면 환호할까? 이는 예타 통과가 그만큼 어렵기 때문이다. 예타는 국가 또는 지자체가 시행하는 대규모 신규 사업에 대한 예산 편성 및 운용 계획 등을 수립하기 위해 기획재정부 장관의 감독하에 실시하는 사전적인 타당성 검증제도로, 보통 총사업비가 500억 원 이상이면서 국가의 지원 규모가 300억 원 이상인 건설 사업, 국가 연구 개발 사업 등의 대규모 사업을 대상으로 진행된다. 그런데 너무 경제적 타당성 측면에서 바라보니 국민들의 편익은 무시되기 일쑤다. 단적으로 강남과 연결해야만 B/C(비용 대비 편익, 1 이상이어야 함)가 높게 나오기 때문에 오히려 강남 중심 인프라를 고착시키는 결과로 이어진다. 입으로는 강남 수요를 분산하자고 하면서, 정작 매번 기

승전강남으로 끝나는 식이다. 이 때문에 2019년 1월 정부가 예타 면제 사업을 발표했는데, 이 여파가 어디까지 튈지는 좀 더 봐야 한다. 일단 형평성 논란이 불에 기름을 붓고 있다. 신분당선 2단계 연장과 3호선 연장, 9호선 5단계 연장 등과 관련해 "우리도 면제해줘"라는 목소리가 나오고 있다.

필자는 신도시, 특히 조만간 지하철이 뚫릴 것처럼 얘기하는 신도시(투자)는 조심하라고 하고 싶다. 이제 슬슬 우리나라도 총인구 감소가 다가오고 있다. 인구가 감소하면 당연히 정부는 지갑을 닫으려고 한다. 총인구 감소 우려감이 본격화되면 국민연금 지급 보장(세금 보전) 이슈가 커질 것이고, 세수 부족은 더 눈에 띌 것이다. 대규모 인프라 투자는 그만큼 어려워진다. 국민연금 지급 보장 명문화는 2018년 12월에 국무회의를 통과했고 아직 국회는 통과하지 않았다. 총인구 감소 시점은 2027년 정도로 예상되고 있는데, 최소한 2019년 1월 기준으로 1~2년 내 윤곽이 확실히 나온 곳만 인프라 투자가 제대로 추진될 것으로 보인다. 지금 이 순간 미적대는 곳은 제대로 추진될 리가 없다. 우리나라는 다른 선진국과 비교해 꽤 늦게까지 추진하고 있는 경우다. 앞에서 영국의 크로스레일이 GTX의 유사 사례라고 했는데, 그만큼 이미 경제가 본 궤도로 올라온 나라에서 이 정도로 인프라 건설이 추진되는 사례는 드물다.

또 하나 변수가 앞에서 얘기한 도시 재생이다. 천문학적인 건설비를 투입해 교통망을 확충하는 것보다 차라리 일부 땅주인들에게 이익이 돌아가더라도 도심을 정비하는 것이 낫다는 판단이 내려질 수 있다. 일본이 똑같은 케이스였다. 그렇기 때문에 인프라 구축이 거의 확실시된 곳이 아니면 최소한 지하철만 믿고 들어가지는 말기 바란다. 지하철은 생각보다 훨씬, 훨씬 더 오래 걸린다.

# 05

# 앞으로 벌고 뒤로 빠지는 세금, 세무사만큼 알아야 한다

ACRO RIVER PARK

　가끔 부동산 온라인 카페 같은 곳에서 자신의 재산 내역을 공개하고 이렇게 하면 세금을 줄일 수 있느냐고 묻는 사람들이 있다. 간단한 케이스라면 댓글이 많이 달리지만, 대체로 세금문제가 복잡하기 때문에 전반적으로는 댓글이 많이 달리지 않는다. 그리고 잘못된 댓글이 달릴 때도 많다. 그럴 때면 필자도 가끔 '이거 아니에요'라는 식으로 댓글을 달곤 했었는데, 기껏 힘들게 설명해도 정확히 이해하지 못할 때가 많고 대부분 글을 지우기 때문에(아마도 개인 정보가 들어 있기 때문일 것이다) 맥 빠지는 경우가 있어서 이제는 글을 남기지 않는다. 다른 사람과 설명한 내용이 다를 때는 그 댓글을 쓴 사람에게서 상당히 신경질적인 반응을 받은 적도 있어서 설령 아무리 잘못된 정보가 통용되고 있어도 글을 남기지 않는다.

아무튼 세금과 관련한 측면에서 보면 부동산 온라인 카페는 거짓 정보의 온상이다. 대부분 자기 경우와 조금 비슷하면 '괜찮을 거다'라는 식으로 글을 남기곤 하는데, 세무와 관련된 건 사람마다 다 다르다. 세무 조사 대상일지 아닐지도 개개인마다 다 다르고, 매매 건도 시점에 따라 과세될지 여부가 조금씩 다르다.

우리나라 세무 정책이 한두 번 바뀐 것이 아니다. 2017~2018년에는 8·2 대책과 9·13 대책이 나왔기 때문에 훨씬 더 복잡하다. 사실 정확히 말하면 세무사들도 업데이트를 제때 하지 못할 수준이다. 통상 정부가 발표하면 국세청이 내용을 정리해줘야 하는데, 너무 많이 바뀌었고 이 과정에서 기획재정부와 국세청이 조율을 잘하지 않은 것인지 엇박자 난 사례도 여럿 있었다. 아무튼 세무사는 국세청 질의를 거쳐야 민간에 정확히 설명할 수 있다. 자기 생각을 잘못 얘기했다가 곤욕을 치른 세무사를 본 기억이 난다. 그렇게 복잡한 사안인데, 부동산 카페에다 백날 글을 올려봐야 명확한 해답은 구할 수 없다. 세무사 상담을 하려면 돈을 내야 한다고 생각해서 그러는 것 같은데, 푼돈 아끼려다가 골로 갈 수도 있다. 정부의 정책은 대부분 소급 적용하지 않는 것이 원칙이라 아무리 대책 발표가 나와도 나와는 상관없다고 하는 사람이 있는데, 일부 대책은 소급 적용되는 구조이니 매매 직전 꼼꼼히 확인해야 한다.

물론 세무사도 정확하지는 않다. 필자도 비슷한 경험이 있다. 매매 건이 조금 꼬였는데, 세금 처리가 어떻게 되는지 알고 싶어서 문의했더니 그 자리에서 즉답이 나온 세무사가 없었다. 그리고 일부

세무사는 살짝 헤매는 것 같았는데, 관련 사안 자체를 잘 모르는 것 같았다.

분양권 임대 주택 등록을 문의하는 과정에서도 똑같았다. 분양권은 주택이 아니지만, 2018년 9·13 대책에서 향후 임대 주택 혜택을 줄이겠다고 하자 아직 집은 아닌 분양권을 임대 주택으로 등록할 수 있는지에 대한 문의가 빗발쳤다. 필자도 개인적으로 궁금해서 여러 세무사에게 알아봤는데 대부분 분양권은 임대 주택으로 등록할 수 없다는 답변이 돌아왔다. 하지만 아니었다. 분명히 국토부에서는 가능하다는 답변을 들었던 상황이었다. 그만큼 세무사들도 자기 전문영역이 아니면 잘 모른다. 그렇긴 하지만 전문가가 세무사이니, 반드시 유료 상담을 해서라도 정확히 파악해야 한다. 부동산 카페 같은 곳에서만 묻고 일을 진행했다간 큰일 난다.

세무사만큼 알아야 한다. 세무사만큼 공부한 뒤 "이러이러한 내용이 있으니 세무사님이 확인해보시고 확실히 처리해주세요"라고 해야 삐딱하게 앉아있던 세무사가 자리를 고쳐 앉고 확실하게 알아보고 대응한다. 어디든 잘 알지 못하고 접근하면 호구 취급을 받는다. 《나는 오늘도 경제적 자유를 꿈꾼다》를 쓴 유대열(청울림) 다꿈스쿨 대표는 경매업으로 성공하려면 집을 잘 알아야 한다는 생각에 문고리 고치는 것부터 직접 배웠다고 했다. 사실 너무나 맞는 말이다. 생각해보라. 연 생활비 1,000만 원 아끼기가 쉬울까? 택시를 타지 않고, 간식거리를 아끼는 정도로는 어림도 없다. 하지만 세금 공부는 조금만 해두면 그 이상으로 효과를 낼 수 있다. 부동산 자체가 엄청난 비용을 절감할 수 있는 무척 큰 사이즈의 시장이다. 그런데 너무 나이브하게 접근하고 있지 않은가?

"세금 공부를 하고는 싶지만 너무 어려워서"라고 할 독자들에게 블로그 하나를 추천한다. 부동산에 관심이 많다면 아는 사람도 있을 텐데, 네이버 블로그인 '미네르바올빼미의 세금이야기'를 추천한다(khr1265.blog.me). 하나하나 꼼꼼하게 읽고 나와 연관된 부분은 프린트해서 숙지하기를 권한다. 굳이 오지랖 한번 부리자면, 본문에 나와 있는 것을 대충 읽고 질문하거나 너무 개인 사례를 자세히 밝힌 뒤 "이렇게 하면 괜찮으냐?"는 식으로 묻지는 않길 바란다. 공짜로 많은 정보를 얻으려는 사람들 때문에 블로그를 폐쇄한 전문가를 너무 많이 봐서 하는 얘기다.

# 06

# 주말 데이트는 부동산 임장으로

부동산은 자고로 임장이 생명이다. 임장이 무슨 뜻인지 모르는 독자도 있을 텐데, 임장은 '현장 조사'를 뜻하는 말이다. 직접 현장을 방문해 해당 지역의 특성과 물건의 가치를 판단하고 향후 의사결정에 활용하는 것을 말한다.

필자가 부동산을 보러 자주 다닌다고 말하면, 아이가 어린데 어떻게 그럴 수 있느냐는 답변이 돌아온다. 정답은 바로 놀이터다. 필자와 와이프는 아이들 두 명을 데리고 임장을 떠난다. 둘 중 한 명은 놀이터에서 아이를 보고 나머지 한 명이 단지를 속속 파악한 뒤 집에 갈 때쯤 공인중개사사무소 2~3곳을 방문한다. 아이들이 엄마를 찾거나 아빠를 찾을 수 있으니 수시로 놀이터 담당이 바뀐다. 그러다가 공인중개사의 설명을 듣고 주차장 도장을 받은 뒤 떠나면 그날의 일정이 종료된다. 2018년에만 마포래미안푸르지오, 고덕래미안힐스테이트, 송파구 헬리오시티, 경희궁자이, 신반포자이, 반포래미안아이파크, 아크로리버뷰, 래미안대치팰리스, 수원SK스카이뷰 등을 다녔다. 아직 가지 않았지만 2019년 1월 현재 짓고 있거나 입주 중인 가락동 헬리오시티, 개포동 래미안블레스티지 등도 방문할 계획이다.

자주 가다 보니 놀이터의 특색이 보인다. 일단 자이 브랜드의 놀이터가 비교적 우수한 편이고(반포자이는 과거 지방에서 놀러 올 정도였다), 신축 단지일수록 괜찮다. 비학군 지역일수록 재미있는 놀이터가 많다. 대치동 모 신축 아파트는 그냥저냥 한 놀이터만 몇 개 설치돼 있다. 이유를 물으니 역시나 놀이터를 잘 만들어놓으면 아이들이 시끄럽게 놀고, 자녀들의 공부에 방해를 받을 수 있다는 판단 때문이었다. 9시 이후로는 절대로 떠들지 말라는 경고문이 놀이터 이곳저곳에 붙여져 있던 것이 기억난다.

고덕래미안힐스테이트 같은 곳에는 놀이터가 9개쯤 있었던 것 같다. 2019년 중에 입주하는 고덕그라시움은 놀이터가 10개라고 해서 우리 아이들은 지금 꿈에 부풀어 있다. 이 정도면 네다섯 시간은 충분히 놀 수 있다. 고덕래미안힐스테이트의 경우 물놀이장도 있어서 여름에 가면 더욱 신날 것으로 보인다.

놀이터에서 실컷 놀다 보면 단지의 특성이 확실히 보인다. 언제쯤 해가 어디로 들어서 어느 정도 일조량이 나타나는지 대략 파악이 가능하다. 또 단지를 실컷 걷다 보면 경사가 너무 기울지 않은지, 마트는 가까이 있는지 등을 자연스럽게 파악하게 된다. 집을 파악하겠다고 작정할 필요도 없다. 서너 시간 머물다 보면 그냥 자연스레 이 아파트가 어떤지 깨우치게 된다. 모 아파트 단지는 경사가 높다는 얘기는 진작 들어왔는데 실제로 보니 어떻더라 하는 것을 다 깨닫게 된다. 심지어는 이 단지에 아이들이 많은지, 노인들만 많은지 등도 눈대중으로나마 파악하게 된다. 와이프는 엄마들의 옷차림만 보고서도 교육열이 어느 정도인지를 파악할 수 있는 놀이터 임장의 전문가 중 전문가다. 우리 부부는 아파트에 사는 아이들이 인라인 스케이트를 탈 때 무릎 보호대나 헬멧을 얼마나 장착하고 있는지, 개똥이 얼마나 떨어져 있는지 등을 체크한다.

서울 시내 구석구석을 다 가본 사람은 많지 않다. 대부분 '집-직장-술집-집-직장-술집'의 코스만 밟는다. 내 동선에 걸치지 않는 지역은 잘 모르기 마련이다. 이 때문에 임장을 자주 다녀야 한다. 그 지역 대표 아파트 한곳만 가봐도 그 지역에 대한 친근함이 확실히 올라가며, 그것부터 시작해 그 동네를 자세히 들여다볼 수 있게 된다. 필자가 고덕래미안힐스테이트를 한 번 갔다고 그 아파트 한곳만 보고 끝난 것이 아니다. 나중에 돌아오면 인터넷으로나마 고덕의 다른 단지들을 살펴보고, 그 관심을 둔촌동과 명일동까지 넓히는 식으로 진행한다. 처음에는 각 구의 대표 아파트를 찾아보고, 이후 하나씩 반경을 넓히면 어느 순간 서울 구석구석에 어떤 아파트와 지역이 있고 장점과 단점이 무엇인지, 우리 가족이 살기에 어떤지를 알 수 있다.

대부분 임장 전문가는 파악하고 있는 내용인데, 임장을 떠날 때는 지하철 등 대중교통을 이용하는 것이 좋다. 대중교통을 이용해야 직장에 출근할 때 어느 정도 시간이 걸리는지 등을 파악할 수 있다. 그리고 매수 직전 단계라면 일부러 출퇴근 시간에 자가용을 몰아볼 필요가 있다. 인터넷에 떠도는 얘기는 확실하지 않다. 네이버 지도도 확실치 않다. 요즘은 집주인들이 카르텔처럼 지역 분위기를 몰아가고 있어서 자칫 잘못하다간 잘못된 정보를 얻을 수도 있다. 악재는 쉬쉬하고 장점은 널리 알린다. 임장은 인터넷시대에 훨씬 중요해졌다. 자고로 투자는 일상이어야 한다. 주말에 아이들을 놀게 하면서 투자 정보를 습득하는 일을 한꺼번에 하자.

공인중개사사무소는 최소 3곳은 방문해야 한다. 마음이 통하는 사람이라고 해서 한 명 하고만 이야기했다가 뒤통수 맞았다는 사례를 많이 접한다. 공인중개사에게 속아 수도권의 한 건물을 너무 비싸게 산 사례를 최근에 들었다.

은퇴자 O는 2018년 8월에 수도권 한 건물을 28억 원에 구입했는데, 사실 이 건물은 5년 넘게 19억 원에도 팔리지 않는 물건이었다고 한다. 그런데 O는 공인중개사의 사탕발림에 넘어갔고 5년간 안 팔렸던 시세보다 47%나 비싼 가격에 건물을 매입했다. 28억 원에 맞춰 월세를 내놓으려고 하니 나갈 리가 없다. O는 심지어 대출까지 받아야 했는데, 임대를 놓을 수나 있을지 걱정이다. 어쩌면 바로 손절매하는 것이 답이겠으나 새로운 매수자를 찾는 것도 일이다. O 입장에서 어떻게 했겠는가? 결국 소송밖에는 답이 없다. 하지만 승소 가능성이 얼마나 될지는 모르겠다.

적정 시세, 이것도 적지 않은 리스크 요인이다. 대단지라면 거래가 활발해 적정 시세를 찾는 것이 비교적 쉽다. 하지만 소규모 세대이거나 최근 한동안 거래가 뚝 끊겼었다면 적정 시세를 파악하는 것이 어렵다. 이럴 때는 꼭 여러 공인중개사를 만나보기를 권한다.

필자는 흑석동의 한 아파트 분양권을 매수할 뻔했다가 지역에서 오래 일한 토박이 공인중개사가 "지금 집값 미쳤다. 이 동네가 이렇게 오르는 것이 정상이냐?"라고 해 매수를 못 했던 일이 있다. 아무래도 그 지역을 가장 잘 아는 이가 부정적으로 말한 것이 신경 쓰였기 때문이다. 평상시 같았으면 다른 공인중개사를 찾아가 다른 이야기를 들으려고 했을 텐데, 시간상 아예 포기해버렸다. 그런데 역시나 그 지역 집값은 빠른 속도로 올랐다. 그 공인중개사가 야속하지만 어쩌겠는가? 참고로 얘기하면 공인중개사들은 자신한테 물건이 없을 때 부정적으로 말하는 경향이 있다. 나한테 물건이 없으니 훼방이라도 놓는 것이다. 반드시 여러 사람으로부터 시장 상황을 들어야 한다.

**07**

# 국토부, 서울시의 보도자료는 출력해서 달달 외워라

2019년 1월, 북위례 지역의 분양이 시작됐다. 북위례에서 처음 분양하는 아파트인 위례포레자이는 분양 가격이 3.3제곱미터당 1,820만 원으로 정해졌다. 이는 위례신도시 기존 아파트에 비해 3.3제곱미터당 1,000만 원 이상 저렴한 수준이다. 이 때문에 위례 로또설이 다시 나오고 있다.

위례, 참 핫한 이름이다. 그런데 잠깐! 위례(신도시)가 언제 처음 시작됐는지 아는가? 바로 노무현 정부 때인 2003년이다. 2003년 기획됐던 위례 개발이 2019년에야 종착역을 맞는 것이다. 북위례까지 분양해야 강남권 대체 신도시로 위례를 선택했던 노무현 정부의 과업이 끝난다. 도시 계획은 한없이 늘어지고, 지연된다. 이 말을 다르게 표현하면 기존 정부 발표를 잘 숙지하고 있다면 도시 계획이 돌아가는 흐름을 정확히 파악할 수 있다는 것이 된다. 보통이 재탕이기 때문에 계속 보다 보면 정부 정책의 흐름을 알게 된다.

정부 정책은 기본이 재탕에 삼탕이다. 삼탕은 물론이고 사탕, 오탕, 십탕도 있다. 정부는 무슨 혁신과제라고 하면서 툭하면 새로운 내용인 양 발표하는데 기자들은 과거와 달라진 것을 찾느라고 곤욕이다. 그만큼 새로운 것이 없다. 주택 정책도 마찬가지다. 어느 것이 2기 신도시이고 어느 것이 3기 신도시인지 헷갈릴 지경이다. 임대 주택 공급 대책이 발표될 때도 어떤 것이 기존에 발표된 내용이고 어떤 것이 새로운 내용인시 구분하기 힘들다. 발표했다가 무산될 때도 있어서 때로는 이것을 새로운 내용이라고 봐야 하는지 아닌 건지 모호하다. 발표는 했는데 국회에서 엎어질 때도 있어서 정부가 발표한 내용대로 됐을 것이라고 지레짐작했다가 헤맨 적도 여러 번이다.

우리는 정부 정책이 손바닥 뒤집히듯 자주 바뀐다고 지적하지만, 사실 대부분의 경우에는 중간에 제동이 걸린다. 그리고 길게 보면 정권이 바뀌어도 그대로 추진될 때가 많다. 간혹 속도 조절이 일어날 뿐이고 그 와중에 재탕, 삼탕, 사탕이 된다. 그래서 국토교통부와 기획재정부, 서울시, 금융위원회 등의 보도자료를 원문 그대로 자세히 읽어야 한다. 지인인 한 자산가는 정부의 보도자료는 항상 프린트해서 밑줄 그어가며 읽는다. 아예 달달 외울 정도로 자주 읽는다. 자세히, 꾸준히 읽다 보면 정부의 진정성과 의지 등을 파악할 수 있다. 대놓고 말하지는 않았어도 내심 어느 지역을 밀어주는지도 보도자료를 자주 읽다 보면 윤곽이 보인다.

신문 기사만 보는 것은 추천하지 않는다. 기자의 기사는 오보도 섞여 있고, 자의적 해석이 많이 들어 있다. 되도록 정부가 발표한 자료를 원문 그대로 읽어야 정부의 의중이 읽힌다. 언론 기사를 읽으면 이해는 쉬우나 언론사의 자의적 해석이 반영될 때가 많다는 단점이 있다. 정부의 의도를 파악하고 도시 계획을 머릿속에서 재구성하면 어떤 것이 먼저 추진될지, 어떤 것은 설령 현 정부가 탐탁지 않아 한다고 해도 언젠가는 될 수밖에 없다는 것 등을 속속 판단할 수 있다. 자료를 보다 보면 자료에는 들어 있지 않은 정보가 눈에 보일 때가 있다.

자료를 읽으면서 지도를 함께 보라고 권하고 싶다. 지도를 볼 때는 그때그때 앱이나 인터넷으로 보지 말고, 아예 전도를 사서 집에다가 붙여놓는 방식을 추천한다. 서울시를 비롯한 수도권 지도를 거실 벽에 붙여놓는 것이다. 아무래도 지도를 많이 봐야 정부가 어떤 생각을 하고 어떤 곳을 정비하는지 눈에 들어올 것이라고 생각한다. 앞에서 얘기한 임장을 어디로 갈지도 지도를 많이 봐야 눈에 들어온다. 필자는 서울시 지도를 그려놓고 과천, 광명, 구리, 남양주, 부천, 고양, 양주, 성남 등이 어디에 있는지 순서대로 짚어보라는 문제를 간혹 낸다. 항상 느끼는데 서울에 인접한 경기도 도시들의 정확한 위치를 모르는 사람이 많다. 특히 자가운전을 하지 않는 사람은 거의 다 못 맞힌다. 머릿속에 지도가 확실히 들어 있어야 한다. 기본적인 데이터가 머릿속에 있어야 새로운 정보가 들어올 때 진정한 정보가 된다. 아는 것이 없다면 정보를 넣어봐야 한 귀로 흘러 들어가 다른 쪽 귀로 새어 나올 뿐이다.

더구나 지도를 멍하니 바라보다 보면 정부 자료에 많이 나온 지명이 보일 때 마냥 반갑고, 여기는 저기보다 좋은데 집값이 싸다는 생각이 불현듯 들곤 한다. 그럴 때면 인근 대단지 아파트를 찾아 주말에 떠나면 된다. 지도를 잘 보다 보면 입지적 약점이 극명하게 보인다. 2018년 하반기에는 신도시 개발 이슈 때문에 그린벨트 인근 지역이 선호 투자처에서 제외됐다. 이런 정보는 수도권 전도를 보면 한눈에 파악할 수 있다. 지도를 바라보다 보면 신도시 후보군이 자연스레 눈에 보이게 된다.

# 스타벅스 커피가
# 압도적으로 맛있어서 많이 팔리나?

ACRO RIVER PARK

부동산 상담을 할 때 상대방이 흔히 하는 이야기가 "내가 지금 사는 곳도 살기에 참 나쁘지 않은데"이다. 사실 대부분 지역이 살아 보면 살기에 나쁘지 않다. 살아 보니 살기에 나쁘다고 하는 경우는 아이 키우는 부모가 학군 때문에 고민할 때 빼고는 없다. 살다 보니 교통이 불편할 때는 있으나 들어가기 전부터 각오한 일인 경우가 많고, 살다 보니 편의시설이 없어 불편할 때도 있으나 또 금방 적응된다.

사람은 적응의 동물이므로, 살다 보니 불편한 경우는 아이문제이거나 부모님과 같이 사는 경우라면 병원 등의 문제일 때밖에 없다. 한번은 몸이 불편한 모친이 현 거주지에 운동할 공원이 없다면서 인근에 공원이 있으면서 사우나가 있는 아파트를 추천해달라는 질문을 받기도 했는데, 이런 경우를 제외하면 대부분 살던 곳이 가장 좋다.

다시 말하지만 사람은 적응의 동물이다. 이 때문에 대부분 지역이 다 살기에 좋다. 처음에는 불편했지만 금방 적응하는 것이다. 그리고 살다 보니 살기에 좋아서 하는 오판이 몇 개 있다. 투자한 곳 인근에다 또 투자하는 경우가 대표적이다. 세상에 좋은 집이 여기밖에 없는 것처럼 한 지역에다만 투자하는 경우를 많이 본다. 필자 주변에는 중랑구 신내동에만 여러 채를 갖고 있는 사람이 있고, 일산에만 여러 채가 있는 사람이 있다. 신내동이나 일산이 나쁘다고 하는 얘기는 절대 아니다. 현 거주지의 함정에 빠져 산 곳을 또 사는 경우가 많다는 것을 말하고 있을 뿐이다.

마치 주식을 물 타는 것처럼 사는 사람도 봤다. 창동에다 1채를 샀는데, 나름 확신이 있으면서도 가격이 계속 떨어지니 아예 물 타기하는 것처럼 1채를 더 샀다. 이 사람은 지금 창동에만 4채인가 있다. 창동차량기지 이전 하나의 호재만 보고 오랜 기간 버티고 있다. 그래도 창동차량기지 이전 지역인 남양주의 진접차량기지 공사가 2018년 6월에 시작됐으니, 이제는 끝이 보이는 싸움이 된 것이 다행이라면 다행이다.

부자들은 어떨까? 부자들도 비슷하다. 이건 '부자라서', '서민이라서'의 문제가 아니라 사람이기 때문에 나타나는 현상이다. 간혹 메뚜기 뛰는 것처럼 이 지역, 저 지역에 투자하는 사람도 있으나 진짜 돈이 많은 부자는 강남에서만 차곡차곡 수집한다. 이유를 물어보면 역시나 제일 잘 아는 지역이기 때문이다. 무엇하러 잘 알지도 못하는 곳에 투자하느냐고 도리어 필자에게 반문한다.

부자들도 강남에만 투자한다, 이것이 포인트다. 부자들은 기본적으로 돈이 많다. 그리고 돈이 쌓이면 다시 강남에 투자한다. 자녀를 낳으면 자녀들도 강남에 정착하려고 하고, 자신들도 여유가 된다면 계속 남아 있으려 한다. 심지어 부자일수록 자녀도 많이 낳는다. 이러다 보니 강남의 부동산 가격은 다른 지역과 비교해도 훨씬 더 많이, 꾸준히 오른다. 페이스북의 유명 논객인 리고든은 이와 관련해 재미있는 글을 남겼다. 부동산이 오를 수밖에 없다는 취지의 글이었는데, 그중 하나로 소비 여력을 꼽았다.

'중요한 역할을 하는 것이 또 있는데 바로 소비 성향으로, 부자들의 평균 소비 성향은 낮고 가난할수록 높다. 쉽게 말해 부자들은 저축을 더 하고, 하루 벌어 하루 먹고 사는 사람은 저축을 안 하기 때문에 실제 지가 상승률은 그 지역의 소득성장률×소비 성향의 역에 비례한다.'

강남 토박이들은 결혼해서도 강남에 정착한다. 되도록 다른 곳으로 밀려나지 않으려고 애를 쓴다. 이와 관련해 재미있는 일화가 있다. 강남 토박이 후배가 한 여성과 소개팅을 하면서 어디에 사는지 물었다고 한다. 그 여성은 이렇게 답했다.

"지금은 ○○에 사는데 원래 강남 사람이에요. 대치동에서만 20년 넘게 살았어요."

강남에서 태어난 사람 중 적지 않은 사람이 원래부터 자신이 강남 토박이임을 강조하곤 한다.

이제 제목으로 돌아가자. 스타벅스 커피가 맛있어서 가장 많이 팔리는가? 물론 맛있어서 많이 팔리겠지만 이토록 압도적으로 많이 팔린다는 것은 커피 그 이상의 무언가가 있기 때문이다. 강남도 강남 그 이상의 무언가가 있기 때문에 사람들이 선호한다.

강남은 계속 타 지역을 흡수한다. 아이러니하게도 강남을 분산시키려고 하는 시도들이 강남을 더 강하게 만들고 있다. 강남의 강남역 인근 1~2킬로미터 안에 있는 신논현역, 논현역, 양재역까지 포함하며 신분당선, 2호선, 3호선, 7호선, 9호선이 달리고 있다. 촘촘히 놓인 지하철이 강남만큼은 상권이 무너지지 않게 버팀목이 되어주고 있다. 이 지하철 대부분은 다른 지역 거주민들이 더 원해서 놓인 지하철이다. 위례신도시의 상가 주인들은 위례신사선이 생기면 상권이 살아날 것이라고 기대하고 있는데, 과연 그렇게 될지는 미지수다. 오히려 위례 주민들이 위례신사선을 타고 강남으로 나올 것이라는 생각이 상식적이다. 신분당선이 분당 상권을 초토화시켰던 것처럼 말이다. 도심에서도 유행하는 상권은 계속 이동하지만, 강남은 말뚝이 박힌 것처럼 끄떡없다.

한종수 세종시 도시재생센터 사업지원팀장과 강희용 서울시의원이 집필한《강남의 탄생》에는 강남 개발의 역사와 강남에 대한 사람들의 마음, 일부 강남 주민들의 이기심 등을 조목조목 담겨 있다. 저자들은 서문에 다음과 같이 썼다.

'강남'은 한국인에게 어떤 존재인가? 많은 이들에게 강남은 선망의 대상이자 미움의 대상이다. 심지어 어떤 이들은 강남을 한국에서 일어나는 만악의 근원으로 지탄하기도 한다. "국민은 자기 수준에 맞는 정부를 가진다"라는 유명한 말이 있다. 그런데 이 말은 결코 국가나 중앙 정부만을 염두에 둔 것은 아닐 것이다. 도시 역시 그곳에 살고 있는 시민들에 의해 발전하고 퇴화한다. 시민들이 그들의 수준에 값하는 도시를 만들기 마련이기 때문이다. 이런 점에서 강남의 오늘은 다분히 강남 사람들의 성취이다. 하지만 모든 공과가 결코 강남 사람들에게만 있는 것은 아니다. (중략) 강남은 한국 현대사의 얼굴이다. 약간 과장하면, 강남을 안다는 것은 한국 현대사를 안다는 것과 같다.

　강남은 고속 성장한 한국 현대사를 투영하며, 너무 빠른 속도로 키우다 보니 너무 많이 키워버린 대표 케이스다. 여러 부작용이 나오고 있으나 여기서 수요를 분산시키기도 사실 어렵다. 노무현 정부 때 추진한 세종시만 하더라도 2019년 현재 아직 반쪽짜리다. 이 때문에 투자 측면에서는 항상 강남과의 접근성을 고려해야 한다. 스타벅스 커피처럼, 찾고자 한다면 다른 대체제가 있을 수 있으나 일단은 대다수가 원하는 선택지이기 때문이다.

# 월급쟁이에게 필요한
# 투자의 기술

필자는 부동산을 취미로만 접할 뿐, 기자로서 취재해본 적이 없다. 이 때문에 남들에게 투자처를 제안한다는 것이 큰 부담으로 이어진다. 게다가 기자는 기본적으로 전달자의 역할이지, 추천하는 역할이 아니다. 추천은 애널리스트나 부동산 전문가가 더 정확하게 잘할 것이다.

하지만 몇몇 전문가 지인들과의 상담을 통해 몇 곳에 대한 이야기는 담아보고자 한다. 특정 지역을 추천하기보다는 큰 틀에서 접근법을 제안하는 식으로 풀어보고자 한다.

# 서울 등 수도권 투자는
# 투자금에 따라 달라진다

### 1억 원~5억 원을 갖고 있는 투자자

솔직히 부동산에 관심 가지라고 조언하기는 어려운 자산 규모다. 이 자산 수준이라면 저점을 잘 잡아야 한다. 대부분 자산이 부동산에 묶이는데, 시점을 잘못 잡았다가는 고생할 것이기 때문이다. 되도록 금융 상품 투자부터 시작하라고 권하고 싶다. 하지만 다른 재테크보다 부동산을 먼저 하고 싶다면 추천할 수 있는 방법은 다음과 같다.

투자처를 서울 등 수도권으로 한정했기 때문에 도심 핵심 지역 내 빌라(다세대주택, 연립주택), 허름한 나 홀로 아파트, 또는 입지가 조금 떨어지는 수도권 아파트를 매입해 실거주하거나 전세금을 끼고 서울 도심 지역 내 아파트 갭 투자, 서울 시내나 수도권 핵심 지역 내 분양권 투자가 있다.

먼저 빌라 투자부터 얘기해보자. 빌라는 중장기적으로 투자 매력이 없다는 얘기를 많이 한다. 아파트처럼 가격이 오르지 않고 도리어 감가상각이 될 때가 많다. 1990년대에 3억 원 주고 산 빌라가 2019년 현재도 3억 원일 때가 많다. 빌라는 부동산 투자에 적합하지 않다는 인식이 있어 최근 빌라를 매입하는 투자자들은 월세 수입을 노리거나 재개발 하나만 보고 들어가는 경우가 대부분이다.

일단 지금 현시점에서 재개발 투자는 추천하기 어렵다. 재개발은 불황 막바지에 들어가야 호황 국면을 타고 제때 추진이 가능하다. 2019년 1월 현재처럼 한창 호황이었다가 얼어붙었을 때는 신규 진입을 했다가는 큰 고초를 겪을 수 있다. 2008년 글로벌 금융위기 이후 뉴타운 지정 해제가 잇따랐던 과거를 생각해보면 짐작 가능하다. 현시점에도 어느 정도 사업 윤곽이 드러난 경우라면 안전하기는 하겠지만 1억 원~5억 원으로는 투자가 불가능할 것이다.

하지만 재개발 가능성이 거의 없는 빌라 또한 좋은 투자처가 될수 있다. 입지가 괜찮은 곳이라면 소액으로나마 투자하기에는 나쁘지 않을 것이라고 생각한다. 앞에서 얘기한 대로 도시 재생이 곧 화두로 떠오를 것이기 때문이다. KB국민은행의 부동산 전문가로 꼽히는 전인수 홍보팀장은 소액으로 내 집 마련을 할 수 있는 적임지로 반포권 빌라들을 추천했다. 반포자이에서 경부고속도로를 넘어가면 번지수가 7로 시작하는 지역에 빌라촌이 있다. 재개발은 절대기대할 수 없는 것이 현재 상황이지만 일부 정비 가능성이 있고, 무엇보다 입지가 괜찮기 때문에 서둘러 부동산 물건을 갖고 싶다면 추천한다. 참고로 빌라 시세는 네이버부동산 등에서는 찾을 수 없다. '국토교통부 실거래가 공개시스템(rt.molit.go.kr)'에서 확인할 수 있다. 이 전문가는 종로구 사직동, 서대문구 냉천동 등도 추천했다. 도심지라 땅값이 탄탄하고 접근성이 좋아 개발 여력이 있다는 이유 때문이다.

나 홀로 아파트도 마찬가지다. 도심에 노후화된 아파트 중에는 5억 원대라면 접근할 수 있는 물건이 간혹 있다. 이 또한 도심 재생을 노려보는 것이다. 실제로 2017년 초, 용산구의 한 나 홀로 아파트가 도심 재생 수혜 아파트로 거론되며 강남 아줌마들로부터 관심을 받은 적이 있다. 하지만 이런 나 홀로 아파트의 경우 실제 입주는 만만치 않을 것이다. 차라리 신축 빌라는 살 만한데, 여기서는 도저히 못살 것 같다는 생각이 들기도 한다. 네이버부동산으로 시세 및 위치를 찾아본 뒤 직접 다녀오면 느낄 것이다.

아빠가 조금 희생할 마음의 준비가 됐다면, 수도권으로 눈을 넓히는 것도 방법이다. 일차적으로는 일산을 추천한다. 일산 주변으로 또다시 신도시가 생기는 것 아니냐고 걱정하는 사람들이 있는데, 필자는 개인적으로 2018년 말에 발표한 3기 신도시가 마지막이라고 생각한다. 일산 주변으로 땅은 많지만 개발 여력이 없다. 무엇보다 필요가 없다. 총인구 감소 시점이 임박한 시점에 3기 신도시도 아니고 다음 신도시가 다시 추진될 가능성은 거의 없다고 봐야 한다.

일산의 호재는 당연히 GTX A노선이다. 많이 써먹은 떡밥이지만,

착공식도 했기 때문에 기대 심리는 계속 커질 것이다. 2017~2018 년 급등장세에서 소외된 영향으로 일산 주민들이 펄펄 끓고 있고, 정치인들도 눈치를 보는 국면이라는 것도 2019년 이후로는 기대해 볼 수 있는 이유 중 하나다.

8호선이 연장되는 다산신도시도 추천한다. 인근에 갈매신도시, 별내신도시가 있고 3기 신도시로 결정된 왕숙지구도 있기 때문에 물량 부담이 있지만 그래도 입지 측면에서 제일 낫다. 반드시 역 인접 지역 중심으로 봐야 한다. 직장이 서북권이라면 일산, 동남권이라면 다산신도시를 살펴보면 나쁘지 않을 것이다.

아파트 갭 투자는 비교적 적은 금액으로 덩치 큰 물건에 접근할 수 있다는 장점이 있다. 전세가가 많이 떨어져 있는 국면이지만 그래도 5억 원이면 투자할 수 있는 곳은 많다. 최근 한 전문가는 강서구 염창동을 추천했다. 입지에 비해 상대적으로 가격이 저렴하다는 이유에서다. 실제로 최근 몇 년 사이 주변 지인들이 신혼집으로 강서 쪽을 택한 경우가 많았다. 9호선은 주요 업무지구인 강남과 여의도, 그리고 김포공항을 지난다. 실제 이용자는 2호선이 더 많지만 9호선이 더 알짜라고 볼 수 있다. 강서구 외에도 직장과 인접해 있으면서 학군, 교통이 되는 지역이라면 갭 투자 검토 대상에 올려놓으라고 조언하고 싶다. 당장 사라는 것이 아니고, 2019년 중순 이후 전세가율 등 지표와 정부 정책의 방향성을 보고 판단하면 된다. 또 다른 전문가는 은평구를 추천했다. 은평구의 집값이 상대적으로 저렴하다는 이유 때문이다.

분양으로 눈을 돌리면 1억 원~5억 원으로도 할 만한 투자처는 많다. 현재는 분양가가 9억 원을 초과하면 중도금 대출이 나오지 않으니 분양가 9억 원 이하로 한정해서 청약 당첨을 노리는 전략을 추천한다. 문재인 정부가 들어선 이후로는 사실상 분양가 상한제에 준하는 수준으로 분양가를 통제하고 있다. 사업장에서는 다소 불평이 나올 수밖에 없으나 투자자 입장에서는 좀 더 저렴한 가격에 분양권을 살 수 있어 로또라고 불리는 상황이다. 당첨이 되기 어려워서 그렇지, 되기만 했다고 하면 앉은 자리에서 주변 아파트 대비 최소 20%는 먹고 들어간다. 무주택자이면서 당첨 가능성이 있다고 판단되면 열심히 넣어볼 만하다. 1주택자도 기존 주택을 처분하겠다고 약속하면 청약을 넣을 수 있으니 잊지 마시라. 참고로 2019년에는 북위례를 시작으로 남양주 진접, 일산 등에서 청약이 진행된다. 부동산114에 따르면 2019년 민간 아파트 분양 규모는 365개 사업장, 총 38만 674가구다. 이는 2014~2018년 평균치보다 23% 늘어난 수준이다. 부동산 규제책으로 공급이 지연된 것인데, 아마도 이 물량이 전부 분양으로 나오지는 않을 것이다. 일부 물건은 또다시 지연될 가능성이 높다. 아무튼 2019년까지는 분양이 적지 않은 만큼 관심지를 꼼꼼히 챙겨보기를 권한다.

### 5억 원~20억 원을 갖고 있는 투자자

5억 원~20억 원의 자산을 갖고 있다면 전문직이거나 사업을 해서 성공한 케이스, 혹은 증여 및 상속을 받았거나 부동산 투자를 이미 몇 차례 해본 경우일 것이다. 드물겠지만 주식 투자로 번 사람도 있을 것이다. 이들은 사실 성공한 축에 드는 인생이다.

통계청, 금융감독원, 한국은행이 공동으로 2018년 12월 20일에 발표한 '2018년 가계 금융·복지 조사결과'에 따르면, 3월 기준으로 가계의 순자산은 평균 3억 4,042만 원이다. 5억 원~20억 원과는 나름 갭이 크다. 하지만 5억 원이든, 20억 원이든 우리나라 평균 자산보다는 많고, 또 강남 진입을 목표로 설정할 수 있는 자산 규모라고 판단해 묶어서 투자처를 제안하기로 했다. 20억 원이라고 해도 사실 부자라고는 할 수 없는 시절이다. 집값이 너무 올라서, 20억 원의 자산이라고 해도 추가로 대출을 내지 않으면 강남 진입이 어렵다. 이 때문에 이 자산대는 강남 진입을 1차 목표로 하라고 권하고 싶다.

강남 중에서도 신축 아파트다. 신축 선호 현상은 앞으로도 강화될 수밖에 없다. 일례로 서울 마포구 아현동의 마포래미안푸르지오는 34평(전용면적 85제곱미터) 가격이 2016년 5월만 해도 평균 7억 9,000만 원이었다. 같은 시기 송파구의 잠실엘스는 평균 가격이 10억 3,000만 원이었다. 갭 차이는 23.3%에 달했다. 하지만 2018년 9월 기준으로 마포래미안푸르지오 가격이 14억 6,400만 원을 기록했고, 잠실엘스는 17억 원을 기록했다. 갭 차이는 13.9%로 줄었다. 갭 차이가 10% 정도라는 것은 사실 매물을 잘 고르고 비로열동, 비로열층을 선택하면 얼마든지 갈아탈 수 있다는 얘기다. 마포구가 강남 3구 중 하나로 지칭되는 송파구 대표 아파트에 필적할 수 있는 수준까지 다다른 것이다. 신축 아파트의 힘은 이렇게 무섭다. 마포래미안푸르지오는 신축 효과 외에 직주근접의 효과가 있다. 잠실 또한 업무시설이 많고 강남 접근성은 나쁘지 않지만 서울시청 인근의 도심권이나 여의도 등으로의 접근성은 떨어진다. 반면 마포래미안푸르지오는 여의도와 기존 도심이 두루 가깝다. 직주근접에다 신축 효과가 시너지를 내면서 잠실엘스에 준하는 수준까지 오른 것이다. 이 때문에 필자는 강남 중에서도 접근성이 좋은 편인 반포, 서초, 압구정, 청담 등을 선호하는데, 이것은 필자의 경우일 뿐이다. 본인 사는 지역을 추천한다는 소리를 들을 수 있으니 이 얘기는 여기서 줄이겠다.

때로는 강남이 부담스러운 사람도 있을 수 있다. 이 경우 옆 강남을 추천한다. 필자는 노량진과 흑석, 신도림, 그리고 고덕과 둔촌을 좋아한다. 고덕은 일단 '아빠의 희생'이 필요하다. 현재로서는 반쪽짜리 5호선만 운행하고 있고 9호선은 예타 통과까지는 됐는데 완공이 언제 될지 미지수다. 9호선을 바라보고 입주했다가 곤란한 지경에 빠질 수 있다. 일단은 아빠가 고생할 각오를 해야 한다. 필자는 고덕에서 여의도 산업은행까지 실제로 이동해봤는데, 도보 이동 시간까지 포함해서 1시간 20분쯤 걸렸다. 신도시에서 출근하는 것과 다르지 않다. 하지만 고덕에는 배재고라는 자사고와 한영외고가 있고, 일반고 중에서 두각을 나타내고 있는 한영고가 있다. 2만 가구 집단 아파트촌으로 탈바꿈하기 때문에 학군은 걱정할 필요가 없어

보인다. 5호선을 타고 천호역까지 나가지 않는 이상 유해시설도 없다. 고덕비즈밸리라는 이름의 업무지구를 통해 기업 유치에도 박차를 가하고 있다. 관건은 결국 9호선 연장이다. 9호선 4구간 연장이 예정대로 무난하게 진행되면 한 차례 더 도약이 가능할 것이고, 아니라면 슬금슬금 뒤로 밀릴 가능성이 있다. 마찬가지로 학군이 뒷받침되는 둔촌은 9호선 중앙보훈병원역이 개통했기 때문에 교통문제는 없을 것이다. 둔촌은 입지부터 교통, 학군까지 두루 괜찮다. 다만 이 때문에 가격대가 조금 더 높다는 것을 염두에 둬야 한다.

고덕이 아빠가 희생해야 하는 지역이라면 흑석과 신도림, 노량진은 엄마가 희생해야 하는 지역이다. 둘 다 교통이나 편의성 측면은 우수하지만 마땅한 학군이 없기 때문이다. 주변 지인들 사례를 보니 노량진에 살면 여의도에 있는 학원을 다니고, 흑석에 살면 반포로 학원을 다닌다. 때로는 대치동까지 가는 사례도 봤다. 그럼에도 교통의 장점이 어마무시하다. 특히 노량진역은 급행이 포함된 9호선인 데다 1호선 환승역이기 때문에 여의도부터 반포, 신논현, 서울시청까지 모두 갈 수 있다. 2019년 재개발이 본격화될 것으로 기대되고 있다. 〈디지털타임스〉가 2019년 1월에 전문가 자문을 통해 제안한 투자처 중 첫손에 꼽힌 곳도 노량진이었다. 박원갑 KB국민은행 부동산수석전문위원은 "노량진, 수색증산뉴타운, 북아현 등에서 재개발 물량이 쏟아지기 때문에 이들 지역을 노려보는 것이 좋다"라고 했다.

경매도 추천한다. 필자는 경매로 투자한 경력이 없기 때문에 이 책에서는 따로 다루지 않았지만, 부동산이 불황이어도 경매는 유망할 수 있다. 호황일 때는 낙찰가율이 90%를 웃돌기도 하지만 불황일 때는 70%, 혹은 그 아래로 내려갈 때가 많기 때문이다. 싼 물건을 더 싸게 살 수 있는 것이 불황기 경매의 특징이다. 앞서 강조한대로 월세 수익률을 꼼꼼히 따진 뒤 적정가를 써 내면 된다. 필자는 개인적으로 2019년에 경매를 많이 시도해볼 계획인데, 이론대로 잘될 경우 추후 다시 재테크 서적을 쓰게 된다면 그때 자세히 담도록 하겠다.

### 20억 원 이상을 갖고 있는 투자자

앞에서 짧게 언급했지만 수백억 원대 이상의 부자는 건물 관리만으로도 자산 증식과 노후 대비 모두 충분하다. 간혹 건물 리모델링 이슈가 발생해 급전이 필요해져도 다른 건물 등에서 유입되는 현금으로 커버가 가능하기 때문이다. 200억 원~300억 원만 넘으면 돈이 알아서 돈을 벌어온다. 가끔 사고가 나도 얼마든지 메울 수 있다. 이보다 적어서 애매한 부자가 있다. 개인적으로 생각했을 때 20억원~100억 원 자산이 가장 갈 길이 멀고 신경 쓸 것도 많다고 본다.

20억 원 이상이 있고, 몸 누일 주택이 확실히 있다면 일단 금융상품 중심으로 노후 대비부터 하라고 권하고 싶다. 55세 이후 월500만 원~1,000만 원 정도의 현금 유입이 가능하게끔 포트폴리오를 정비하고, 이 목표치를 달성하면 다시 부동산 관리로 돌아가라는 것이다. 애매하게 수십억 원대 건물 1채로 노후 준비를 하려고 했다가 상권이 망가진다거나 건물이 노후화되어 임대가 잘 나가지 않아 고생하는 사람을 적지 않게 봤다. 상가 투자를 잘못했다가 노후 대비를 아예 말아먹는 사례도 있다. 상가 전문가들은 개인 투자자의 10분의 1만 상가 투자로 수익을 낸다고 밝혔다. 이런 것들을 감안하면, 일단은 안정적인 금융 상품으로 노후 대비를 재점검하고 다시 부동산으로 돌아가는 것이 낫다. 노후 대비용 금융 상품으로는 당연히 국민연금과 퇴직연금, 그리고 리츠나 브라질 국채, 맥쿼리인프라 등이 있을 것이다.

다가구주택이나 오피스텔 등은 공시지가가 계속 오르는 국면에 있어 세금 불안정성 때문에 노후 대비 상품으로 추천하지 않는다. 2019년부터는 연 2,000만 원 이하 임대 소득에 대한 비과세 혜택이 사라진다. 월 10만 원만 임대료를 받아도 과세 대상이 되기 때문에, 혹시 다가구주택 등을 중심으로 노후 대비를 해놨다면 한번쯤 점검할 것을 권한다. 감가상각 이슈도 있다. 당장 월세 수입이 괜찮다고 해도 10년, 20년 뒤에도 지속 가능할지는 따져봐야 한다. 건물이 낡아 안 들어올 수도 있고, 옆자리에 다른 신축 건물이 들어올 수도 있다.

그렇다고 전액 다 금융 상품으로 하라는 얘기는 아니다. 20억 원이상 자산가라면 금융 상품 포트폴리오를 너무 많이 해놓는 것도 문제가 될 수 있다. 연 2,000만 원 이상 금융 소득이 발생하면 다른 소득과 합산해 과세하는 금융소득종합과세 대상이 될 수 있어서다.

2,000만 원 이하까지는 14%만 과세되지만 이를 초과한 금액에 대해서는 6~40%를 추가로 매긴다. 앞서 설명한 투자 방법 중 저축은행 예금이나 CMA 이자, 리츠, 배당주 배당금, ELS 수익금, 회사채 등이 모두 금융소득종합과세 대상이다. 반면 브라질 채권은 포함되지 않는다. 2018년에 출시되어 선풍적 인기를 끈 한국투자증권의 양매도 상장지수채권(ETN)도 과세 대상에서 제외된다. 양매도 ETN은 콜옵션과 풋옵션을 동시에 매도해 파생 상품에 붙어 있는 프리미엄을 조금씩 따먹는 상품이다. 코스피200의 월간 변동 폭이 5% 이내면 수익이 나는 상품으로, 연 5~6% 수익을 목표로 한다. 연 5~6%는 높은 수익이 아니지만 금융소득종합과세를 포함한 그 어떤 세금도 내지 않는 상품이라 선풍적 인기를 끌었다. 세금 납부 대상이 될까 봐 신경 쓰인다면 포트폴리오에 담을 만하다. 그 외에도 하이일드채권펀드 등 분리과세 상품이 많다. 금융소득종합과세가 신경 쓰인다면 분리과세를 검색해보고, 전문가 상담을 거쳐 결정하면 될 것이다.

ISA(개인종합자산관리계좌)에서 상품을 사는 경우에도 비과세 대상이 되고, 물가연동국채나 장기저축성보험도 비과세 대상이다. 과세는 되지만 금융소득종합과세 대상이 아닌 상품으로 장기 채권이 있고, 연금저축과 IRP(개인형 퇴직연금)는 일단 세금을 내지만 세액공제혜택을 받을 수 있다.

세금은 정말 무섭다. 우리나라 투자자들이 가장 무서워하는 것이 바로 세금이다. 정부에 뒤통수 맞는 것이라고 인식하는 경향이 심하기 때문인 듯하다. 2018년 말, 대주주 양도세와 금융소득종합과세 때문에 과세 기준일이 되는 27일 전까지는 개인이 매도하다가 이후에는 순매수로 전환하는 현상이 발생했다. 2018년 12월 12일 부터 26일까지 양 시장(코스피 시장, 코스닥 시장)에서 개인 투자자는 2조 6,919억 원을 순매도했으나, 27일과 28일에는 도합 5,244억 원을 순매수했다. 2017년에도 개인은 12월 15일부터 26일까지 양 시장에서 각각 1조 8,538억 원, 2조 8,636억 원 순매도했고, 이후 27일과 28일에는 각각 1,028억 원, 2,530억 원 순매수했다. 세금이 무서워 서둘러 파는 투자자들이 이토록 많은 것이다.

심지어 정부는 금융소득종합과세의 과세 대상을 연 1,000만 원 으로 낮추는 방안을 계속 검토하고 있다. 앞서 2018년 7월 재정개 혁특위는 금융소득종합과세 기준을 낮추라는 권고안을 발표했지만 자금 이탈 등이 우려된다는 이유로 기획재정부는 받아들이지 않았 다. 한 번 거절하긴 했으나 더불어민주당이 계속 요구하고 있어 추 후에는 낮아질 가능성이 있다. 만약 과세 기준이 낮아질 경우 과세 대상은 현재 9만 명에서 40만 명으로 늘어나게 된다. 비과세, 분리 과세 상품은 앞으로도 계속 관심 대상으로 부각될 것이다.

# 지방에 투자한다면
# 공급부터 챙겨서 본다

### 지방도 사람 사는 곳, 공급이 제일 중요

필자와 와이프는 모두 지방 출신이다. 와이프의 고향은 대구인데, 이 때문에 2008년 결혼 이후 대구의 부동산 가격 움직임을 꾸준히 곁눈질해왔다. 대구는 섬유산업이 무너지기 시작한 후로 좋은 직장이 많이 사라졌고 인구도 감소 추세다. 인구 폭락론이 맞는다면 진작 무너졌어야 할 도시다. 하지만 움직임은 달랐다.

2017년 기준, 대구 인구는 247만 명으로 10년 전인 2007년 (249만 명)에 비해 줄어들었다. 부산 또한 마찬가지다. 부산 인구는 2017년 기준 347만 명으로 집계됐다. 이는 2007년(358만 명) 대비 11만 명 감소한 수준이다. 하지만 집값은 올랐다. KB부동산에 따르면 2007년 대비 2017년 1월 대구 아파트값은 50%, 부산은 77%

급등했다.

주택 가격이 오르고 내리는 데 있어 중요한 것은 무엇일까? 바로 수요와 공급이다. 인구도 당연히 무시하지는 못하겠지만 대구, 부산 또한 인근의 다른 시나 군 입장에서는 선망의 지역이다. 수도권에 사는 사람 중 적지 않은 이가 서울로 돌아오고 싶어 하는 것처럼, 대구와 부산도 분명 선호 지역이다. 들어가려는 수요가 있다 보니 그래도 지역 중심지인 대구, 부산 집값이 오른 것이다.

2017년 7월에 부동산 빅데이터 전문업체인 다다부동산파트너스가 전국 주요 도시의 인구 증감 및 집값 상승률을 정리한 자료를 보면, 집값 상승률과 인구 증감은 사실상 통계적으로는 아무 상관관계를 보이지 않는 것으로 나타났다. 서울과 부산, 대구는 최근 4년간(2013~2017년) 모두 인구가 각각 2.6%, 0.8%, 0.7% 감소했으나 집값은 오히려 같은 기간 동안 각각 24.1%, 35.2%, 44.7% 상승했다. 인구가 증가한 충남(1.1%)과 인천(3.8%)의 경우에도 집값은 14.2%, 27.1% 상승했으나 인구가 하락한 다른 지역에 비해 상승 폭이 적다는 점을 감안하면 인구와 집값은 큰 상관도가 없다는 것을 알 수 있다.

다시 말하지만 지방에서도 집값에 가장 큰 영향을 주는 요인은 공급이다. 주택산업연구원은 매해 40만 채 이상의 주택이 새로 지어져야 한다고 본다. 이는 우리나라 총인구 기준 0.8%에 달하는 규모다. 40만 채는 공급돼야 가구 증가나 멸실 주택, 신축 선호 현상 등을 커버할 수 있다는 분석이다. 지역별로는 조금 다른데, 대략

0.7~1% 정도다. 인구가 늘어나는 지역은 당연히 더 많아야 하며, 줄어드는 지역은 0.7%면 충분하다. 인구 1,000만 명의 서울은 매해 8만 채(0.8%)가 공급되어야 하고, 인구 250만 명인 대구는 2만 채 정도면 충분하다고 한다. 단, 이는 빌라와 오피스텔 등을 포함한 수치로 신규 주택에서 아파트가 차지하는 비중이 70%임을 감안하면 서울의 경우 28만 채가 새로 신축돼야 한다고 볼 수 있다.

한국건설산업연구원도 수요와 공급을 기준으로 주택 가격 추이를 분석해 맞힌 전례가 있다. 2009년 10월, 폭락론이 한참일 당시 한국건설산업연구원은 2012년까지 매해 2만 채~9만 채의 집이 부족하다는 견해를 밝혔다. 당시 한국건설산업연구원 분석에 따르면 2009년부터 2012년까지 연간 주택 수요는 42만 채~44만 채다. 하지만 주택 인·허가 물량은 2009년 34만 채, 2010~2011년 연 35만 채~38만 채, 2012년에는 37만 채~40만 채로 수요 대비 연 2만 채~9만 채의 주택이 부족할 것이라고 예상했다. 당시에는 부동산 폭락론이 힘을 얻던 시점이어서 한국건설산업연구원의 분석은 비아냥의 대상이 됐으나 결국에는 맞은 분석이었다는 것이 드러났다.

그렇다면 2008년 글로벌 금융위기 이후 서울 아파트값은 하락한 반면, 지방 부동산이 올랐던 이유는 무엇일까? 그 이유로는 글로벌 금융위기 당시 수많은 지방 건설사가 도산해 공급이 제때 이뤄지지 못했던 것을 배경으로 들 수 있다. 지방 경기가 좋지 않고, 설령 인구가 감소하는 국면이라고 해도 신축 공급 자체가 줄어들면 집값은 밀려 올라간다는 것이다.

결국 지방 집값은 인·허가 물량과 분양 추이를 기본으로 챙겨야 한다. 미분양이 쌓이는지, 준공 후 미분양이 많은지도 봐야 한다. 물론 인구 증감을 확인할 필요는 있다. 특히 필자는 어린아이 증감 폭이 중요하다고 생각한다. 그래도 일차적으로는 공급 일정이다. 당연히 도로 확장 등 인프라 호재 등도 점검해야 할 것이다.

2018년 내내 지방 부동산은 완전히 끝난 것처럼 표현됐다. 실제 지방 거주자들도 땅 팔고 건물 팔아 강남, 서초에 집을 사는 것이 유행처럼 번졌다. 하지만 그렇게 금방 지방 부동산이 망가질 리는 없다. 지금 당장 부산, 대구에 수십 년 이상 거주하고 있는 사람들이 모조리 수도권으로 올라온다는 얘기인가? 50~100년 후에는 그럴지 몰라도, 최소한 지금은 아니다. 지금처럼 계속 공급이 이뤄지지 않는다면 늦어도 2023~2025년쯤이면 지방 부동산 전성시대가 다시 열릴 것이다. 지방 도시 중에서는 가장 핵심 지역으로 가야 한다. 도시 전체 인구는 감소해도 핵심 지역에는 사람이 몰리는 현상이 일어날 것이다. 지방 도시 공동화 현상을 막으려면, 정부가 이를 유도할 필요가 있다. 이를 도시 압축전략이라고 한다. 일본에서는 이미 일반화된 현상이다. 지방 공동화는 막을 수 없다. 《도시의 승리》에 따르면, 사람들이 도시로 몰리는 가장 큰 이유가 바로 '익명성' 때문이라고 한다. 도시는 가장 역사가 긴 '공유 경제'라는 평가도 있다. 지방 아파트에 투자한다면, 해당 지역 내에서도 대표 주거지를 택해야 한다.

### 울산 집값이 구별로 엇갈렸던 사연

지방의 특징 중 하나는 여러 산업이 얽혀 있는 서울과 달리 지역 경제가 한두 개 산업에 쏠려 있는 경우가 많다는 점이다. 거제도라고 하면 조선업, 여수라고 하면 석유화학업, 울산이라고 하면 조선 및 석유산업이 떠오르는 것이 대표적이다. 그리고 지방 부동산은 당연히 전방산업의 영향을 받는다. 이는 당연할 수밖에 없다.

앞에서 대구는 섬유 경기가 나빴어도 주택 가격은 올랐다고 했으나 이는 공급이 너무 적었기 때문에 나타난 현상이고, 당연히 지역 거주민 입장에서 밥벌이가 시원치 않으면 부동산 투자도 생각하기 어렵다.

부동산 가격이 해당 지역 내 기업의 실적을 따라간다는 것을 증명하는 사례가 하나 있다. 바로 울산이다. 울산의 경우 남구에는 석유화학단지가 있고 동구에는 조선사가 많다. 울산 남구 석유화학단지에는 롯데케미칼, 한화종합화학, 애경유화, 한화케미칼, 코오롱인더스트리, 카프로 등의 공장이 몰려 있다. 동구에는 현대중공업, 현대미포조선 등이 있다.

2016~2017년에는 조선업이 극심한 불황에 빠진 반면, 석유화학업은 펄펄 날았다. 롯데케미칼만 봐도 2015년 영업 이익이 1조 원대였으나 2016~2017년에는 각각 2조 5,442억 원, 2조 9,297억 원을 기록했다. 현대중공업은 2016년에는 그래도 3,915억 원을 올렸지만 2017년에는 146억 원을 기록하는 데 그쳤다. 영업 이익보다 문제는 2016~2017년 수주가 급감했다는 점이다. 현대중공업

은 실적 부진으로 2017년 말에 1조 3,000억 원대 유상 증자를 실시하기도 했다. 이 당시 집값 움직임이 드라마틱한데, 마치 산업 흐름을 따라가는 것처럼 남구는 2% 오른 반면 동구는 3% 내렸다.

수원은 삼성전자가 있고 없고 때문에 집값이 크게 엇갈린 케이스다. 사실 수원은 가장 북쪽에 있는 장안구가 서울 접근성이 좋다. 하지만 시장은 삼성전자 덕분에 돈이 몰리는 영통구의 손을 들어주고 있다. 영통구에는 광교신도시가 있고 매탄, 영통 아파트 단지 등이 있다. 영통구 각 지역의 대장 아파트들은 모두 북수원의 대장 아파트를 '넘사벽' 수준으로 따돌리고 있다. 부동산 시세 정보업체인 호갱노노에 따르면 북수원 대장주로 꼽히는 정자동의 수원SK스카이뷰는 34평형 시세가 5억 원 정도에 그치지만 망포동 힐스테이트영통은 7억 원대, 광교신도시 이의동의 자연앤힐스테이트는 10억 원이상으로 형성돼 있다. 수원 거주민 입장에서는 오래된 얘기이고 당연하다고 느끼겠으나 사실 같은 지역 내 대장 아파트 집값이 2배넘게 차이 나는 일은 흔한 경우가 아니다.

기업 경기가 꺾이면 부동산이 헤매는 때가 많다. 특히 거제도는 조선업 불황에다 부동산 활황기 때 쏟아졌던 공급 물량, 9·13 대책으로 인한 규제까지 겹치면서 2018년 한 해에만 20% 가까이 급락했다. 2018년 들어서는 자동차 경기도 꺾이기 시작했는데, 이로 인해 그동안 비교적 선방하던 현대자동차 공장이 있는 울산의 북구도 낙폭이 컸다. 조선과 자동차, 석유화학이 동반 부진에 빠지면서 울산은 한국감정원 자료 기준으로 2018년 상반기에만 2.4% 내려 전국에서 가장 많이 하락한 지역이 되었다. 결국 지방 부동산은 기업 경기를 챙겨봐야 한다는 점을 알 수 있다.

2019년에는 반도체 불황이 핫이슈로 떠오를 것 같다. 이 때문에 눈은 자연스레 경기도 평택의 고덕국제신도시로 향하게 된다. 고덕국제신도시는 삼성전자가 세계 최대인 392만 8,000제곱미터(119만 평) 규모로 반도체 공장을 지으면서 수혜 지역으로 떠오른 곳이다. 평택은 삼성전자 사업장 외에 미군 기지 이전으로 인한 인구 유입도 기대된다. 현재는 스마트폰, 가전 등을 생산하는 LG전자 디지털 파크(제조복합단지)가 있다.

고덕국제신도시의 경우 2017년까지는 유망 투자처로 관심이 높았는데 2018년 이후 다소 주춤하는 모습을 보였다. 한꺼번에 대량 공급된 영향으로 역전세난이 발생하면서 매물이 쏟아진 탓이다. 2019년에는 어떤 모습이 펼쳐질까? 확실한 것은 지방 부동산에 접근할 때는 기업 경기를 체크해야 한다는 점이다.

## 맺음말

"아크로리버파크에 사세요? 좋으시겠어요."

어쩌다가 집 얘기가 나오면 흔히 듣는 얘기다. 열에 두세 명은 아크로리버파크 얘기를 더 자세히 묻는다. 조식 서비스가 어떤지, 커뮤니티센터는 어떤지 등을 묻는다. 결국 오보로 판명이 났지만, 2018년 9월에 평당 1억 원에 거래됐다는 보도가 많은 이로부터 관심을 끌었던 것으로 보인다.

아크로리버파크에 살면 좋을까? 물론 좋다. 남자아이 둘을 데리고 사우나를 다녀오면 그만큼의 정이 쌓이는 것 같고, 주말에 딱히 할 일이 없을 때는 한강공원에 가서 연을 날리거나, 라면을 끓여 먹거나, 텐트를 치고 낮잠을 자거나, 자전거를 타면 된다. 아침마다 아이들이 학교에 갈 때면 경비 서시는 분들이 행여나 사고가 나지 않을까 교통정리를 해주고, 놀이터 시설물도 매일매일 확인한다. 와이프는 시간이 좀 비면 스카이라운지에서 커피를 마시거나 하늘도서관에 가서 한강 조망을 즐기며 독서를 한다. 의외로 관리비도 많이 나오지 않는다. '프리미엄 아파트'라는 이미지가 있는 덕분에 입주자회에서 다양한 부가 사업을 벌이고 있다.

장하성 전 정책실장이 "사실 모든 사람이 다 강남에 살 필요는 없다. 제가 강남에 살기 때문에 드리는 말씀"이라는 말로 적지 않은 사람의 마음에 상처를 냈다. 강남 투기 열풍이 과하다고 지적하면서 나온 발언인데, 사실 망언이라면 망언이라고 할 수 있는 수준의 얘기였다. 하지만 그럼에도 사실은 사실이다. 살아보니 별것 없기는 하다. 무엇보다 편의시설이 부족한 편이다. 땅값이 비싸서인지 주유소 기름값이 너무 비싸고, 대형 마트는 몇 개 없다. 고속터미널 지하에 있는 다이소에는 왜 그렇게 줄이 긴지 불편한 것만 나열해도 꽤 되기는 한다. 하지만 그럼에도 필자는 반포로 들어왔고, 앞으로는 평수를 넓히기 위해, 더 좋은 아파트로 가기 위해 노력할 것이다. 강남이나 강북이나 막상 살아보면 큰 차이는 없지만 필자는 앞으로도 더 좋은 곳으로 가기 위해 노력할 것이다. 왜? 이유는 바로 지금의 내가 현실에 안주하는 것이 싫기 때문이다. 더 노력하고 싶다. 그리고 이 책을 읽는 독자들도 지금보다 더더욱 노력했으면 좋겠다. 현실에 안주하면 지금 이 순간만큼은 편안하지만 50대 이후로도 그럴 수 있을까? 현실이 팍팍하고 힘든 것을 잘 안다. 하지만 지금보다 충분히 더 잘할 수 있다. 더 노력할 수 있다. 그렇지 않은가?

이번 책을 쓰면서 정신없는 나날을 보냈다. 정말 글쓰기의 신이 빙의라도 된 듯이 엄청나게 키보드를 두들겨댔다. 토요일에는 오전 10시부터 카페에 자리를 잡고 열심히 두들겼고, 시간을 확인하면 저녁 먹을 때가 되어 있기 일쑤였다. 평일에는 매일 밤 아이를 재우고 난 뒤 11시쯤 책상에 앉아 새벽 2~3시까지 썼다. 자면서도 꿈속에서 어떻게 글을 진행할지 구상했고, 그러다가 다시 일어나서 글을 쓰다가 출근한 것도 여러 번이다. 아이들과 놀면서도 옆에는 노트를 가져다 놓고 보강할 부분이 순간적으로 떠오르면 기록했다.

필자는 시간을 허투루 쓰는 것을 좋아하지 않는다. 시간 낭비를 극도로 싫어한다. 이 때문에 그동안에도 꽤 열심히 살았다고 자부해왔는데, 지금 책을 쓰면서 돌아보니 아니었다. 필자는 그동안 설정해놓은 한계선을 얼마든지 뛰어넘을 수 있었다. 지금보다 50%, 100%, 200% 더 노력할 수 있고 자신이 있다. 더 열심히 할 수 있다. 부동산에 관심이 많았지만 따로 글을 써본 적이 없었기 때문에 키보드를 두드려 대는 것이 재미있었고, 글을 쓰면서 더 공부할 수 있다는 것에 신이 났다. 혹시나 싶어 이야기하지만 잠을 자지 않으면서까지 일을 해야 한다는 얘기는 아니다. 시간을 효율적으로 쓰면 얼마든지 더 노력할 수 있다는 점을 강조하고 싶을 뿐이다. 틈틈이 책을 읽어도 지금보다 1년에 50권 이상 더 읽을 수 있겠다 싶었고, 공부를 하더라도 지금보다 배 이상 할 수 있겠다는 자신이 들었다.

책 중간에 2019년에는 경매를 시작할 것이라고 했는데, 사실 책을 쓰면서 든 생각이다. 예전에도 경매를 배워보려고 했는데 수도권은 너무 과열 양상이었고, 하려면 지방에 투자해야 한다고 해서 시간상 어려울 것 같아 포기했었다. 그런데 책을 쓰면서 되짚어 보니 아니었다. 시간이 없다는 것은 핑계 중의 핑계다. 충분히 할 만할 것 같다.

독자 여러분도 안주하지 마시라. 우리가 지금 사는 세상은 고만고만하게 살았다가는 크게 얻어맞는다. 지인들을 보면 회사생활과 육아에 치여 노후 준비와 재테크는 언감생심인 경우가 많다. 하지만 함몰되면 안 된다. 단적으로 50대 이후에는 임원이 되지 않으면 소득이 끊긴다. 앞으로는 경제구조가 어떻게 될지 알 수 없으나, 어쩌면 경기가 많이 망가져 있어서 우리 다음 세대 또한 지금만큼 취업이 어려울 수 있다. 이 책을 읽는 독자가 30~40대라면 불과 10~20년밖에 남지 않았다. 우리는 노후 준비를 조금이라도 더 빨리 시작해야 하며, 여유가 된다면 아이들이 세상을 헤쳐 나갈 수 있는 시간을 벌어주기 위해서라도 조금 더 자산을 모아둘 필요가 있다.

와이프가 요즘 읽고 있는 기욤 뮈소의 《아가씨의 밤》을 뒤적였더니, 프랑스 사실주의 문학의 거장인 로제 마르탱 뒤 가르의 유명한 명언이 실려 있었다.

'실존은 그 자체가 전투다. 산다는 건 결국 지속적인 승리의 축적이다.'

돈을 쓰는 것도 재밌지만 모으는 것은 훨씬 즐겁다. 승리하는 것이기 때문이다. 재무제표를 작성하라. 자산 숫자가 계속 늘어난다면 무척 즐거울 것이다. 삶의 재미를 이쪽에서도 찾아보기 바란다. 건승을 빈다.